해마를
찾아서

해마를
찾아서

인간의
기억에 대한
모든 것

윌바 외스트뷔·힐데 외스트뷔
안미란 옮김

민음사

차례

1장 　바다의 괴물
_해마의 발견

기억은 괴물이다. 당신은 잊어버리지만 기억은 잊지
않는다. 모든 것을 저장해 둔다. 당신을 위해 보관하고
감추어 놓는다. 그랬다가 당신의 의지가 아니라
자신의 의지에 따라 다시 꺼내 놓는다. 당신은 당신이
기억을 소유한다고 생각하지만, 사실은 기억이
당신을 소유하는 것이다.

존 어빙,
『오웬 미니를 위한 기도』*

바닷속 깊은 곳에서 꼬리를 조심스레 물풀에 감아 놓고 물결에 살랑살랑 흔들린 채 아빠 해마는 망을 보고 있다. 아빠 해마는 어느 날 새끼들이 자라서 넓은 바닷속으로 사라질 때까지 알을 배에 품는 동물계에서 유일한 수컷이다. 하지만 잠깐만! 이 책은 해양 동물에 대한 책이 아니다. 우리가 이 책에서 찾는 것을 발견하려면 깊은 물에서 나와 약 450년 전으로 돌아가야 한다. 다시 시작하자. 해는 1564년. 우리는 이탈리아, 정확하게 말하면 볼로냐에 와 있다. 회랑과 아름다운 석조 건물로 가득한 이 도시에는 세계 최초의 정식 대학이 있었다. 의사인 율리우스 카이사르 아란티우스는 아름다운 물체 위로 몸을 굽히고 앉아 있다.* '아름다운'이라는 말이 지나치다고 할지도 모르겠다. 이런 특별한 종류의 아름다움에 푹 빠진 사람이 아니라면 분명 그렇게 말할 것이다. 이것은 인간의 뇌이다. 아마 잿빛이고 쭈글쭈글할 것이며, 가까운 영안실에서 빌려 왔으리라. 마치 아란티우스와 시신이 연극의 주인공이라도 되는 듯이, 그의 주변에는 강의실의 긴 의자에 앉은 학생들이 그의 말 한마디 한마디를 놓치지 않으려고 귀 기울여 듣고 있다. 율리우스는 뇌 위로 몸을 굽히고 외부 층들을 겹겹이 떼어 내며, 밀리미터마다 큰 관심을 가지고 들여다본다. 그는 뇌를 이해하고 묘사하고자 한다. 의학적인 열정이 너무나 큰 그는 인간의 신체를 해부 테이블에서 연구하는 데 반대하는 당시 종교 지도자들을 따르지 않는다.

　　그는 연구 대상 위로 몸을 굽힌다. 깊은 안쪽에는 다른 부분과 구별되는 작은 조각 하나가 구겨져서 측두엽에 묻혀 있다. 누에처럼 생기지 않았나? 르네상스 시대에는 누에가 큰 관심을 받았다. 중국에서 실크로드를 통해 베네치아까지 전해진 실크는 이국적이고 귀한 물건이었으며, 이탈리아 상류층의 사랑을 받았다. 율리우스는 잠시 가만 바라보더니 소시지처럼 생긴 작은 물체를 잘라 내고 뇌에서 분리한다. 이것이 근대적인 기억의 출생이며, 이렇게 해서 기억은 신화의 세계에서 분리되었다. 하지만 사람들이 포도주와 송로버섯과 파스타를 들고 유명한 회랑 사이, 붉은 벽돌로 된 중세의 탑 아래로 시장에 가던 그날, 볼로냐에서는 이 사실을 아는 사람이 없었다.

율리우스는 뇌에서 파낸, 지금은 그의 바로 앞 테이블에 놓여 있는 물체를 만져 본다. 그런데 이건 물속의 해마 같지 않은가? 그래, 해마와 비슷하다. 머리가 앞으로 굽어졌고, 꼬리는 꼬부라졌다. 그는 뇌의 이 작은 부위에 해마라는 이름을 붙인다. 해마의 라틴어 이름인 '히포캄푸스(hippocampus)'는 '말-바다의 괴물'이라는 뜻이다. 또한 반은 괴물이고 반은 돌고래인 신화의 동물 이름이기도 한데, 고대 그리스에서는 이 괴물이 큰 재앙을 가져온다고 믿었다. 그 이후로 이 이름은 열대 지방에서 영국에 이르는 지역에 분포하는, 54종을 포함하는 실고기목의 해마속을 가리키게 되었다.

뇌에서 나온 이 작은 부분이 우리 인간을 위해 어떤 역할을 하는지는 450년 전의 그날 볼로냐에서, 촛불이 밝히고 있는 해부대 앞에 선 율리우스 카이사르도 몰랐다. 그는 그저 이름을 붙일 수 있었을 뿐이었다. 수백 년이 흐르고 나서야 우리는 이 이탈리아 의사가 손에 들고 있던 부위의 의미를 알기 시작했다. 여러분도 무언가 기억과 관련이 있을 거라고는 짐작했을 것이다. 이 책은 기억에 관한 책이니까.

바다에 사는 생물과 우리 뇌 사이의 거리는 멀지만, 바다의 해마와 뇌의 해마 사이에는 공통점이 몇 가지 있다. 새끼들이 바다에서 헤엄치는 데 위험이 없고 그들이 스스로 헤쳐 나갈 수 있을 때까지 배에 알을 품는 해마 수컷처럼, 뇌의 해마 역시 무언가를 품는다. 그건 바로 우리의 '기억'이다. 해마는 기억이 크고 강해져서 스스로 헤쳐나갈 수 있을 때까지 지키고 꼭 붙잡아 둔다. 해마는 말하자면 기억을 위한 인큐베이터이다.

해마가 기억에 정확하게 얼마나 중요한지는 1953년까지 사람들에게 알려지지 않았다. 그때까지는 뇌의 어느 부분에 기억이 저장되는지에 대한 추측만 여러 가지 있었을 뿐이다. 특히 추종자가 많았던 것은 자연스럽게 생겨난 뇌의 빈 공간이 우리의 뇌가 지닌 능력을 설명해 준다는 이론이었다. 1953년 무렵 이 이론은 이미 완전히 버려졌다. 기억은 뇌 곳곳에서 생겨나고 저장된다는 게 그 당시의 지배적인 이론이었는데, 획기적인 사건이 발생하면서 이 분야의 지식을 완전히 바꾸어 놓았다. 한 개인으로서는 치명적인 일이었지만, 그를 제외한 우리에게는 절호의 기회였다. 한 수술의 실패가 율리우스 카이사르가 400년 전에 발견한 뇌의 이 작은 부분을 이해하는 열쇠가 되었던 것이다.

그 직전의 몇 년 동안 외과 의사인 윌리엄 비처 스코빌은 뇌 수술을 계획하기 위해 27세의 환자 헨리 몰레이슨을 만난다. 헨리는 뇌전증(전에는 간질이라고 했다. ─옮긴이 주)이 있었고 상태가 좋지 않았다. 그는 하루에도 몇 번씩 몇 초에 걸친 짧은 발작을 겪었고, 한 시간에도 여러 번씩 겪을 때가 있었다. 적어도 일주일에 한 번은 격한 발작이 있었고, 그럴 때면 의식을 잃고 팔과 다리에 심한 경련이 생겼다. 헨리 몰레이슨이 오늘날 살았더라면 아마 그때와 같은 방식으로 치료를 받지는 않았을 것이며, 그를 위해 계획되었던 것과 같은 뇌 수술은 수술 전 검사를 거치며 취소되었을 것이다. 그가 사용했던 약물은 도움이 되지 않았고, 지금의 판단으로는 심지어 상태를 악화시키고 발작의 횟수를 늘리는 부작용만 일으켰다.

하지만 의사인 스코빌은 이런 사실을 몰랐다.* 그는 캐나다의 어떤 외과 의사가 뇌전증을 치료하기 위해 해마를 제거하는 수술을 했다고 들었을 뿐이었다. 그리고 그는 뇌의 양쪽에서 해마를 제거하면 한쪽만 제거할 때보다 두 배의 효과가 있을 거라고 생각했다. 헨리는 의사의 말을 받아들였다. 평생 정상적인 생활을 불가능하게 하는 질병에 시달려 온 그는 필사적일 수밖에 없었다. 그는 실험에 동의했고, 결과적으로 기억력 연구에서 가장 중요한 인물이 되었다. 수술이 끝나고 깨어났을 때 그는 지난 2~3년의 일을 아무것도 기억하지 못했고, 그보다 더 심각하게는 짧은 순간 바로 기억할 수 있는 범위를 초과하는 그 무엇도 회상할 수 없었다. 간호사들은 그에게 매번 화장실에 가는 길을 알려 주어야 했다. 다른 것에 대해 생각하는 순간 다 잊어버렸기 때문에, 계속해서 그가 지금 어디에 있는지를 말해 주어야 했다.

그후 50년, 그는 순간순간을 살 수밖에 없었다.* 그는 30분 전에 한 일도 기억하지 못했고, 1분 전에 자신이 똑같은 농담을 했다는 것도 기억하지 못했다. 자신이 점심에 무엇을 먹었는지도 몰랐고, 자신이 몇 살인지도 거울을 보고 희게 센 머리를 볼 때까지는 몰랐다. 지금이 무슨 계절인지도 몰라서 창밖을 내다보고 추측할 뿐이었다. 아무것도 기억하지 못했으므로 그는 자신의 돈을 관리할 수도, 식사를 해결하거나 집안의 다른 규칙적인 일들을 할 수도 없었다. 그래서 그는 부모와 함께 살았다. 대부분의 경우 그는 온화하고 삶에 만족하는 사람이었지만, 아버지가 세상을 떠났을 때 그랬듯이 때로는 우울해했다.

돌아가신 아버지에 대한 슬픔은 다음 날에는 잊혔다. 하지만 어느 날 잠에서 깨어났을 때, 그는 잘 수집해서 벽에 걸어 놓았던 무기들을 누군가가 훔쳐 갔다는 것을 눈치챘다. 헨리의 삼촌이 그것들을 상속했는데, 헨리는 이것이 아버지의 죽음으로 생긴 일이라는 것은 기억하지 못했지만, 그래도 무언가 이상한 일이 있었다는 표식이 (즉 사라진 무기가) 눈에 들어왔던 것이다. 그는 밤에 도둑이 들었다고 생각했다. 일어난 일을 그에게 설명한다고 도움이 되지도 않았다. 다음 날 아침 그는 또다시 도둑이 들었다고 생각했다. 결국 삼촌은 무기들을 돌려줄 수밖에 없었다. 시간이 지나면서 헨리는 아버지가 집으로 돌아오지 않는 사실에 적응했는데, 말하자면 그가 세상을 떠났다는 것을 인지한 셈이다.

외과 의사인 스코빌은 이렇게 그때까지 아무도 결과를 예측할 수 없었던 실험을 했다. 실제로 스코빌은 이미 같은 방식으로 몇십 명의 환자들을 수술했는데, 그저 그중 아무도 기억이 상실되는 증상을 보이지 않았을 뿐이었다. 헨리 몰레이슨 전에 수술을 받았던 사람들은 심한 정신분열증이 있거나 환각 증상이 있거나 정신병이 있었기 때문에 선택된 사람들이었다. 그들은 원래부터 행동이 이상했기 때문에 기억의 문제는 정신병의 일부라고 설명되었다. 그 환자들은 수술을 한다고 정신분열증이 나아지지도 않았다. 하지만 당시는 전두엽 절제술이 유행하던 시절이었고, 스코빌은 뇌 앞쪽에 칼을 대는 좀 더 전통적인 수술 대신 해마를 제거함으로써 이 기술을 더욱 발전시키기로 작정한 사람이었다. 그 당시 사람들이 어떤 생각을 했는지는 이 책에서 다 다룰 수 없다. 지금 우리의 관심사는 헨리 몰레이슨의 그 유명한 실험의 결과이다. 결과는 스코빌에게 막대한 영향을 미쳤다. 그는 캐나다 심리학자인 브렌다 밀너와 함께 쓴 논문에서 자신의 실수를 인정했다. 브렌다 밀너는 어떻게 헨리의 기억이 손상되었는지 밝히기로 결심했고, 그래서 그녀와 헨리는 인간의 기억이 어떻게 구성되었는지 세상에 보여 줄 수 있게 되었다.

헨리 몰레이슨을 연구함으로써 기억에 대해 무엇을 밝힐 수 있었을까? 그와 이야기만 해 보아도 기억의 구조에 관한 중요한 사실을 좀 알 수 있었다. 그는 중간에 다른 생각을 하거나 주위의 무엇 때문에 산만해지지 않는 동안만은 대화의 맥락을 따라갈 수 있었다. 그의 단기 기억은 지극히 정상적이었다는 뜻이다. 기억 중에서 이 부분은 지금 여기에서 의식의 표면에 유지될 수 있는 것들로 구성된다. 우리의 경험은 지속적인 기억이 되기 전에 단기 기억에 저장된다. 전화번호를 찾아내서 누르는 동안 우리는 그 번호를 잠깐 동안 기억한다. 어떤 메시지를 들을 때나 새로운 단어를 처음으로 배울 때도 마찬가지이다. 이때는 몇 초 동안, 혹은 그것에 대해 생각하는 동안만 유지된다. 이런 식으로 우리 머릿속을 스치는 것들 중 일부는 선발되어 지속적으로 장기 기억으로 저장된다. 하지만 헨리에게는 단기 기억뿐이었다. 그 대신에 그의 단기 기억은 특별했다. 한번은 누군가가 그가 기억력이 약한데도 어떻게 시간을 파악하는지를 알아보고자 실험을 했다. 연구자는 헨리에게 자신이 방에서 잠시 나갈 것이며 돌아와서는 시간이 얼마나 흘렀는지 묻겠다고 했다. 자신이 그것을 할 수 있다고 별로 믿지 않았던 헨리는 현명한 선택을 했다. 그는 벽에 있는 시계를 보고 (연구자는 그 시계에 신경을 쓰지 않았다.), 그녀가 방으로 돌아올 때까지 속으로 끊임없이 그 시간을 반복함으로써 기억했다. 그녀가 문을 열자 그는 다시 시계를 바라보았고, 시간이 얼마나 흘렀는지 계산할 수 있었다. 그는 그녀가 방에서 나간 동안 내내 여기에만 집중했기에, 자신이 실험에 참여하고 있다는 것은 기억했지만 실험자도 기억하지 못했고 그녀의 이름도 몰랐다.

헨리는 지적인 도전을 반겼다. 그는 과제를 푸는 것을 좋아했고, 늘 글자 맞추기 퍼즐 잡지를 가지고 있었다. 그러니 브렌다 밀너에게는 헨리에게 실험에 참여하겠냐고 묻는 게 어려운 일이 아니었다. 한 실험에서는 그에게 판에 그려진 미로를 보여 주고 길을 찾게 했다. 226번을 시도하고도 그는 여전히 조금도 앞으로 나아가지 못했다. 지금까지 어떻게 해서 실패했는지 전혀 기억하지 못했으므로, 그는 매번 완전히 새로 시작했다.

어느 날 브렌다 밀너는 그에게 별을 그려 보라고 하면서 손과 연필을 거울을 통해서만 볼 수 있게 했다. 이 과제는 좌우가 뒤집혀서 보이고, 보통은 별의 모서리에 가면 연필을 반대 방향으로 움직이게 되므로 쉽지 않다. 하지만 연습을 하면 나아진다. 마치 어떤 방식으로건 매번 기억이 쌓이기라도 하듯이. 하지만 경험했던 사건들, 또는 계획을 바꿔야 하는 미로와는 달리, 여기서는 이 과제를 어떻게 풀어야 할지 생각할 필요가 없다. 자전거를 탈 때 발을 어떤 특정한 방식으로 움직여야 하거나 균형을 잡기 위해 몸을 움직여야 하는 걸 기억할 필요가 없는 것과도 비슷하다. 그냥 몸이 (사실은 뇌가, 위치만 다른 것이지만) 아는 것이다. 거울로 하는 과제를 풀 때 헨리는 해마가 정상인 사람들과 똑같이 점점 향상을 보였고, 결국은 어떤 별이든지 거의 완벽하게 그렸다. 점점 더 잘하면서도 그 전에 어떻게 시도했는지 기억하지 못했던 그는 이 사실이 놀라웠다.

"어려울 줄 알았어요." 그가 놀라서 말했다.*

브렌다 밀너도 놀랐다. 그녀는 장기 기억에 대한 새로운 발견을 했다. 장기 기억은 서로 다르고 서로 구별되는 층위들로 되어 있다는 것, 그리고 의식적으로 회상할 필요가 없는 무엇을 배울 때에는, 즉 '운동 기억'에 있어서는 해마가 필요 없다는 것이다. 그렇지 않다면 헨리는 그 과제를 그렇게 잘해 내지 못했으리라.

브렌다 밀너의 학생들은 헨리의 기억에 대한 연구를 물려받았다. 수잰 코킨은 헨리와 함께 그 후 40년도 넘게, 심지어 그의 사후까지 지속될 연구를 시작했다. 그녀는 헨리를 여러 번 만났고 오래된 친구처럼 잘 알았지만, 그에게는 그녀가 매번 낯선 사람이었다. 그래서 그는 그녀를 오래된 학교 친구라고 추측하곤 했다. 예의상이었을 수도 있고, 아니면 그의 뇌 안에 기억 흔적을 기억할 수 있는 무언가가 남아 있어서 그는 저 사람이 어디에서인지 모르겠지만 낯이 익다고 느꼈는지도 모르겠다.

헨리를 통해 연구자들은 우리에게는 한편으로 헨리에게도 제대로 작동한 단기 기억과, 다른 한편으로는 헨리에게는 반밖에, 즉 무의식적인 학습밖에 없었던 장기 기억이라는 게 있음을 확인할 수 있었다. 나머지 반, 즉 우리가 경험을 사건 기억이라고 불리는 비망록 같은 곳에 저장하게 하는 부분은 그에게 없었다.

헨리의 예를 바탕으로 하는 기억 이론에서는 이미 저장된 기억과 들어오려고 기다리는 새 기억을 구분한다. 헨리에게는 수술 전의 기억은 있었으니까. 그는 자신이 누구이며 어디에서 왔는지를 기억했고, 어린 시절과 젊을 때의 사건들을 많이 기억했다. 하지만 수술 3년 전 무렵부터는 백지였다. 간단히 말하면 해마의 역할은 저장소, 적어도 유일한 저장소는 아니다. 인생의 모든 경험이 뇌 속 깊이 있는 그렇게 작고 이상한 조직 안에 다 저장된다는 생각은 비현실적일 테니까. 기억이 저장되는 것은 뇌의 다른 곳이겠지만, 해마의 역할은 기억이 성숙해져서 뇌의 피질에 고착될 때까지 붙잡고 있는 것이다. 헨리는 실패한 수술 전의 3년을 기억할 수 없었으므로, 합리적으로 생각하면 기억을 고착시키는 데 3년이 걸린다.

1) 안전한 어머니의 집에서 순간순간 살아 나가면서 헨리는 점차로 걸어다니는 기억 이론이 되었다. 그리고 기억계의 스타가 되었다. 다행히 연구자들은 그의 신분을 그의 사후까지도 비밀로 해서, 그의 집 앞에 지나치게 열정적인 연구자와 기자 들이 몰려드는 일을 막았다. 그는 H. M.이라는 이니셜로만 알려졌고, 온 세상의 기억 연구자들은 지금까지도 그를 그렇게만 부른다.

2) 헨리는 자기 삶을, 적어도 자신의 기억을 바쳐 연구에 기여했다. 연구자들이 기억의 작용 방식을 기록할 수 있도록, 그는 계속 이어지는 실험에 자기 자신을 제공했다. 헨리는 수술 이후 지극히 조금밖에 기억할 수 없었지만, 수술 전 몇 년 동안 의사와 나누었던 대화들을 기억했으며, 무언가 잘못되었다는 것을 알았고 그 원인이 수술이라고 여겼다. 그래서 그는 연구자들에게 그는 자신에게 일어난 일이 반복되지 않는 데 기여하고 싶다고 여러 번 말했다. "살아 있는 동안은 배울 수 있지요."라고 말하고 헨리는 이렇게 덧붙였다. "살아 있는 건 나고 배우는 건 당신들이죠."*

3) 헨리를 연구해서 얻은 다른 중요한 결과 하나는 그 후로 아무도 그런 방식으로 수술을 받지 않게 되었다는 것이다. 스코빌은 그 이후 뇌전증이나 정신분열증 환자의 해마 둘을 다 제거하지는 않았다. 뇌전증 수술은 그 이후로도 지속되었고 지금도 이루어진다. 해마가 있는 곳 주위에서 시작하는 특정한 형태의 뇌전증의 경우, 그 부위를 몇 번의 수술로 일부 제거할 수 있고 해마 하나를 제거할 수도 있다. 하지만 다른 해마를 보존함으로써 경험이 장기 기억으로 갈 수 있는 통로를 적어도 하나 남겨 놓는다.

4) 뇌가 성한 사람은 기억을 당연히 여기기 쉽다. 메시지를 쉽게 기억할 수 있을 것이며 메모할 필요도 없다고 생각하기 쉽다. 또는 우리 생애의 모든 순간들이 우리와 함께 영원히 기억으로 간직될 것이라고 생각하기도 한다. 아닌가? 우리의 기억이 우리 생애의 비디오클립으로 가득한 하드디스크와 같아서 원하면 아무 때나 재생할 수 있다면? 하지만 기억은 그렇게 작동하지 않는다. 장을 보러 가거나 좋은 친구와 가족과 함께 만찬상에 앉아 있을 때, 지금 그 자리에서 경험하는 바로 그것이 기억에 남을지 어떻게 알겠는가? 생일이나 결혼식, 첫 키스, 축구 경기에서의 첫 득점 같은 어떤 순간들은 우리는 특별히 잘 저장한다. 하지만 다른 순간들은 어디로 갈까? 우리는 때때로 어떤 것은 나중에 쓰기 위해 저장해 놓고 뇌의 공간

을 정리한다. 다행이라고 할 일이다. 우리 생애의 모든 순간들을 기억해야 한다면, 우리는 종일 앉아서 회상하는 일밖에 하지 못할 것이다. 그런다면 살 시간이 어디 있겠는가?

어떤 사람들은 다른 사람들보다 더 저장을 한다. 망각이라는 게 없는 솔로몬을 만나 보자!

솔로몬 셰레셰프스키는 1930년대 상트페테르부르크의 한 신문사 기자였다.* 편집장은 그에게 말을 하면 그가 메모를 하지 않는 것이 신경이 쓰였다. 그날의 업무를 말하면 다른 기자들은 부지런히 나중에 일을 시작할 때 필요한 모든 것을 적었다. 하지만 솔로몬은 마치 상관 안 한다는 듯이 가만히 앉아 있었다.

"내가 무슨 말을 했는지 기억이나 합니까?" 편집장이 물었다.

그런데 솔로몬은 모든 것을 아주 작은 세부까지 기억하고 있었다. 언급되었던 모든 주소와 이름, 그리고 무슨 사건에 관한 것이었는지를 모두 다 읊었다. 그는 들은 것은 모두 다 바로 기억했으므로, 그에게는 다른 사람들이 메모를 하는 게 이상했다. 사람들은 솔로몬을 전문가에게 데려갔다. 신경심리학자인 알렉산드르 루리아의 사무실에서 그는 헨리와 마찬가지로 실험 대상이 되었다. 인간이 기억할 수 있는 건 얼마만큼까지일까?

기억은 거의 무한해 보였다.* 적어도 솔로몬의 경우에는 한계를 찾기가 힘들었다. 그는 가짜 단어의 긴 목록을 듣고 정확하게 순서대로 재생할 수 있었다. 심지어 거꾸로나 대각선으로 할 수도 있었다. 그는 외국어로 된 시와 표와 고급 수학 공식을 단번에 암기했다. 17년 후에 루리아가 솔로몬을 만났을 때, 그는 여러 해 전에 들었던 목록을 그대로 반복할 수 있었다.

솔로몬은 나중에 신문사를 그만두고 기억술사, 즉 기억 전문가로 활약하기 시작했다. 무대에 선 그는 청중이 적은 숫자나 단어가 끝없이 이어지는 긴 표를 암기했다. 그리고 그 표를 완벽하게 재생해서 청중의 경탄을 받았다. 그러나 우리 모두가 꿈꿀 만한 그런 기억력은 솔로몬에게 부도 권력도 가져다주지 않았고, 특별히 행복하게 해 주지도 않았다. 그는 이 직장 저 직장을 떠다니다가 결국 친구도 가족도 옆에 없는 가운데 외롭게 1958년에 세상을 떠났다.

솔로몬의 놀라운 기억력은 공감각이라는 것과 관련이 있다. 공감각이란 모든 감각 인상들이 시각, 청각, 후각, 미각 중 하나인 다른 감각 인상으로 인해 유도되는 것을 말한다. 솔로몬은 이런 성향이 극단적으로 심한 사람이었다. 단어의 음은 강렬한 이미지들을 떠오르게 했고,

미각과 후각까지 불러일으켰다. 특정 목소리를 들으면 특정 감각 인상이 생겨났다. 어느 날 그는 아이스크림 가게에서 아이스크림을 사려고 했는데, 파는 사람의 목소리가 검은 석탄과 재가 그에게 덮치는 이미지를 불러일으키는 바람에 몸서리치며 뒷걸음칠 수밖에 없었다. 인상들이 그렇게 심한 거부감을 불러일으켰던 것이다. 그런 모든 특별한 감각 인상들로 인해 그의 낱낱의 기억은 보통의 경우보다 몇 배 강력하게 기억으로 저장되었다. 그는 기억을 떨칠 수 없었고, 아무리 그가 지우려고 작정을 해도 무의미한 수열조차 잊어버릴 수 없었다고 한다.

물론 솔로몬은 특별한 경우였다. 솔로몬처럼 기억할 수 있는 사람은 거의 없다. 그와 비교하면 평범한 인간의 기억력은 우스울 정도다. 그러나 과연 부모님의 전화번호나 당신이 초등학교에 다닐 때의 버스 시간표만이 아니라 살면서 접했던 모든 전화번호와 버스 시간표를 어쩔 수 없이 다 기억하고 싶은 사람이 있겠는가?

솔로몬 사후 정확하게 50년이 지나 헨리 몰레이슨도 세상을 떠났다. 이 예외적인 두 사람의 차이는 한 사람은 엄청난 양을 기억할 수 있었고 다른 사람은 어떤 기억도 유지하지 못했다는 것만이 아니다. 두 사람을 가르는 50년은 기억력 연구에도 커다란 차이를 가지고 왔다. 우리는 헨리의 뇌에 대해 아는 게 많지만, 솔로몬의 뇌가 어떤 모양이었는지, 그의 해마가 유난히 컸거나 아니면 다른 특별한 점이 있었는지 알지 못한다. 반면에 헨리 몰레이슨은 생전에는 언제든, 심지어 사후에까지 과학의 발전에 기여했다. 그의 마지막 40년간 가장 가까운 곳에서 연구했던 심리학자 수잰 코킨은 헨리에게 인터넷상에서 새로운 '생명'을 만들어 줄 계획이 있었다. 헨리는 유언장에서 연구를 위해 자신의 뇌를 제공하겠다고 했다. 수잰 코킨은 의사와 연구자로 구성된 대규모 팀과 함께 헨리의 뇌를 저장하려고 했다. 먼저 하버드의 연구자들이 MRI(자기 공명 영상)를 찍은 다음에 코킨 교수는 아이스박스에 그의 뇌를 담아 2008년 12월의 어느 날 뇌 연구자 야코포 안네세와 함께 샌디에고로 보냈다. 미국의 반대편에는 그의 팀이 기다리고 있다가 그 뇌를 머리카락처럼 얇게 잘랐다. 뇌 관측 연구소의 안네세 박사는 죽은 사람들의 뇌를 아주 특수한 방식으로 보관하고, 후대가 알츠하이머부터 일반적인 노화까지 온갖 연구를 위해 사용할 수 있도록 저장했다. 하지만 그들이 보존했던 뇌 중에서도 헨리의 뇌만큼 과학적인 관심의 대상이 된 것은 없었다. 그의 팀은 헨리의 뇌를 2401개 단면으로 모두 사진을 찍고 포르말린과 기가바이트를 이용하여 보존했다. 죽은 영혼과의 만남은 총 53시간이 걸렸고, 야코포는 다른 엉뚱한 무엇이 아니라 바로 이 예외적인 뇌의 조각들이 미래를 위해 안전하게 저장되었다는 것을 확신할 때까지 눈도 붙이지 않았다. 그렇게 해서 연구자들은 오늘날까지도 외과 의사 스코빌이 들쑤셨을 곳이 정확하게 어떤 상태였는지 관찰할 수 있고, 해마 주위의 어떤 부위들이 헨리가 가끔씩 몇 안 되는 일들을 의외로 기억해 내는 데 기여했을지 상상할 수 있다. 2016년에 수잰 코킨이 79세로 세상을 떠났고, 그녀의 뇌도 뇌 연구자들이 안전하게 보관하고 있다. 그녀의 뇌는 특별한 수술 흔적이 없지만, 연구에 아주 특별하게 기여한 40여 년의 기억을 담고 있다.

헨리가 남긴 것은 온전히 새로운 연구 분야였다. 이제는 해마가 기억과 관련이 있다는 점은 분명했다. 지난 50년간은 기억을 세포의 단계까지 지도로 나타내는 일이 중심이 되었다.

"제가 죽기 전에 우리는 기억을 파악할 수 있을 것 같아요." 세계 최고의 기억 연구자 중 한 사람인 유니버시티 칼리지 런던의 엘리너 매과이어 교수는 말한다. 그녀는 주로 해마를 연구했고, 해마에서 기억을 '볼' 수 있었다. 그녀는 피험자와 어떤 특정한 기억에 대해 생각하기로 약속하고 MRI에서 피험자의 해마에 어떤 무늬가 빛나는지 추적했다. 아주 구체적인 다른 기억에 대해 생각하면 다른 무늬가 나타났다.

"우리가 경험하는 것은 뇌 깊은 곳으로 사라지고 피질로 분산되지요. 하지만 해마의 도움으로 다시 꺼내 올 수 있습니다. 경험이 끝나고 나면 작은 조각으로 나누어져서, 기억을 다시 꺼내 올 때에야 다시 생명이 생깁니다." 그녀는 이렇게 말한다. "해마는 당신 내면의 눈이 생각 속에서 경험을 다시 체험할 수 있도록 재구성하는 데 결정적입니다."

기억의 연구는 또한 이 작은 조각들을 다시 커다란 퍼즐로 맞추어 가는 과정이기도 하다. 기억은 눈으로 볼 수 없으며, 아무도 머리에서 꺼내어 현미경 아래에 놓을 수 없다. 철학과 문학의 소재였던 기억이 과학적 연구의 대상이 될 때까지도 이미 긴 시간이 흘렀다. 심리학은 비교적 새로운 분야이다. 하지만 기억 연구자들이 인간의 기억을 지도로 그리기 시작했을 때, 우리에게는 그제야 환상적인 내면 세계로 들어가는 창문이 생겼다. 연구자들은 실험용 토끼가 되어 준 인간의 뇌 깊은 곳으로부터 기억에 관한 진리를 꺼내고자 단어 목록, 의미 없는 형태, 사전 모의된 은행 강도, 인생사, 인형극, 수열을 이용해서 밤낮으로 작업을 했다.

기억은 이를 소유한 그 개인에게만 생명이 있으며 그렇게까지 추상적인 것을 측정하는 건 의미가 없다고 하는

사람도 있을 것이다. 마르셀 프루스트의 12권이나 되는
책 『잃어버린 시간을 찾아서』의 생생한 기억 묘사를 어떻
게 숫자와 과학적인 그래프로 축소할 수 있을까? 인간의
독특한 경험을 붙잡고 과학으로 만드는 건 어딘가 말이
안 되는 게 아닐까? 해마 한 마리를 포르말린이 든 병에
넣으면서 그 동물의 아름다움과 본질을 영구히 보존할 수
있다고 믿는 것과 마찬가지 아닐까?

하지만 기억을 연구할 좋은 이유가 많이 있다. 기억
을 무언가 구체적인 것으로 만듦으로써 건강한 사람과 환
자의 기억을 비교할 수 있게 된다. 측정을 통해 기억 장애
가 있는 사람들에게 도움을 줄 수 있다. 그리고 우리의 뇌
가 전반적으로 어떻게 작동하는지를 보다 잘 이해함으로
써 결과적으로 의학 분야에서 알츠하이머, 뇌전증, 우울
증 같은 오늘날의 주요 수수께끼들을 푸는 데 기여할 수
있다.

기억을 150년간 측정했다고 모든 수수께끼가 다 풀
리지는 않았다. 거기까지는 아직 멀었다. 기억의 전쟁터
에서는 서로 다른 의견들이 밀고 당기기를 계속하고 있
다. 한 전선은 극한적인 상황에서는 기억이 평소와는 아
주 다르게 작용하리라고, 예를 들면 억압과 분열성 인격
장애 같은 식으로 반응한다고 주장한다. 다른 전선에서는
기억은 언제나 동일하게 행동하며, 극한적인 상황에서는

그저 최대치로 활동할 뿐이라고 한다. 이런 의견 분열은 지금도 계속되며 '메모리 워즈', 즉 '기억 전쟁'이라고 불린다. 다른 뜨거운 주제는 회상하는 능력을 훈련을 통해 얼마나 향상시킬 수 있는지이다. 근육의 힘 같은 것일까, 아니면 전략과 기술을 훈련함으로써 갖고 있는 능력을 더 효율적으로 사용하게 되는 것일까? 그리고 기억이란 대체 무엇일까? 그 질문 자체도 간간이 흥분한 독자들이 편지를 보내기도 하는, 연구자들이 학계에서 분야를 확장하기 위해 시도하는 학술 잡지의 기술적이고 학술적인 논문의 토론 주제이며, 마치 슬로모션으로 보여 주는 선거 운동이나 50년, 100년으로 늘여서 보는 저녁 뉴스의 토론처럼 보인다.*

　해마도 토론거리이다. 양쪽 전선이 마주하고 서서, 한편은 해마의 역할은 기억을 뇌의 다른 부위에 단단하게 정착하게 하는 것이라고 한다. 시간이 좀 흐르면, 그리고 무엇보다도 잠을 충분히 자고 나면, 기억은 점점 더 견고해지는 대뇌피질의 네트워크에 단단하게 저장된다. 그 사이 해마가 조심스럽게 품고 있는 기억은 점차로 소멸되거나 도망가기도 한다. 반대편에서는 이것은 너무 단순하다고 말한다. 그들은 해마는 언제나 우리의 기억을, 적어도 우리의 개인적인 기억의 극장에 등장하는 개인적이고 생생한 기억들을 장악하고 있다고 생각하고, 동시에 그 기억들은 언제나 대뇌피질 깊숙한 곳에 저장되어 있다고 본다. 그들이 보기에는, 우리가 기억을 기다릴 때마다 해마가 관여하고 있어서 원래의 기억을 '덮어쓰기'하며, 조금 달라진 해석이나 재창조를 덧붙인다.*

바다에서 해마의 생태계가 해마의 생애와 존재를 이해하는 데 중요한 것과 마찬가지로, 뇌의 해마의 생태계도 기억이 어떻게 저장되고 회상되는지를 이해하는 데 중요하다. 최근 몇 년간은 해마와 뇌의 다른 부위들 간의 협력이 전례 없는 관심의 대상이 되었다. 기억은 구체적인 뇌 네트워크 안에서 일어나며, 뇌의 여러 부위가 동시에 함께 춤에 참여한다. 현대적인 fMRI(기능적 자기 공명 영상)의 도움을 받아 이를 눈으로 볼 수 있다. 하지만 심리학의 창시자 중 한 명인 윌리엄 제임스는 이미 1890년에 이를 이해했다.*

"기억은 회상해야 하는 그 무엇의 엄청나게 복잡한 표상을 그와 관련된 연상들과 함께 제공하며, 이것들은 하나의 전체, 한 '대상'을 형성한다. 그 대상은 단일한 의식의 맥박으로 드러나며, 각각의 감각 인상이 의존하고 있는 것보다 무한히 더 복잡한 절차를 두뇌에서 요구하는 것으로 보인다."

쉽게 말하면 기억은 여러 조각들을 짜맞추어 의식의 단일한 물결을 만든다. 그리고 그 조각 하나하나는 뇌의 서로 다른 부위, 즉 이 조각들이 처음에 감각을 통해 인상을 남겼던 부위들에서 나온 것이다. 이 모든 것을 단일한 경험, 단 하나의 기억으로 느낄 수 있으려면 뇌가 정교하게 협력할 수 있어야 한다. 윌리엄 제임스는 여기에서 말하는 정교한 두뇌의 절차들이 어떤 것이었는지 밝힐 수 있는 전제 조건을 갖추지 못했다. 그저 기억과 뇌에 관해 그렇게 생각하는 것만도 1890년대 당시로서는 획기적이었다. 그 당시 사람들은 개별 기억을 하나의 단위, 현실의 복사본으로 간주했고, 문서고의 서랍에서 꺼낼 수 있는 것처럼 상상했다. 기억을 이해하기 위한 열쇠가 감각 환경의 박자에 맞추어 몸을 흔드는 뇌의 해마, 감각과 의식의 중심에 있다는 것은 그로부터 100년이 지나고서야 밝혀진 사실이었다. 휠체어에 앉은 제임스가 이 고찰을 한 것은 프리드쇼프 난센이 신경과학 박사 학위를 받고 세계 최초의 몇 명 중 하나로 신경세포가 어떻게 시냅스라고 불리는 연결점들로 서로 연결되어 있는지를 기술한 지 겨우 2년 후의 일이었다. 그때부터 기억이 어떻게 퍼져 나가는지 눈으로 보다시피 할 수 있는 오늘날의 뇌 연구에 이르기까지는 아직 갈 길이 멀었다.*

"헨리가 연구에 그렇게 많이 기여했으니, 그의 사후에도 그에 대한 연구가 이루어질 수 있도록 함으로써 그에 대한 감사를 표시하는 건 우리가 할 수 있는 최소한의 일이다."라고 야코포 안네세는 말했다. 그 지식을 가지고 있는 것은 우리 모두 다행이라고 생각한다. 작은 해마 하나가 뇌의 수많은 신비를 풀기 위한 열쇠가 될 것이다. 율리우스 카이사르 아란티우스가 해마라는 이름을 붙인 것은 그저 모습 때문에 그렇게 부른 것은 아니었다. 누에와 마찬가지로 해마는 그 당시 르네상스 이탈리아에서는 특별하고 어딘가 신화적인 동물이었다. 뭔가가 특별하고 다르면 해마가 더 쉽게 기억을 저장할 수 있다. 지금 우리는 이 사실을 알지만, 율리우스 카이사르 아란티우스는 자신이 발견한 뇌의 작은 부위에 대해 이런 사실을 알 수 없었다. 그는 일단 자신의 발견이 관심을 끌고 기억에 남기를 바랐을 뿐이다.

2장 해마를 찾아 2월에 잠수하기 _기억은 뇌 어디에 있을까?

기억은 대단히 오래간다. 하지만 꿈과 마찬가지로
어두운 곳을 좋아한다. 해저에 앉아 있는 난파선처럼,
기억은 우리 기억의 깊은 물길 속에 숨어서 수십 년을
살아남는다. 그것을 밝은 세상으로 꺼내면 위험할 수 있다.

J G 밸러드

오슬로에서 차로 한 시간쯤 달리면 나오는 윌테 잠수 센터의 다리 바깥쪽에는 종류가 마흔 개가 넘는 민달팽이가 서식한다. 진보라색부터 투명에 가까운 흰색까지 온갖 색깔이 다 있다. 끝에 별이 달린 더듬이가 몸 전체를 덮은 것도 있고, 1950년대 디즈니 영화에서처럼 온통 분홍색 레이스에 덮인 것도 있다. 오렌지색의 손가락 끝을 수면에 덮인 반짝이는 양탄자로 뻗치기도 하고, 스스로 빛을 내는 연두색 더듬이를 몸속으로 끌어들이기도 한다. 다리 안쪽에서는 바닷속에 빛나는 파편들이 구름처럼 떠다니는 속을 기어 다닌다.

수온은 5도밖에 되지 않는다. 협만 더 안쪽으로 들어오면 물가에 유빙이 보인다. 그 아래의 달팽이들은 좀 있으면 해마의 비밀을 찾아다니는 검은 옷을 입은 사람들의 방문을 받을 것이다. 발에 달려 있는 커다란 오리발이 잠수사들이 펭귄처럼 물로 걸어 들어갈 때는 다리에 철썩이더니, 이들이 천천히 15미터 아래로 들어가자 다시 파편들이 회오리를 이룬다. 다리 위에서는 이 사람들이 어디 있는지를 알아볼 수 있게 해 주는 물거품만 검은 수면 위에 보인다. 그들이 찾는 해마는 물속에 있지 않다. 어쨌건 여기는 오슬로 협만이니까. (해마는 한반도 주위의 바다에도 많이 살지만 세계적으로 주로 열대의 얕은 바다에 산다. — 옮긴이 주) 이들은 꽉 끼는 잠수복 후드 아래에 숨어 있는 해마를 찾고 있다. 얼음처럼 찬 2월의 바닷속에서 잠수사들은 해마에서 일어나는 일을 찾고 있다. 이들이 찾는 것은 기억이다.

우리가 함께 찾아내고자 하는 것은 기억들이 뇌에 저장될 때 어떻게 작용하는가 하는 것이다. 넓은 의미에서 우리 잠수사들은 표면을 깨고 기억의 내면 세계라는 바다 밑으로 잠수하려는 참이다. 수면으로 나오는 물거품처럼, 기억이 그 안에 있다는 유일한 표징은 거기서 밖으로 나오는 것들이다.

우리가 지금 재현하려고 하는 실험은 기억 연구에서는 이미 알려진 것이며, 1975년에 스코틀랜드의 해안에서 처음으로 이루어졌다.* 기억 연구자인 덩컨 고든과 앨런 배들리는 널리 퍼진 한 가지 신화, 즉 원래의 장면으로 돌아가면 회상이 더 잘 된다는 것을 확인하고 싶었다. 추리소설에서 보면 탐정은 용의자가 누구인지를 시체가 발견된 바로 그 자리에서 알아내지 않는가? 기억은 어떻게, 그리고 어디에 고정되는가?

이론은 단순하다. 사건이 발생한 곳과 동일한 환경에 있으면, 원하건 원하지 않건 강물이 쏟아지듯이 기억이 되돌아온다. 이것을 실제로 테스트해 보기 위해 두 연구자는 잠수사들이 서로 다른 두 환경, 즉 물위와 물아래에서 응해야 하는 실험을 계획하였다.* 1970년대에 잠수사들은 다리 위와 수심 5미터에서라는 서로 다른 조건하에서 단어 목록을 암기하는 과제를 받았다. 단어의 회상도 물위와 물아래라는 두 가지 조건하에서 이루어졌다. 그래서 잠수사들은 물위와 물아래에서 여러 개의 단어 목록을 외웠고 물위와 물아래에서 그것들을 회상했다. 연구자들은 차갑고 축축한 환경에서 마스크를 통해 숨을 쉬는 잠수사들이 다리 위에서보다 훨씬 기억을 못 해내리라고 여겼다. 이론적으로 보면, 물아래에서 암기한 것은 다리 위에서 암기한 것보다 회상하기가 어려울 것이다. 수압과 흡입하는 공기 때문에 집중이 어려워진다.

이 2월에 우리 잠수사들을 오슬로 협만으로 내보내는 것은 배들리와 고든의 실험을 열린 바다에서 재현하는 첫 번째 예이다. (수영장에서 해 본 사람은 있었다. 하지만 수영장에서 하는 잠수는 다른 것이다.) 30세에서 51세까지의 남자 열 명은 전설에 싸인 영국 실험에서와 동일한 결과를 얻을까?

"잠수를 수천 번 해 본 지금은 물아래 어디에서 잠수를 했는지 정확하게 말을 할 수 있어요. 전에는 못했지요."라고 취미로 잠수를 하는 티네 신 크밤메는 말한다. 그녀는 실험 중에 사진을 찍기로 했다.

그녀는 이렇게 말한다. "잠수를 시작할 때는 뭐라도 기억을 할 수 있거나 있었던 일을 설명할 수 있는 사람이 거의 없죠. 잠수를 배우는 사람들에게 자기 이름을 물속에서 거꾸로 써 보라고 해요. 그럼 흔히는 '거꾸로'라고 쓰거나 자기 이름의 한 글자만 회전시켜서 쓰기도 하지요. 그리고 소에게 바퀴가 몇 개냐고 물어보면 네 개라고들 하고요."

일반적으로 기억은 커다란 네트워크 안에 고정된다. 기억이 저장될 때, 기억은 공통으로 어떤 것과 관련이 있는 다른 기억들에 가서 붙는다. 환경이나 감정이나 음악이 동일하기도 하고, 동일한 주장이나 이야기의 부분들일 수도 있다. 기억이 다른 무엇에도 관계없는 한 마리 물고기처럼 헤엄치고 다니는 일은 드물고, 그보다는 다른 물고기들과 함께 (그러니까 기억들과 함께) 그물 속에 들어 있다. 기억을 다시 꺼내야 한다면, 함께 묶여 있는 다른 기억 몇 개를 함께 찾는 게 고기가 잡힐 가능성이 높다. 그물

의 한 끝을 잡아끌면 나머지도 따라오니까, 자기가 원하
는 기억이 나올 때까지 거두어 들이면 된다. 하지만 그건
스트레스 상황이나 잠수 장비를 입었을 때, 다른 방해 요
소가 있을 때도 마찬가지가 아닐까? 회상도 물속에서 이
루어진다면, 동일한 맥락이 잠수사들에게 물아래에서 암
기한 것을 회상하는 데 도움이 되지 않을까?

1975년의 실험은 물아래에서 암기한 단어들은 물아
래에서 더 잘 회상되고 물위에서 암기한 단어들은 역시 물
이 없는 곳에서 더 잘 회상됨을 정확하게 보여 주었다. 우
리는 우리 잠수사들의 경우에도 그러리라고 예측했지만,
그런 기대가 잠수사들의 행동에 영향을 미치지 않기를 바
랐으므로 원래의 실험에 대해서 이야기해 주지 않았다.

월테 잠수 센터에는 긴장이 흘렀다. 다른 심리학 실
험을 반복하는 것은 장난이 아니니까. 단순한 우연도 많
고, 때로는 가설을 증명하는 듯한 결과만 밖으로 공표하
기도 한다. 완전히 상반되는 결과를 얻으면 당혹과 실망
으로 인해 연구 보고서를 서랍 안에 감추기도 한다. 심리
학의 여러 분야에서 반복된 실험 100건을 조사해 보니 성
공한 것은 단 36건이었다. 잠수 실험은 그때까지는 다시
시도해 본 실험 중에 끼이지 않았다. 춥고 비 내리는 드뢰
바크의 2월까지는.

역사의 흐름 속에서 철학자들과 작가들은 기억이 무

엇이며 어떻게 다시 떠오르는가에 대한 이론들을 세웠다. 신경심리학이 뭐라고 할지 모르겠지만, 이전의 철학자들은 여러 면에서 그 시기의 신경심리학자들이라고 일컬을 수 있다. 그들도 뇌가 어떻게 작용하는지를 관찰하고 이해해 보려고 한 것은 마찬가지이지만, 다만 현대의 연구 결과를 이용할 수 없었다. 모두가 답을 찾고자 하는 중요한 질문은 기억이 뇌의 어디에 있으며 경험이 어떻게 뇌세포와 혈관으로 된 분홍색 덩어리에 고착될 수 있는가이다. 일찍이 아리스토텔레스도 인간의 뇌는 밀랍 서판과 같아서 기억이 그곳에 기록된다고 하였다. 하지만 경험이 정확하게 어떻게 기억이 되는지 대답하지는 못했다.

월테의 잠수사들을 연구함으로써 우리는 뇌가 밀랍 서판에 어떻게 글씨를 새기는지를 보는 게 아니라, 개별 기억들이 어떻게 얽혀서 서로에게 의존하게 되는지 관찰할 수 있다. 맥락 의존적 기억은 우리에게 기억이 어떻게 저장되는가에 대해 매우 근본적인 무엇을 알려 준다. 전체에 대한 지식은 새로 알게 되는 것에 대한 이해를 결정한다. 경험하는 모든 것은 맥락 안에서, 전부터 가지고 있던 것들 안에서 이해가 되며, 말하자면 낚시그물에 얽힌다. 프랑스 혁명의 본질을 이해하면 러시아 혁명을 이해하기가 쉬워지고, 러시아 공산주의를 더 많이 이해하면 프랑스 공화정에 대해 새로운 관점이 생기는 식이다. 우리 잠수사들이 잠시 후에 수면으로 올라와서 얼음처럼 차가운 얼굴과 열렬한 눈빛으로 그들이 짧은 단어 25개의 무의미한 목록에서 무엇을 기억했는지 적은 노트를 내밀면, 우리는 그들의 뇌가 단어와 물풀과 찬물을 하나의 동일한 네트워크에 연결시키는 작업을 했는지 우리 눈으로 보게 될 것이다. 하지만 아직 우리는 다리 위에 서서, 털내복을 파고드는 2월의 추위를 느낀다. 별로 황홀한 마법처럼 느껴지지는 않는다.

르네상스기인 16~17세기에는 기억을 마법처럼 여겼고, 온갖 악한 마법 중에서도 가장 신비롭게 생각하는 사람이 많았다.* 그 당시의 마법사와 연금술사들은 금만 만든 게 아니라 예식과 상징들을 이용하여 세상에서 권력을 얻고 온 세상의 지배자가 되고자 했다. 장미십자회나 프리메이슨 같은 비밀결사들은 인간은 여러 단계를 거쳐 계몽되며, 마침내 온전히 계몽되고 전능해져서 거의 신과 같은 존재가 된다고 했다. 그리고 이 모든 마법 중에서 가장 신비로운 것은 기억술이었고, 그들은 이 능력이 창조적이고 환상적인 것, 인간의 신적인 창조력과 관련이 있다고 보았다.

따지고 보면 사실 그렇게 생각하는 게 무리도 아니다. 과거를 저장하고 그것을 생생한 그림처럼 꺼내 오는 우리의 능력에는 분명 마법적인 면이 있다. 관자놀이 뒤에서 우리는 모두 우리 자신의 개인적인 기억의 극장으로부터 조종을 받는다. 공연이 끊이지 않는 이 극장에서는 언제나 해석이 달라지고, 때로는 배우도 바뀐다. 오늘날 우리는 우리의 모든 생각과 느낌이 뇌에서 뇌세포의 활동으로서 일어난다고 알지만, 그래도 인생 전체가 우리의 뇌 덩어리 안에 들어 있다고 생각하기란 거의 불가능하다. 환상적이고 슬프고 아름답고 사랑스럽고 두려운 그 많은 경험들은 우리 뇌의 주름 속에 전기 자극의 형태로 숨겨져 있으며, 우리 자신을 제외하고는 누구도 거기에 접근할 수 없다. 게다가 동일한 경험을 한 사람들도 아주 다른 기억을 가지고 있다.

그런데 뇌 안에 남는 '기억 흔적'이란 무엇이며, 그것을 좀 더 잘 이해하면 기억을 더 잘 설명할 수 있을까? 기억은 우리가 머릿속에서 되돌아갈 수 있는 상태나 사건처럼 추상적이기도 하고, 신경세포 사이의 강화된 연결처럼 기계적이기도 하다. 기억은 매우 복합적이다. 퀴즈 대회에서 상을 받고 싶을 때에만 필요한 것들, 장기 기억에서 찾아내는, 관련이 많거나 적은 수천 가지의 서로 다른 개별 사실들만은 아니다. 하지만 경험했던 한 가지 일에 대한 기억을 더듬어 살려 내며 거기 포함되어 있는 모든 경험들을 느껴 보자. 일어났던 사건을 마치 내면에 극장 스크린이라도 있는 것처럼 볼 수 있는지? 소음과 목소리들이 들리는지? 눈을 대화 상대방에게 향하고 미소 지으며 바라보는지? 파도가 바위에 부서지는 여름날 바닷가에 앉아 있는지? 그리고 냄새들! 영화에서와는 달리, 시나몬 롤이나 여름 바람, 물가에 밀려오는 상한 물풀 냄새, 인근 해변에서 일회용 그릴에 굽는 소시지 냄새를 느낄 수 있다. 그리고 더 나아가 바다에 뛰어들 때 피부에 와닿는 물의 촉감을 느낄 수 있다. 우리가 기억을 할 때, 이 모든 경험들은 뇌에서 팔락거리며 돌아다닌다. 기억은 뇌의 연결점 몇 곳을 가리키는 것으로 설명할 수 없다. 경험을 해야 한다.

어쨌건, 뇌 연구는 신경세포(뉴런)의 발견 이후 꾸준히 기억이 남기는 흔적을 사냥해 왔다. 사실은 아리스토텔레스와 밀랍 서판의 시대에도 그랬다. 이를 '기억 흔적', 즉 뇌에 새겨지는 것이라고 부르기도 했는데, 이것은 기억 연구에서 성배와도 같은 존재가 되었다. 기억 흔적을 찾으면 뇌를 이해할 것이라고 생각했다. 우리 잠수사들의 도움으로 우리는 기억의 그물, 네트워크를 찾으려고 한다. 그물의 구멍 하나하나는 물리적으로 존재하는 연결들과 동일한 방식으로 뇌에 굳게 연결되어 있다. 이 연결점들과 그 구성 성분을 찾는 것은 뇌가 기억을 어떻게 처리하는지 이해하기 위한 전제 조건이다. 1960년대까지는 누구도 그런 것을 증명해 내지 못했다.

　필요했던 것은 그저 행복한 토끼 한 마리였는지도 모른다. 테르예 뢰모는 최초로 기억 흔적, 아주 작은 기억의 조각을 토끼의 뇌 속에서 발견했다. 그는 오슬로 대학 의대에서 특히 생리학 분야에서 활동하다 퇴직한 교수이다. 즉 그의 전문 분야는 신체가 어떻게 기능하는지를 밝히는 것이다.

　"어떻게 이런저런 것들이 작용을 하는지에 제일 관심이 있어요. 뇌를 묘사만 하는 것은 나한테는 부족합니다." 라고 그는 말한다.

　1966년, 그는 행복한 토끼 위로 몸을 굽히고 있다. 시골에 살던 토끼는 즐겁게 토끼풀을 뜯고 평생 걱정도 별로 없었다. 하지만 뢰모의 손에 잡혔을 때는 별로 행복하지 않았다. 뇌에 큼직한 구멍이 난 이 토끼를, 아주 작은 전극을 든 연구자들이 몸을 굽혀 들여다보고 있었다.

　"토끼를 마취한 다음 해마가 드러날 때까지 피질의 일부를 빨아냈습니다. 그러고는 따뜻하고 투명한 파라핀을 부었어요. 그러면 촉촉하고 따뜻해져서 실험 내내 뇌가 기능을 하지요. 해마를 들여다보는 창문이 생깁니다."

　그가 가장 궁금했던 건 미세한 전기 자극을 뇌로 보내면 무슨 일이 벌어지는가였다. 특별히 해마에 관심이 있어서라기보다는, 뇌에서 이 부위가 가장 파악하기 쉬웠기 때문이다. 엄청나게 복잡한 피질에 비해 해마는 아주 단순하고 비교적 이해하기 쉬운 구조이며, 해마를 통과하는 루트들은 이미 잘 알려져 있었다.

그 당시 테르예 뢰모는 뇌가 갑자기 일련의 신호를 점화할 수 있다는 것을 발견한 페르 안데르센 교수와 함께 일하고 있었다. 하지만 안데르센 교수도 이 신호들의 의미는 몰랐다. 이제 테르예 뢰모는 그게 무엇이었는지 조사하기로 마음을 먹었고, 그때 운이 좋지만 곧 죽을 토끼가 등장한 것이다. 테르예 뢰모는 작은 전극을 이용하여 작은 전기 자극을 뇌의 한 곳에서 토끼의 해마 안으로 발산하고 작은 장치로 신호들을 측정하였다.

아직 젊었던 테르예 뢰모는 매우 놀랍고 이전에 아무도 기록한 일이 없던 무엇을 발견했다. 그가 일련의 미세한 전기 자극을 토끼의 해마를 통해 연달아 보냈을 때, 반대쪽 끝에서의 반응은 매번 더 예민해졌다. 즉 자극을 받아들이는 세포는 훨씬 적은 양의 자극에도 반응을 하게 되었다.

일종의 학습이 일어난 것으로 보인다. 신경세포들은 마치 어느 특정한 뉴런에서 연락을 받으면 자극을 보내야 한다고 기억을 하는 것 같다. 처음에는 마치 한 뉴런이 다른 뉴런에게 신호를 발화하라고 들볶는 것 같다. '자 지금,

얼른, 얼른, 지금 점화!' 하는 외침이 충분히 여러 번 반복
되고 나면, 어느 정도 시간이 흐른 후에 뉴런은 조심스럽
게 '지금 점화.'라는 말 한마디에도 점화할 때임을 안다.
뇌에 지속적인 변화가 생긴 것이다.

　　그가 발견한 것은 바로 기억의 아주 작은 조각들, 아
주 미세한 기억 흔적들이었다. 이 반응은 장기 강화라고
불린다. 뇌의 뉴런들 사이 개별 연결점 사이에 흔적이 생
기는 것이다. 같은 시기 수천 킬로미터 떨어진 캐나다의
맥길 대학에서 뇌 연구자인 팀 블리스는 세포 수준에서
기억이 어디에 있는지를 찾았다. 하지만 그에게는 강화된
연결이 기억과 관련이 있다는 증거가 없었다. 그런데 테르
예 뢰모가 순전히 우연하게 장기 강화를 발견한 것이다.
팀 블리스는 오슬로로 왔고, 두 사람은 1968년과 1969년
에 몇 가지 실험을 함께 한 결과를 1973년에 논문으로 발
표했다.* 논문의 주제는 무언가가 기억이 될 때 미시적인
차원에서 일어나는 일들이다.

　　20년이 지나도록 그 논문에 별 주의를 기울인 사람이
없었다. 그때까지는 이 연구 분야가 그만큼 성숙하지 않
아서 이 결과를 어느 무엇하고도 연관을 지을 수 없었기
때문이다. 하지만 그 이후로는 바로 이 논문이 상당히 많
은 근대적 기억 연구의 바탕이 되었다. 그리고 지금은 기
억은 수많은 그런 연결들로 구성되어 있다고 이미 알려져

있다. 하나의 신경세포는 서로 다른 다수의 기억에 관여할 수 있다. 기억은 뇌 안의 뉴런들 사이의 회로이다. 무언가가 기억으로 저장된다는 것은 켜지거나 꺼지는, 뇌에서 신호를 점화하거나 안 하는 뉴런들의 새로운 연결들이 생겨나는 것이다. 그럼으로써 어떤 무늬가 생겨난다.

우리가 기억하는 모든 것이 해마에 저장될 수는 없고, 대뇌피질에 퍼져 있다. 그리고 기억이 성숙하는 데는 시간이 꽤 걸리고, 기억을 구성하고 있는 모든 것, 냄새, 맛, 소리, 분위기, 이미지 그 모든 복합적인 조합들이 뇌에 자리를 잡는 데에도 시간이 걸린다.

뢰모는 이렇게 말한다. "수면도 기억을 도와줍니다. 우리 생각에는 사람이 잠을 자는 동안 그날의 사건들을 다시 한번 훑어서 대뇌피질에 고정시키지요. 하지만 스트레스 상황에서는 그렇게 되지 않습니다. 뉴런들이 동일한 방식으로 점화되지 않거든요. 몇 년 후 다른 토끼들로 같은 실험을 반복했을 때는 그렇게 되지 않았어요."

그는 맨 첫 실험을 했을 때 운이 좋았다. 그 토끼들은 행복하고 편안했던 것 같다. 실험 2에서는 토끼들이 스트레스를 많이 받아서 뇌에 있는 뉴런들이 정상적으로 작동하지 않은 것 같다. 바꾸어 말하면 좋은 결과를 얻으려면 실험 동물들을 잘 대해 주어야 한다. 그리고 이건 사람도 마찬가지다. 스트레스를 받으면 편안하고 행복할 때만큼 무언가를 기억에 고정시키기가 쉽지 않다.

　뢰모의 발견과 거의 같은 때인 1971년에 기억 흔적을 찾는 사냥에서 또 다른 기억 흔적이 발견되었다. 유니버시티 칼리지 런던의 존 오키프 교수는 해마 안에서 특정한 장소들을 기억하는 세포를 발견하였다.* 예를 들면, 해마 안의 어떤 세포들은 어느 특정한 의자에 앉을 때만 활성화되고 같은 방의 다른 의자에 앉을 때는 반응하지 않는다. 그런데 매번 우리가 어디에 있었는지를 기억하는 것은 몇 안 되는 세포의 일이다. 하지만 장소 자체를 회상하는 것은? 그것은 기억인가? 노르웨이 신경심리학자인 마이브리트 모세르와 에드바르 모세르는 오키프와 함께 2014년에 노벨 의학상을 받았다. 그들이 상을 받은 것은, 두 교수가 오키프의 연구를 계속하며 해마에서 출발한 일이 계기가 되었다. 이들은 해마를 뇌의 나머지와 연결하는 부분, 즉 내후각 피질을 연구하기로 했다. 모세르 부부는 그들의 실험에 생쥐를 사용하였고, 이들이 자유롭게 환경을 탐색할 때 뇌의 바로 그 부분 세포들이 점화됨을 발견하였다.

　뇌 안에 아주 작은 금속 전극을 수술로 삽입한 생쥐들은 우리 안을 돌아다녔다. 그런데 신경세포 하나가, 장소 세포가 그러듯이 생쥐들이 돌아다니는 한 장소에만 반응하는 것이 아니라 여러 장소에 반응을 보였다. 세상에, 장소 세포가 한 장소만이 아니라 부근의 여러 장소를 기억하다니! 하지만 모세르 부부가 세포가 점화된 곳에 해당하는 우리 안의 지점들을 표시하자, 그들의 컴퓨터에는 정확한 육각형이 그려졌다. 생쥐들이 우리와 미로를 돌아다닐수록 더 분명해졌다. 모세르 부부의 컴퓨터에는 완전한 벌집 모양이 나타났다. 세포 하나에 육각형 하나. 이것은 주변 환경에 대한 좌표계였다.*

　"처음엔 우리 장비에 문제가 있는 줄 알았죠."라고 에드바르 모세르는 말한다. "실제로 존재하는 무엇이기에는 그 나타난 무늬가 너무나 완벽했으니까요!" 이런 뇌세포 중 일부는 격자를 이루는 반면, 이웃의 다른 세포들은 주변 환경이 모두 덮이도록 약간 어긋난 격자를 이룬다. 어떤 격자들은 아주 엄격하고, 어떤 격자들은 서로 멀리 떨어진 점들에도, 심지어는 연구자들이 실내에서 측정하는 게 물리적으로 불가능할 정도의 거리에까지 반응한다. 격자 세포라고 불리는 이것들이 없다면 우리는 장소를, 그리고 전에 있던 곳을 기준으로 지금 내가 있는 곳이 어디인지 이해하거나 회상할 수 없다. 우리는 걸어가고 서 있고 누워 있고 운전하는 곳마다 이 패턴을 만든다.

　"열 갈래로 갈라진 미로에 생쥐들을 풀어놓았죠. 그랬더니 계속해서 격자 패턴을 만들더군요. 그런데 각각의 갈래마다 새로 시작하는 거예요. 이 패턴들이 서로 합쳐져서 생쥐들이 어떻게 미로 밖으로 나올지를 기억하게 되는 거 같아요."라고 모세르는 말한다.

예측했던 대로 그 이후로 다른 연구자들은 뇌전증 수술이 필요한 환자들에게서 동일한 발견을 할 수 있었다. 사람의 경우나 쥐의 경우나 장소는 육각형의 패턴을 통해 인식된다. 우리는 모두 꿀벌들이다! 우리는 세상을 육각의 격자로 이해하는 것이다!

"포유류 진화의 아주 초기에 발달한 것 같습니다."라고 에드바르 모세르는 말한다. "그리고 격자 세포에 대한 우리의 발견은 사건 기억을 위해 아주 중요한 것 같아요. 장소에 연결하지 않고 기억을 생성할 수는 없으니까요."

다른 연구자들도 장소 세포와 격자 세포가 사건 기억에 특별한 역할을 하리라고 본다. 일부는 해마와 내후각 피질에 있는 이 체계가 각각의 기억에 고유한 기억 흔적을 배분해 주는 역할을 하게 되었다고까지 생각한다. 그 흔적은 또한 고유한 기억 망의 한 부분이 된다. 어쩌면 공간 감각이 해마와 내후각 피질의 일차적인 과제인지도 모른다. 하지만 진화가 진행되면서 공간 감각에는 새로운 기능이 생겼다. 우리의 개별적인 경험을 지도로 만들고 함께 하나의 네트워크로 묶는 것이 그 기능이며, 환경에 대한 육각형의 지도는 육각 패턴으로 된 기억의 그물이 되었다.

　　최근 캘리포니아 학자들은 기억 망이 어떻게 맥락 의 존적 기억과 연결되는지 생쥐의 해마에서 볼 수 있었다.[*] 테르예 뢰모와 마찬가지로 그들은 해마를, 그 아주 작은 부분인 코르누 암모니스 I, 아문의 뿔을 들여다보는 창을 만들었다. 해마의 단면을 보면, 안쪽을 향해 나선형으로 굽은 산양 뿔처럼 보인다. 그리고 이곳, 기억의 요람을 들 여다보는 이 작은 창문에서 캘리포니아 연구자들은 생쥐 들이 서로 다른 환경에 놓였을 때 어떻게 뉴런들이 빛나 는가를 현미경을 통해 볼 수 있었다. 이들은 서로 다른 기 억을 남겨 줄 세 가지의 우리를 만들었다. 우리 하나는 둥 글고, 하나는 삼각형, 다른 하나는 사각형이었다. 냄새와 질감과 그 밖의 경험들도 이 세 우리에서 서로 달랐다. 이 실험에서 결정적인 것은 이 다양한 경험들이 시간적으로 얼마나 가까웠냐는 것이었다. 생쥐들의 반은 먼저 삼각형 우리에 들어갔고, 바로 이어서 사각형 우리에 들어가게 되었다. 그래서 이 생쥐들은 다양한 두 가지 경험을 아주 적은 시간을 사이에 두고 접했다. 생쥐의 나머지 반은 둥 근 우리에 들어갔고, 7일이 지난 후에야 사각형 우리를 경 험했다. 이 생쥐 그룹은 두 가지 체험, 사건 기억이라고 할 수 있는 체험을 시간적으로 보면 아무 연관 없이 접했다.

생쥐들이 우리를 탐색할 때 연구자들이 현미경으로 들여
다보니, 제한된 영역에서 뉴런들의 활동이 보였다. 세 개
의 우리 각각은 해마의 뇌세포 활동에 특징적인 영향, 그
러니까 서로 구별되는 기억을 남겼다. 주목할 점은 시간
적으로 가까웠던 두 경험은 서로 겹치는 뉴런 그룹들에서
활동을 가져왔다는 사실이다. 서로 다른 두 경험은 시간
적으로뿐만 아니라 생쥐의 해마에서도 아주 가깝게 서로
묶였다. 반면에 일주일의 간격을 두고 두 개의 우리를 접
했을 때는 해마에서 두 개의 서로 다른 그룹의 뉴런들의
활동이 동반되었다.

　　연구자들은 그 원인이 한 뉴런 그룹의 활성화가 가까
이에 있는 다른 뉴런들의 활성화도 용이하게 만들기 때문
이라고 생각한다. 모든 것이 함께 네트워크로 연결된다.
이렇게 하여 앨런 배들리의 맥락 의존적 경험 실험의 핵
심은 생쥐를 잠수시키는 대신 생쥐 대뇌피질 안으로 잠수
함으로써 뇌 내부에서 입증될 수 있었다.

　　우리가 무엇을 경험할 때, 우리가 어떤 특별한 환경
이나 특별한 장소에 있을 때, 그리고 무언가가 인간의 뇌
에서 기억으로 저장될 때, 이것은 대뇌피질로 분산되고
우리가 다시 기억을 꺼낼 때까지 그곳에서 기다리고 있
다. 기억은 테르예 뢰모가 말하는 장기 강화 이상의 무엇
이다.

그럼 기억은 어떻게 생겼을까? 그런 복합적인 기억도 단순한 기억 흔적처럼 눈으로 볼 수 있을까? 그러려면 토끼나 쥐의 뇌를 떠나 인간의 뇌로 들어가야 한다. 그것도 기억이 한참 활동할 때 들여다봐야 한다. 다행히도 기억을 엿보기 위해 사람을 마취하고 두개골을 열 필요는 없다. 유니버시티 칼리지 런던에서는 기억에 대한 세계 최고의 전문가인 심리학자 엘리너 매과이어 교수가 MRI와 실험에 응하고 뇌를 제공하는 사람들의 도움으로 일종의 독심 기계를 만들었다.*

MRI는 강력한 자기장을 이용하여 신체의 사진을 찍는 기술이다. 인체의 다양한 부분들은 자기장에 서로 다르게 반응하기 때문에, 그 모습들의 훌륭한 사진이 생긴다. MRI 기계를 적절하게 설정하면, 뇌 안을 흐르는 혈액의 산소 농도를 찍을 수 있다. 뇌세포는 활동할 때 산소를 소모하므로, 어디에 활동이 많은지를 사진에서 볼 수 있다. 그렇게 해서 피험자들이 회상하는 동안 뇌의 어디에서 뇌세포들이 가장 활동적인지를 알게 된다. 이것을 기능적 MRI(fMRI)라고 하는데, 단순히 뇌가 어떻게 생겼는지를 보여 주는 구조적 MRI와는 달리, 기능하는 동안의 뇌의 사진이다. 물속에서 초록빛 물을 가로지르는 손전등 불빛 같은 기억들, 바닷속에서 잠깐씩 반짝 켜지는 순간의 모습들.

하지만 사람들이 어떤 기억에 대해 생각하는지 정말로 볼 수 있을까? 엘리너 매과이어의 실험실에서는 실험에 응한 사람들에게 자신의 기억을 불러일으키도록 부탁하고 동시에 MRI를 찍었다. 그리고 매과이어 교수는 그 영상에 나타난 것을 근거로 그들이 무엇을 회상하는지를 실제로 볼 수 있었다. 그녀는 사람들이 지나간 일을 생각할 때 해마 내의 활동을 볼 수 있었고, 개별 기억들이 고유한 무늬를 만든다는 것을 볼 수 있었다. 사진에서 어떤 기억이 어떤 MRI 영상에 해당하는지 바로 눈으로 볼 수는 없었지만, 컴퓨터 프로그램이 어떤 기억들이 피험자들의 뇌에서 어떤 무늬들과 연관성이 있는지 기록하는 것을 학습했다. 그런 다음 이 프로그램은 이런저런 영상들이 어떤 기억과 관련이 있는지 짚어 낼 수 있었다.

이게 독심 기계일까?

"우리는 피험자들하고 MRI 기계에 들어가 있는 동안 어떤 기억에 대해 생각할지 약속을 했던 거지요. 그렇게 보면 이건 자발적인 독심입니다."라고 엘리너 매과이어는 말한다.

그러니 흔적은 일단 레코드 판에 새겨졌지만 음악은 들을 수 없었다.

"다음 단계는 사람들이 무슨 생각을 할 수 있는지 볼 수 있게 되는 거지요. 무엇 중에서 고를 수 있는지 사전에 알지 못하면서요. 하지만 아직 거기까지는 멀었습니다." 그녀의 말이다.

그러니까 우리는 아직 독심술은 마음 놓고 사이언스 픽션 영화나 책의 영역으로 치부해도 되겠다.

매과이어가 이 연구를 하는 것은 기억이 MRI 영상의 격자무늬로 축소될 수 있다고 생각해서는 아니다. 그녀의 생각에 기억은 크고 복합적이다. 기억은 이를 경험한 개인만이 확실하게 알 수 있는 고유한 경험이다. 하지만 시간이 흐르면 기억 흔적에 어떤 변화가 생긴다는 것을 매과이어 교수는 발견했다.* 이들은 피험자들이 특정한 기억을 했을 때 해마가 어떻게 빛나는지를 볼 수 있었는데, 두 주일이 지나면 해마의 맨 앞이, 10년 후에는 훨씬 뒤쪽이 빛났다.

"기억은 우리가 했던 경험, 다시 불려오고 다시 조합되었던 경험들의 작고 수많은 조각으로 구성됩니다." 그녀의 설명이다.

"기억이 아주 새로울 때에는 접근이 아주 쉽지요. 하나하나의 사건이 그대로 눈앞에 보이고, 아직도 해마에 존재하지요. 기억이 점점 낡아 가면서, 즉 옛일이 되면서, 조각조각으로 나뉘어 뇌의 다른 곳에 저장됩니다. 그것들을 다시 꺼내 오려면 재구성이 더 많이 필요해지지요. 그리고 개별 요소들을 제자리에 배치하여 하나의 전체를 만들 때 해마가 한 역할을 합니다."

그렇다면 그녀의 눈에 보이는 것, 기억들이 해마의 MRI 영상에 독특한 모습을 남기게 하는 것은 무엇일까? 엘리너 매과이어는 그것은 동일한 하나의 기억에 대해 작업하는 일군의 신경세포들이라고 생각한다.

"우리가 각각의 기억에 대한 독특한 무늬를 볼 수 있다는 건 그 안에 사람들이 원래 갖고 있었던 기억에 관한 정보가 존재한다는 뜻이지요. 기억의 생물학적인 흔적과 관련이 있을 겁니다."

하지만 개별 세포의 크기와 비교하면 MRI 영상의 해상도가 매우 낮기 때문에, 우리가 볼 수 있는 것은 같은 시점에 활성화되는 뇌 신경의 큰 뭉치들이다.

"세포 단위의 기억 연구가 중요하기는 하지만, 초점은 그보다 큰 기억에 맞춰져야 합니다. 기억을 활동들의 구름더미로 간주하는 데는 장점이 있을 수도 있어요. 우리는 신경세포 사이의 단순한 연결 하나로 무작정 축소시키지 않고 기억에 대해 생각할 필요가 있습니다. 그러기에 기억은 너무나 복합적이니까요."

하지만 경험은 장기 강화를 통해 굳어지는 연결을 구성함으로써 비로소 그물망에 엮이고 해마의 장소 세포에 연결된다. 그렇게 해서 기억은 우리 뇌에서 자리를 찾아간다.

"우리의 발견이 알츠하이머 수수께끼를 푸는 데 도움
이 되었으면 합니다. 다른 증상들이 생겨나기 훨씬 전에
알츠하이머에 걸린 사람들은 제일 먼저 공간 지각이 희미
해지지요."라고 에드바르 모세르는 말한다. 또한 이 병에
걸리면 살면서 수집한 다른 모든 지식들보다도 가장 먼저
최근의 사건 기억이 약해진다. 아주 오래전 일에 대한 잘
익은 기억들이 마치 반짝이는 파편들의 구름이 바다에 휩
쓸려 가서 영원히 사라지듯이 녹아 버리는 건 그다음의
일이다.

　그런데 우리의 잠수사들은 어떻게 되었을까? 여러분
은 이 장의 처음에 열 명을 얼음처럼 찬 오슬로 협만의 물
속으로 보낸 걸 잊지는 않았을 테니까.
　잠수 센터의 비스듬한 지붕에서 빗방울이 떨어지고,
땅 위에 있는 우리는 이를 떨고 축축한 손을 비비면서 몸
을 데우려는 부질없는 시도를 한다. 물론 잠수사들은 자
발적으로 실험에 참여하고 있다. 아무도 그들에게 이 일
을 강요하지 않는다. 하지만 지금, 수면의 거품 몇 개만이
그들의 위치를 알려 주는 지금은 좀 걱정이 될 수밖에 없
다. 그 사람들에게 무슨 일이 생긴다면? 그 사람들이 해파
리처럼 다 잊어버리면? 다시 잠수사들 이야기를 하겠다
고 약속하겠다. 하지만 일단 말이 나온 김에 해파리들은

어떻게 기억을 하나?

"해파리들이 기억을 하는지는 알 수 없어요." 생물학 교수인 다그 O. 헤센은 말한다. "해파리들은 적어도 '의지'는 있어서, 뇌는 없고 신경만 있어도 특정한 방향으로 헤엄을 칩니다. 하지만 정말로 아무리 단순하더라도 모든 동물은 어떤 종류의 학습 능력이 있어요."

어째서 인간의 기억력은 이렇게까지 발전했을까? 왜 우리는 해파리처럼 아니라 지금 같은 방식으로 기억을 할까? 대안이라면 어떤 것이 있었을까?

"동물에게 인간의 기억처럼 작용하는 기억이 있다는 건 증명할 수 없었습니다. 우리 생각에 다른 동물들의 기억은 상황에 대한 연상인 것 같고, 무언가를 보거나 경험하면 떠오르는 것 같아요. 예를 들어 고양이가 장롱 문을 보고 저번에 자기 꼬리를 다치게 했다고 기억하는 식으로요."

그러니까 얼룩말이 우울하게 석양을 바라보며 자신의 어릴 적 커다란 사랑을 기억할 수 있다거나, 개가 어린 시절의 슬픈 사건이 생각나서 갑자기 염려스럽게 짖을 수 있다는 증명은 없다. 2년 전의 난처했던 순간이 기억나서 몸을 움츠리는 영양도 없고, 자신이 첫 번째 사냥감을 어떻게 잡았는지가 갑자기 머리를 스쳐서 순간 행복을 느끼는 표범도 없다. 어쨌건 증명할 수 있었던 경우는 없었다.

"현재의 맥락에 관계 없이 지나간 일을 돌아보는 건 인간뿐인 것 같아요. 환경에 적응한다는 의미에서 모든 동식물은 어떤 형태의 기억이 있기는 하지요. 위험 요소를 없애는 법을 익히고, 먹을 거리와 짝을 찾는 방법을 기억하면 사는 데 도움이 돼요. 기억할 수 있다는 건 살아 있는 모든 유기체에게 진화 과정상의 이점을 제공하며, 생명이 짧은 유기체라도 지금 현재 이상을 기억하는 건 유익하지요. 인간이 특별한 점은 자신을 위해 과거를 돌아보고 미래의 그림을 그릴 수 있는 능력입니다. 미래의 그림을 그릴 수 있다는 건 그저 기억의 부산물일 수도 있어요." 헤센의 말이다.

생물학자인 그는 인간이 발달된 기억을 가진 큰 뇌를 가지게 된 데는 분명한 이유가 있다고 생각한다.

"사회적인 동물들이 떼를 지어 살지 않는 동물들보다 뇌가 더 크고 기억력도 더 강하다는 것은 이미 알려져 있지요."

예를 들면 박쥐는 정도의 차이는 있어도 모두 다 사회적인 동물이지만 흡혈박쥐는 유난히 그렇다. 흡혈박쥐들은 떼를 지어 살고, 새로운 피가 없으면 사흘을 넘기지 못한다. 연구자들은 흡혈박쥐들이 가족의 범주를 훨씬 넘어서까지 서로 피를 부어 주며 극진히 돕는다는 것을 확인했다. 게다가 그들은 이전에 받은 도움을 기억하는 것처럼 보인다. 즉 흡혈박쥐들 사이의 관계에는 인간의 무리에서 볼 수 있는 것, 즉 우정과 유사한 일종의 상호성이 존재한다.

"인간의 발달된 기억력은 우리가 위계 구조가 복잡하고 서비스 교환이 많은 큰 무리로 사는 것과 관련이 있다고 생각하는 사람이 많습니다. 호감과 비호감은 기억과 관련이 있고, 오래 살수록 복잡한 사회 구조를 더 많이 기억해야 하니까요." 헤셴의 말이다.

그러니까 수명이 긴 동물은 기억을 더 많이 한다. 예를 들면 코끼리가 그러한데, 정말로 코끼리처럼 기억을 한다. (코끼리가 기억력이 좋다는 표현이 여러 언어에 있다. ─옮긴이 주).

코끼리의 기억력에 대한 이야기들 중에 하나만 보자.* 1999년에 미국 테네시주 호엔월드 코끼리 보호지의 사육사들이 코끼리 제니를 새로 온 코끼리 셜리에게 소개하자 제니는 아주 불안해했다. 한편 셜리도 제니에게 평소보다 많은 관심을 보였다. 두 마리 코끼리는 마치 서로 알던 것처럼 행동했고, 조금 조사를 해 보았더니 23년 전에 잠시 함께 카슨과 반스의 유랑 서커스단에 속했던 사실이 밝혀졌다. 연구자들은 코끼리들을 오랜 시간에 걸쳐 관찰했고, 코끼리 떼가 기억에 온전히 의지한다는 것을 알아냈다. 암컷 우두머리는 불이 났을 때 한 떼를 안전하게 인도하거나 건기에 물을 찾기에 충분한 경험이 있을 만큼 나이가 많아야 한다. 나이가 적으면 치명적인 실수를 해서 같은 무리에 속한 코끼리의 생명을 잃게 할 위험이 있었다.

셜리와 제니가 표현하는 걸 보면 서로에 대해 마치 인간과 유사하게 감정이 풍부한 기억이 있는 듯했다. 하지만 기억은 훨씬 덜 복잡한 것일 수도 있다. 그래도 놀랍기는 마찬가지다. 시간과 장소에 대해 일종의 본능 같은 것, 아니면 어쩌면 기억이 있는 동물들이 있다. 바다오리는 날씨에 관계 없이 해마다 거의 같은 날짜에 노르웨이 서해안에 나타난다. 뱀장어는 알을 낳기 위해 사르가소해(북대서양 중앙의 바다. 순환하는 해류들 사이에 위치하며 물과 공기의 흐름이 없어 죽음의 바다로도 알려져 있다. ― 옮긴이 주)까지 헤엄쳐 돌아간다. 그런데 사르가소해 근처에 살던 뱀장어만이 아니라 온 세상의 장어들이 다 그리로 헤엄친다. 제왕나비는 한곳에 모이기 위해 멕시코까지 가지만, 그곳까지 가려면 여러 세대가 걸린다. 새로 태어난 세대는 부모가 어디에서 왔는지, 지금 어디로 가는 것인지 기억할 수 없지만, 그래도 남쪽으로 가야 한다는 건 안다. 이것은 기억일까, 본능일까? 그리고 본능이 특정한 지리적 위치나 특정한 시점과 연결될 수 있을까?

"연어는 자기가 왔던 연못으로 알을 낳으러 돌아올

때 후각을 이용하는데, 대부분의 동물은 후각이 기억과 아주 밀접합니다. 하지만 동물의 기억과 관련해서는 우리에게 신비인 게 많지요. 장어의 경우처럼요."라고 다그 O. 헤센은 말한다.

마찬가지로 인간의 뇌에도 해마 가까운 곳에 후신경구라는 게 있어서, 후각이 기억과 가장 밀접하게 관련되었음을 보여 준다. 그렇다고 다른 감각 인상이 우리에게 강렬하지 않다는 건 아니다. 마르셀 프루스트는 차에 적신 마들렌을 맛보고 열두 권의 소설을 쓰게 되었다. 소리와 음악이 강렬한 기억과 연결되는 사람들도 있다. 광고 음악은 얼마나 기억이 잘 나는지! 그리고 우리가 잘 아는 노래는 몇천 곡인지?

명금은 기억력이 좋은 새들이다. 타고나는 게 아니기 때문에, 우리와 마찬가지로 노래를 배워야 한다. 푸른박새를 박새 둥지에 넣었더니 박새 노래를 배운 것처럼, 노래하는 새를 다른 종의 둥지에 넣으면 아주 틀린 노래를 배운다. (푸른박새와 박새는 둘 다 참새목 박새과에 속하지만, 다른 종의 새이다. ― 옮긴이 주). 명금의 노래도 방언과 다양한 변이체들이 있다. 예를 들어 알락딱새는 '결혼할 대상'을 찾는지 '그냥 애인'을 찾는지에 따라 약간 다르게 노래한다. 새들의 기억에서 특히 놀라운 건 그 뇌이다. 뇌의 여러 곳에 노래 센터가 있을 뿐만 아니라, 다른 영역들을 총괄하는 '상위 노래 센터'가 봄마다 자라났다가 가을에 거의 사라진다.

"왜 그러는지는 알 수 없습니다. 새들은 상위 노래 센터가 없이도 배운 노래를 기억하니까요." 오슬로 대학의 조류학 교수 헬레네 람페는 말한다. 상위 노래 센터에 대해서는 아직 알려지지 않은 것이 많다. 암컷은 일반적으로 상위 노래 센터가 크게 발달하지 않았지만 그래도 노래는 한다. 경쟁자를 파악하고 기억하기 위해서인 것 같지만, 알락딱새의 경우 수컷이 '애인'들을 찾아 날아다닐 때 둥지를 지키는 것은 암컷이다.

"이건 명금에 관련해서 우리가 아직도 대답을 찾지 못한 수수께끼예요. 노래가 어디에 저장되어 있는지는 모르지만, 최근의 연구들을 보면 저장은 뇌의 청각 센터에서 일어나는 것으로 보입니다." 헬레네 람페 교수의 말이다.

놀라운 정도의 기억력이 있는 조류 종들이 꽤 된다. 철새들은 갈 곳이 어디인지 기억하고, 앵무새나 까마귀는 인간의 언어를 배울 수 있으며, 식량을 모아 두는 어치는 견과류를 모아 둔 곳을 다시 찾아낸다.

"음식을 저장해 두려면 사건 기억이 필요하지요. 새들은 자신들이 견과류를 묻었는지를 생생한 기억, 경험으로 회상해 내야 해요. 그래야 나중에 다시 찾을 수 있으니까요."라고 람페는 말한다. 기억 연구의 큰 논란 하나가 바로 이것이다. 사건 기억은 정말로 인간에게만 고유한 것이고, 다른 동물과 새들도 이런 형태의 기억이 있을까? 연구자들은 아직 이 질문에 대한 답을 모른다.

회상이라고 해서 언제나 다 기억의 망을 짜서 장기 강화와 연결하고 해마에 갖다 붙이지는 않는다. 자연은 대안을 풍성하게 제공할 수 있다. 해마가 없는 동물들도 기억이 있다. 단세포동물인 점균류까지도(점균류는 사실은 집단을 이룬 아메바이며, 노르웨이어에서 버섯, 곰팡이라고 부르지만 그와는 무관하다. ─ 옮긴이 주) 회상을 할 수 있다는 증거가 보인다.* 연구자들은 아주 일정한 시간 간격을 두고 점균류를 습기에 노출시키고 어떻게 반응하는지 살펴보았다. 점균류에게 습기를 주다가 마는 자극을 얼마 후 중단했는데, 그래도 점균류는 한동안 똑같은 박자로 반응을 계속했다. 또한 점균류는 아주 빠르게 미로에서 나오는 방법을 찾아냈다. 아메바는 군락의 다른 아메바들이 미로에서 끝이 막힌 길을 가지 않도록 갔던 곳에 점액을 약간 남겨 놓았다.* (노르웨이어나 덴마크어에서 점균류를 가리키는 단어 'slimsopp'의 앞부분은 점액이라는 뜻이다. 뒷부분은 앞에서 언급한 것과 같이 버섯, 곰팡이라는 뜻 ─ 옮긴이 주). 미로를 단세포적인 기억력으로 돌아다니는 점균류들은 진화가 자기들 옆을 그냥 스쳐간 걸 모르고 놓쳤다. 이것은 해마가 관여하지 않는 기억이다.

점균류, 해파리, 명금들, 뱀장어, 제왕나비, 흡혈박
쥐, 바다오리, 코끼리는 기억에 관한 여러 가지 신비들을
대표한다. 그중에 무엇이 기억이고 무엇이 본능일까? 이
들은 각자 나름대로 우리에게 자연이 나중을 위해 정보
를 저장하는 과제를 여러 가지 방식으로 풀 수 있다는 것
을 보여 준다. 하지만 인간의 기억은 아마 가장 크고 가장
복합적일 것이다. 자신의 생애의 사건들만이 아니라 수천
대 위의 조상들의 사건들까지 기억하고 적는 동물이 또
있을까?

수수께끼에 대해 말을 하자면, 우리 자신의 기억에서
시작해도 충분하다. 우리에게 기억 연구를 활짝 열어 준
헨리 몰레이슨을 예로 들어 보자. 해마 없는 사람 — 그
는 어떻게 수술 전의 자신의 삶을 기억할 수 있었을까? 기
억을 다시 꺼내면 해마에서 나타나고, 엘리너 매과이어의
MRI 화면에서 다양한 무늬가 빛난다. 기억을 다시 조합하
는 게 해마라면, 해마가 아예 없었던 헨리는 어떻게 회상
을 할 수 있었을까? 이에 대해서 기억 연구자들은 지금까
지도 다투고 있다. 기억에서 해마가 하는 역할에 대한 논
쟁만큼 뜨거운 것은 없다.

수술 전에 대한 헨리의 기억은 해마의 도움으로 이루
어지는 정상적인 과정을 거치며 저장되었다. 처음에 사건

들은 경험과 연결된 기억 흔적의 도움을 받으며 이미 안착했다. 바깥쪽, 대뇌피질에서의 연결은 나중에는 더욱 강해져서 결국은 해마의 도움이 없어도 된다. 이 과정은 여러 해가 걸릴 수도 있다. 그래서 헨리는 수술 전 마지막 몇 년의 일을 아무것도 기억하지 못했다. 이 시기의 기억은 너무나 불안정하고 해마에 의존한다. 오랫동안 사람들은 이게 설명의 전부라고 생각했으며, 더 이전의 경험을 회상하는 데 해마는 필요하지 않다고 여겼다. 그런데 엘리너 매과이어나 다른 연구자들은 우리가 회상을 할 때, 즉 기억을 다시 꺼내 올 때 해마에서 무슨 일이 일어나는지에 관심을 가졌다.

　연구자들은 헨리가 실제로 기억하는지 의심하지는 않았지만, 이 기억들은 기억이 단순히 기억만은 아님을 보여 준다. 기억은 사건과 크게 다르지 않은, 일어난 일에 대한 사실들을 담은 이야기가 될 수도 있다. 하지만 아주 다른 것도 될 수 있다. 일어난 사건의 재경험에 감각 경험과 세부가 풍부할 수도 있고, 일이 일어났을 때 가졌던 느낌일 수도 있다. 또한 기억은 환경 안에서 펼쳐진다. 헨리의 기억은 정말로 첫 번째 유형이었고, 거의 정보 전달 또는 소화가 다 끝난 이야기였다. 이런 것을 의미 기억이라고 한다.* 그는 자신의 어린 시절에 대해 아주 상세한 묘사를 들려준 적이 거의 없었고, 그의 이야기는 주로 자기가 어디에서 학교에 다녔는지, 휴가 때 어디에 갔었는지, 가족이 누구인지 하는 등 "나는 ○○○ 하곤 했지." 하는 유형이었다. 그는 말하자면 자기 자신에 대한 무미건조한 백과사전을 가지고 있었고, 아마 생생한, 냄새나 소리가 나는, 손으로 느낄 수 있는 기억을 다시 불러올 수는 없었던 것 같다. 헨리를 여러 해 알고 지낸 수잰 코킨은 그에게는 다시 살아난 기억, 우리가 사건 기억이라고 하는 게 없었다고 확신했다.

윌테 잠수 센터에서는 이미 첫 번째 기억력 테스트가 끝났다. 비교 기준으로 삼기 위해 실행된 일반적인 기억력 테스트였다. 우리는 잠수사들을 두 팀으로 나누어 1부터 10까지 번호를 주었다. 그들은 종이에 써 준 단어 25개를 땀이 눈에 보일 정도로 열심히 외웠다. 테스트가 어려워서만은 아니었다. 이들은 단어들을 2분간 바라본 다음 잠깐 걷고 다시 책상으로 돌아와서, 회상할 수 있는 것을 적어야 했다. 하지만 잠수복을 이미 반쯤 입은 그들에게는 너무나 축축하고 더웠다. 이들은 육지에서 6개에서 17개 사이의 단어를 기억해 냈는데, 이것은 아주 정상적인 결과이다.

첫 번째 그룹이 물에 들어갈 때, 협만의 빗줄기는 쏟아지는 초조함처럼 느껴졌다. 아무것도 알아내지 못하면 어쩌지? 열 명이 여기 서서 헛수고만 하고 기억과 맥락에 관해 아무것도 증명하지 못하면?

온갖 회상을 해야 할 때마다 환경이 알아서 해 주리라고 생각하며 그냥 살 수는 없다. 고든과 배들리 역시 이렇게 생각하는 건 적당하지 않다고 보았다. 17세기에 철학자 존 로크는 큰 궤짝이 있는 방에서 춤을 배운 사람의 예를 기술했다. 그는 훌륭하게 스텝을 밟을 수 있었지만 그것은 방에 궤짝이 있는 동안만이었다. 궤짝이 없는 방에서 춤을 춰야 하면 어쩔 줄을 몰랐다. 아주 이상하게 들리는 이야기이지만, 다행히도 역사적인 사실은 아닌 것 같다. 이 이야기는 맥락 의존적인 기억을 과장하지만, 고든과 배들리의 핵심은 맥락 의존적인 기억이 어느 정도까지 결정할 수 있다는 것이었다. 이게 뭐에 도움이 될까? 예를 들면 시험 공부는 시험장에서 해야 할까? 아니면 그 집에서 생긴 기억이 다 잊힐까 봐 죽을 때까지 한 집에서만 살아야 할까?

다행히도 우리는 더 이상 그 경험을 했던 바로 그 환경에 있지 않더라도 기억에 접근할 수 있다. 윌테의 잠수사들은 안전한 땅 위에서도 물아래서 겪었던 놀라운 경험에 대해 이야기할 수 있었다.

기억 망, 또는 기억의 낚시 그물은 바로 똑같은 물리적 환경이 관여되지 않더라도 다른 여러 방식으로 도움이 될 수 있다. 가장 강력한 기억의 네트워크는 우리가 진정으로 이해하는 것, 우리에게 의미 있는 것을 학습할 때 우리가 직접 만들게 된다. 예를 들어 잠수 같은 어떤 주제에 열심인 사람은 그 주제에 관한 것들을 특별한 사전 지식이 없는 다른 사람보다 훨씬 쉽게 학습할 수 있다. 그 이유는 이미 새로운 지식을 끼워 넣을 수 있는 커다란 기억의 그물이 마련되어 있어서이기도 하고, 아주 특별한 동기가 있어서기도 하다. 이는 마치 자기 자신이 직접 관여되어 있기 때문에 추가로 그물이 만들어지는 것과도 같다. 기억은 자기중심적이다. 기억은 내가 무엇을 느끼는지, 내가 이 기억으로 무엇을 하려는지 하는 등 자기 자신과 관계 있는 지점에 연결고리를 건다. 그런데 사실 우리가 회상해 내야 하는 것들이 대부분 지긋지긋하게 무미건조하니 정말 아쉬운 일이다.

그 이후 여러 사람이 맥락 의존적 기억을 여러 가지로 테스트해 보았다. 낙하산을 타고 뛰어내릴 때 암기하는 것들을 기억할까? 이 경우 연구자들은 스트레스 수준이 너무 높아서 맥락이 주는 효과를 다 없애 버렸다고 결론을 내렸다. 별로 놀라운 일이 아닐 수도 있다. 아드레날린 수치가 주위에서 일어나는 일도 모를 정도로 높아진다면, 기억에 도움이 되어 줄 환경이랄 게 아예 없는 것이니까. 더 현실적이고 실제적인 예는 의대생들이 지식을 습

득했던 곳과 동일한 '교실'에 있으면 더 회상을 잘하는가를 조사했던 연구자들이었다. 이 맥락에서 '교실'은 일반적인 강의실일 수도 있고 학생들이 수술복을 다 입고 있었던 수술실일 수도 있다. 이 실험에서는 아주 작은 차이만 나타났기 때문에, 의사들은 자기가 공부했던 맥락에서 멀리 떨어져서도 마음 놓고 일해도 괜찮을 것이다. 훗날 이 학생들의 환자들을 생각하면 다행한 일이다.*

월테의 실험에서 우리는 잠수사들을 두 그룹으로 나누었다. 첫 번째 그룹은 물아래에서 단어 25개를 암기한 다음 물위에서 회상을 해야 했고, 다른 그룹은 암기도 회상도 물속에서 해야 했다. 실험의 첫 부분을 한 다섯 잠수사들은 땅 위에서 힘겹게 걸어와서는 마스크와 오리발에서 물을 짜고, 납처럼 무거운 공기통을 몸에서 풀어놓고는 잠수 센터의 벽을 따라 놓여 있는 통나무에 주저앉았다. 결과는 참담했다.

그들 중 한 명은 첫 번째 테스트에서 나왔던 단어들밖에 기억하지 못했고 결국 0점을 얻었다. 가장 많이 기억한 사람은 물밑에서 보았던 목록에서 13개 단어를 회상해냈지만, 그 또한 땅 위에서 했던 첫 번째 테스트에서보다 나쁜 결과였다. 이들은 잠수 센터 안에서 평균 8.6개의 단어를 제대로 기억했다.

"물 밑에 있을 때 단어들을 기억하고 있었는데 물으

로 올라오자 머리가 온통 바뀌어서 다 놓쳐 버린 느낌이
에요."라고 잠수사 중 한 명은 말한다. 잠수사들은 물에서
나왔을 때 평균 4.4개의 단어를 기억했다.

오리발을 벗고, 잠수 센터로 가는 길 건너편 다리에
몸을 기대어 공기통을 벗고, 두꺼운 종이를 받는 이 모든
일들이 사고의 과정을 방해하고 단어들을 기억에서 밀어
냈을까? 덩컨 고든과 앨런 배들리는 이런 가능성을 고려
했고, 뭍으로 올라오는 그 모든 번거로움이 결과를 왜곡
시켰을 가능성에 대해 생각했다. 이들은 한 그룹의 잠수
사들에게 땅 위에서 단어를 암기한 다음 잠수를 하고 다
시 올라오게 했고, 단어를 땅 위에서 암기하고 같은 시간
을 기다렸지만 이동하지 않은 그룹과 결과를 비교했다.
중간에 잠수를 했던 그룹은 내내 같은 자리에 앉아 있던
그룹과 똑같이 기억을 할 수 있었다. 그러니 공간 이동은
물아래에서 단어를 암기했던 잠수사들이 물위에서 회상
을 잘하지 못한 것에 대한 설명이 되지 못한다.

깊은 물속으로 들어간 두 번째 그룹의 잠수사들은 물
아래에서 메모를 할 수 있는 웻노트와 전등을 꺼냈다. 공
기 방울이 수면으로 올라갔다. 이들은 15~16미터를 내
려갔고, 새로운 단어 25개가 적힌, 비닐로 씌운 메모를 다
루기가 쉽지 않았다. 어두운 곳에 둘러선 이들이 글씨를
쓰기 위해 손을 움직일 때마다 팔에 달린 전등의 빛이 물

을 가로질렀다. 뭍에서와 마찬가지로 이들이 암기할 단어
들은 주로 한 음절로 된, 짧고 구체적이며 장갑을 끼고도
쉽게 쓸 수 있는 단어들이었다.

잠수 센터에 돌아온 이 그룹은 25개 단어를 회상하는
테스트에서 평균 9.2개의 단어를 기억했다. 그런데 이들
이 25개 단어를 암기하고 물속에서 회상해야 하면 어떻게
될까? 공기 방울들이 점점 커지고 잠수사들이 천천히 수
면으로 올라올 때, 다리 위에 서 있던 우리는 이미 온통 젖
었고, 축축해진 빈 종이컵을 꼭 붙잡고 있었다. 갈매기들
마저 이날은 집에서 나오지 않았다.

그렇다고 잠수사들은 서두르지 않는다. 이들은 수면
몇 미터 아래에 있다가 물위로 올라온다. 우리 주위에는
쌓인 눈이 뭉쳐서 썩은 풀 사이사이에 놓여 있다. 이 추운
아침 내내 우리는 점점 더 긴장했고, 따뜻한 코코아와 뽀
송뽀송한 양말이 그립다. 반면에 잠수사들은 이날의 잠수
를 마치고 즐거운 마음이다. 이들은 자신만만하게 자신들
의 메모를 건넨다.

결과를 검토하면서 우리는 깨달았다. 우리는 분명히
1970년대의 실험을 거의 세부까지 그대로 재현했다. 물
아래에서 암기도 하고 회상도 해야 했던 잠수사들은 평균
8.4개의 단어를 물속에서 기억해 냈고, 땅 위 환경에서 암
기하고 회상했던 사람들과 비슷하게 잘 기억할 수 있었다.

수압, 기체 믹스, 마스크와 잠수복과 숨소리, 구름을 이루어 회오리처럼 수면으로 올라가는 공기 방울, 해저를 쓸고 다니는 수중 전등의 불빛, 침침한 시야, 불편한 푸른 장갑, 펜과 웻노트를 다루는 어려움에도 불구하고 말이다. 1970년대의 그 유명한 실험에서는 맥락이 분명히 영향을 미침을 보였다. 잠수사들은 암기도 물밑에서 한 경우에 훨씬 더 잘 회상했다. 사실 단어 목록을 땅 위에서 암기하고 땅 위에서 회상한 경우만큼 잘할 수 있었다. 무슨 일이 있었냐면, 잠수사들이 물아래에 있을 때 이들은 자신들이 전에 있었던 곳, 단어 목록을 암기했던 곳을 다시 기억했고, 그 결과 암기했던 것에 대한 기억이 다시 살아나 마치 화면에 그림이 나타나듯이 거의 저절로 회상된 것이다.

이 연구에서 잠수사들을 지휘한 것은 카테리나 카타네오였다. 그녀에게 이 잠수는 쉬운 일이었다. 실험 후에 다리 위로 올라와 잠수 마스크를 벗으면서 그녀는 수온이 쾌적했다고 했다. 2월의 비는 그녀의 뒤에서 협만에 잔물결을 일으켰다.

"여기서는 해마를 본 적이 없어." 그녀는 말한다. "마데이라에서는 두 마리를 봤지. 아주 조그맣고 정말 귀여웠어. 물풀에 꼬리를 감고 있었지. 물살이 세서 나는 거기서 갑자기 멀어졌어. 잠깐 흘깃 볼 수 있었어."

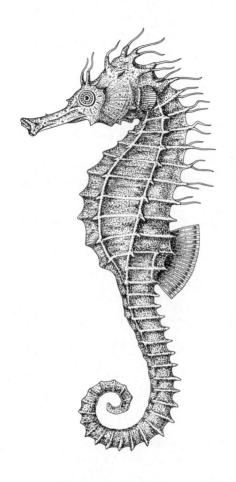

바다에서 해마의 생태계가 해마의 생애와 존재를
이해하는 데 중요한 것과 마찬가지로, 뇌의 해마의
생태계도 기억이 어떻게 저장되고 회상되는지를
이해하는 데 중요하다. 관자놀이 뒤에서 우리는
모두 우리 자신의 개인적인 기억의 극장으로부터
조종을 받는다.

3장 스카이다이버가 마지막에 하는 생각 _우리 각자의 개인적인 기억과 트라우마에 대하여

우리 정원의 모든 꽃들과 스완 씨 공원의 꽃들,
비본의 수련들, 시골 도시의 순박한 사람들과 그들의
자그마한 집들, 교회, 콩브레 전체와 그 주위와 정원들,
이 모든 것들이 형태를 갖추고 굳어져서 내 찻잔에서
올라왔다.

마르셀 프루스트,
『잃어버린 시간을 찾아서』*

우리 자매 중 하나는 여러 해 동안 낙하산을 탔다. 주말이면 야를스베르그의 언덕이나 미국이나 폴란드에 가서 수백 명의 다른 스카이다이버들과 함께 대규모로 뛰어내린다.

낙하산을 타는 토네를 바라보는 건 끔찍한 경험일 수도 있다. 몇 분 안 되는 그 시간에 토네의 장례까지 자세하게 계획한다. 꽃 장식은 어떻게 하고 관이 나갈 때 어떤 음악을 연주할 것인지까지. 낙하산 사고는 드물기는 하지만 처참한 편이다. 1만 5000피트 상공에서 뛰어내리는데 위험하지 않을 수 없다. 토네가 착륙을 할 때면 숨을 오래 참았다가 한숨을 쉬는 게 느껴진다. 낙하산의 환한 빛깔은 그 낙하산들이 안 펴지거나 갑자기 바람이 불어와 가벼운 천을 쓸어 가면 생길 수 있는 사고와 격한 대조를 이룬다. 토네의 낙하산은 석양 같은 주홍색이다.

뛰어내릴 수 있는 고도까지 올라가는 동안은 비행기의 소음이 너무나 커서 말을 하려면 소리를 쳐야 한다. 바로 이 토요일, 2006년 7월의 어느 날 토네는 은빛의 작은 비행기, 러시아 기종인 안토노프 AN-28에서 열려 있는 문 쪽으로 간다. 그리고 가장자리에 선다. 잘되리라고 생각한다. 그러지 않으면 어떻게 수천 미터 위에서 땅으로 몸을 던지겠는가? 보통은 잘된다. 그 생각에 의지한다.

그럼 토네는 잠시 미루어 두자. 토네는 선 자리에서 외스트란 지역의 구릉진 지형을 바라보지만, 짙은 구름 때문에 모든 것이 회색빛에 덮여 있다. 기온은 15도이고, 여름은 아직 제대로 시작하지 않았다. 붉은 옷으로 감싼 가는 몸, 밤색 눈과 환한 미소의 토네는 안전한 비행기 안에 좀 더 두자. 몇 분만 더.

몇 분밖에 살 시간이 남지 않았고 삶을 돌아봐야 한다면 무슨 기억을 선택하겠는가? 중요한 사건들의 지극히 개인적인 진주 목걸이에서 특히 어떤 기억이 반짝이는 진주이겠는가? — 이 기억은 세상에서 오직 당신만의 것이니 사실 지극히 개인적이다. 삶과 작별하는 순간 어떤 기억들이 해마를 스쳐가고 어떤 제왕나비들이 손에 앉을까?

아니면, 천국에 들어가기 전에 모인 죽은 사람들이 기

억 하나를 선택해야 하는 일본 영화「원더풀 라이프」*(고
레에다 히로카즈 감독의 1998년 영화. 원래 영어 제목은「After
life」이지만 한국에서「원더풀 라이프」라는 제목으로 개봉되었
다. ─ 옮긴이 주)에서처럼 단 하나를 선택해야 한다면? 영
원히 반복해서 경험할 한 가지 기억, 여러분의 삶에서 가
장 행복했던 한순간은 어느 것일까?

　이게 사람들이 일기를 쓰는 이유인지도 모른다. 우리
는 순간들, 마법 같은 시간들이 사라지기를 원하지 않는
다. 우리는 그 순간들을 나중에 다시 꺼내 보기를 원한다.

　블로그로 유명해진 이다 잭슨은 자신이 쓴 글을 다시
읽어 볼 때면 읽기 전보다 그날에 대해 더 많이 기억이 난
다고 한다. 무슨 일이 일어났는지 보이고 냄새가 나고 들
린다고 한다. 그냥은 기억하지 못했을 세부를 기억하는
것이다.

　그녀는 기억을 수집하는, 심지어 쟁여 놓는 사람이다.

　"그렇게 하면 잃는 게 줄어드는 느낌이에요. 뭔가 실
존적인 면이 있지요. 제가 죽음에 대해 생각하기 때문에
모든 걸 기억한다는 건 말이에요." 이다는 이렇게 말한다.
그녀는 비르바르('혼란'이라는 뜻 ─ 옮긴이 주)라는 필명으
로 2007년부터 2010년까지 레볼루쇼네르트 로테로프트
라는 제목의 블로그를 썼는데, 수상 경력도 있는 이 블로
그는 노르웨이에서 세 번째로 방문자 수가 많았다. 그녀

는 이 블로그를 자신의 일기장의 연장으로 생각했다. 그 녀는 1999년 크리스마스부터 하루도 빠지지 않고 일기를 썼던 것이다.

"오늘 우편으로 이 공책을 받았다. 그리고 지금 내 인생은 온통 뒤집혀 버렸으니, 무언가 글로 좀 남겨도 될 것 같다." 이렇게 그 당시 열두 살이었던 이다는 일기 작가로의 경력을 시작하고, 아우구스티누스에서부터 린 울만(노르웨이 작가, 비평가 ─ 옮긴이 주)에 이르기까지 자신들의 삶을 (출판되었건 아니건) 책의 형태로 펼쳐 놓은 수많은 일기와 회고록 작가들의 전통에 참여했다. 문자 언어는 무언가를 기억하고자 하는 우리의 소망과 관계가 있는 것처럼 보일지도 모른다. 4000년 전 바빌론의 첫 문헌은 메모, 상거래와 점성술 계산의 기록이며, 점토 판에 새겨져서 후대까지 남았다.

이미 기원후 1세기에 황제이며 철학가인 마르쿠스 아우렐리우스는 사상 최초의 일기라고 할 수 있는 『명상록』을 썼다. 하지만 그보다 한참 전에 매춘부들과 여행자들은 자신들의 경험을 기록하곤 했다.

그럼 우리는 우리의 삶에서 대체 무엇을 기억하는가? 도르테 베른트센은 오르후스에 위치한 개인의 자서전적 기억 연구 센터의 센터장이며 오직 개인적인 기억만을 연구한다.*

"우리가 가장 잘 기억하는 건 십 대 초부터 이십 대까지의 일들이에요." 그녀가 말한다.

우리는 경험하는 일들을 모두 똑같이 잘 기억하지는 않는다. 우리는 흔히 '성격 형성기'라는 시기에 자신의 '기억의 절정'(또는 전문 용어로는 '회고 절정')에 도달한다. 생애의 그 시기에 우리는 놀랍고 새로운 경험을 많이 하고 또한 처음으로 경험하는 것도 많아서, 이런 것들은 남은 생애 동안 우리 안에 자리를 잡고 있다. 베른트센의 연구는 중년의 사람에게 자신의 가장 중요한 기억을 회상해 보라고 하면 대개 그 시기의 일들을 이야기함을 보여 주었다. 심리학의 이런 연구에는 의견 대립이 놀라울 정도로 적다.

그런데 이다 잭슨처럼 일기를 쓰면 기억에 도움이 될까?

"네, 도움이 되지요. 하지만 글로 된 기록이 기억을 대치해 버릴 수도 있어요."라고 베른트센 교수는 말한다.

그럼 기억이 유지되도록 그 밖에 무엇을 할 수 있을까? 어떤 경험이 기억으로 고착되기 위해서는 여러 가지 요소들이 중요하다.

그중 하나는 그 경험이 강한 인상을 남겨야 한다는 것이다. 감정적으로 강렬한 경험은 더 영향이 강하다. 예를 들어 1만 5000피트 높이에서의 빠른 하강이나 사랑에 빠진 대상을 몇 주일간 그리다가 경험한 첫 키스처럼, 기억이 지속되기 위한 다른 중요한 요소는 예측과 어긋나는 정도, 다시 말해 얼마나 특이하고 독특한 것인가이다.

　어떤 기억들은 우리가 겪었던 다수의 유사한 경험들의 종합이며, 하나의 특정한 사건으로 연결될 만한 정보를 담고 있지 않다. 예를 들면 버스를 타고 출근하던 기억이 그렇다. 이에 대해서는 '버스 출근'이라는 제목 아래에 누적된 기억 같은 것이 있다. 또는 바닷가에 갔던 기억이나 '해가 자주 났던 그 여름'에 대한 기억들. 태양을 바라보고 눈을 깜박이는데 얼굴을 스치는 여름 바람의 느낌. 이런 것은 단일한 사건이 아니라 여러 번 반복된 일이다. 그리고 아름다운 여름 햇살을 느낄 때마다 이 순간이 절대로 사라지지 않기를 기원한다. 카테리나 카타네오의 73번째 잠수도 마찬가지다. 어두운 물속으로 잠수할 때의 느낌과 환한 수면으로 올라오는 공기 방울, 지금까지 72번 반복한 것과 같은 방식으로 공기통을 다루기 같은 이 모든 것이 '잠수'의 일반적인 기억으로 저장된다. 하지만 카테리나가 민달팽이를 처음 보았을 때나 마데이라에서 해마를 봤을 때처럼 특색이 있는 경험들은 독립적이고 고유한 기억으로 남는다. "뇌는 두 가지 상반되는 원칙에 따라 작업을 합니다." 오슬로 대학의 아네르스 피엘 교수는 말한다. "뇌의 어떤 부분들은 공간을 확보하기 위해 최대한 많은 정보를 동일하고 범주화할 수 있는 것으로 만들려고 합니다. 반면에 해마는 사건들의 고유한 점을 간직하고자 하지요."

해마는 사건과 경험을 서로 다르고 구별되는 것들로 인식할 수 있도록 섬세하게 설정되어 있다. 거기에서야 진주목걸이의 반짝이는 진주가 생겨난다. 기억에 저장된 다른 모든 정보와 마찬가지로, 고유한 사건에 대해 여러 번 이야기를 하는 것도 개인적인 경험을 안정적으로 저장하는 데 영향을 미친다. 그래서 나중에 얼마나 많이, 얼마나 자주 어떤 기억에 대해 생각하고 말했는지가 영향을 미친다. 우리가 식탁에 앉아서, 파티에서, 페이스북에서 나누는 우리 자신에 관한 모든 이야기들, 시간을 보내며 하는 대화의 내용들은 모두 우리의 기억을 확고히 하는 데 이바지한다. 역설적이지만 이런 것들은 또한 기억을 생생한 경험이 아니라 어떤 이야기가 되게 만든다.

도르테 베른트센의 연구 센터가 위치한 덴마크의 오르후스의 아로스 미술관에서는 이 세상의 어디에도 없는 전망을 누릴 수 있다. 미술관의 옥상에는 올라부르 엘리아손이 무지개 색으로 도넛 모양의 유리 복도를 만들었다.

그 위에서는 돌로 지어진 나지막한 16세기 도시를 내려다볼 수 있고, 첨탑과 돔이 삐죽삐죽한 도시가 어디에서서 보는가에 따라 빨주노초파남보 중의 한 가지 빛깔로

물든다. 어느 색깔 유리를 통해 보는지에 따라 도시가 서로 다른 색으로 모습을 드러내듯이, 우리의 기억도 감정이라는 필터의 통제를 받는다.

기억의 운명에는 이것이 우리에게 얼마나 의미가 있는가가 결정적이다. 개인적인 경험은 우리 자신에 관련된 것들이다. 이들은 우리가 도달하려고 하는 것, 우리에게 의미가 있는 것, 우리가 우리 정체성의 중요한 부분들로서 경험하는 것들과 관련이 있다. 우리 자신의 자서전 형성에 중요한 기억들은 우선적으로 저장된다.

성격과 정체성은 기억이 없이도 유지될 수 있다. 기억을 할 수 없었던 헨리 몰레이슨도 자신을 경험할 수 있는 듯했다. 그는 비록 어쩌다가 자신이 이런 사람이 되었는지는 몰랐지만 자신이 누구인지는 알았다. 우리가 누구인가는 성질이나 반응 패턴 같은 요소들, 우리가 세상과 세상의 온갖 도전과 사건들에 어떻게 다가가는가가 결정한다. 하지만 핵심이 되는 기억은 우리 자신을 정의하고 우리의 개인적 자서전에서 사건들의 위치를 결정하는 정말로 강렬한 기억이다. 칼 오베 크네우스고르처럼 여섯 권이나 되는 책을 쓰지 않더라도, 우리는 기억에 저장된 자신의 자서전을 언제나 달고 다닌다.* 그리고 그 자서전은 단순히 우리가 헤쳐 가는 우연한 사건들의 흐름만은 아니다. 오히려 이 자서전에는 개인 생애의 원고에 따른 구조와 조직이 있다. 우리는 모두 작가인 것이다. "기억 연구에서는 라이프 스크립트라고 하지요. 적당한 덴마크어 단어를 찾지는 못한 것 같아요."라고 도르테 베른트센은 말한다. "말하자면 인생이 어떻게 전개되어야 할까에 대한 원고이고, 이것이 우리의 경험에 구조를 부여합니다." 이 책에서는 '인생 원고'라고 하자.

아이들에게 커서 무엇이 되고 싶냐고 물으면 경찰, 소방대원, 의사, 때로는 작가나 심리학자나 스카이다이버라고 말한다. 바꾸어 말하면 아이들은 성인의 삶에는 직업이, 그리고 어쩌면 결혼도 포함된다는 걸 이미 경험한 것이다. 학교에 들어가기도 전에 우리는 인생은 어떤 정해진 방향으로 나아간다는 걸 이해한다. 인생 원고에는 인생이 보통 어떻게 진행되는지에 대한 기대가 포함되어 있어서, 입학, 견신례, 대학, 결혼, 부모 역할, 직업적인 목표, 퇴직 같은 이정표 들을 아우른다. 삶이 진행되고 기대를 수정하면서, 인생 원고는 우리에게 우리의 기억에 접근할 길을 터 준다. 인생의 책에 '대학 시절', '결혼식', '직업', '스카이다이빙' 같은 제목을 제공함으로써 이 원고는 우리가 기억 안에서 무엇을 찾으려고 할 때 어디에서 찾을지 실마리를 제공하기 때문이다. 우리가 인생 원고에서 한 부분을 활성화시키려고 할 때마다 이 원고는 그물망처럼 작용한다. 민달팽이, 공기 방울, 오리발, 물풀이 우리의 잠수 실험에서 잠수사들에게 기억 망으로 작용한 것처럼. 우리가 '학창 시절'에 대해 생각하게 되면, 이 기억 망은 우리를 정신적으로 다시 학교 식당에 데려다 놓고, 그 당시의 여러 경험들이 저장되었던 곳으로부터 다시 밖으로 나온다. 특히 감정이 많이 개입하는 기억들은 유난히 드러나고, 우리는 그 일들에 대해 자주 이야기하게 된다.

"일생의 모든 일들을 다 기억하고 돌아다닐 수는 없잖아요."라고 도르테 베른트센은 강조한다. 인생 원고는 우리가 인생 전체를 개괄할 수 있도록 도와주고, 우리가 기억을 분할해서 이에 접근할 수 있도록 해 준다. 만일 우리가 이 책의 엉뚱한 다른 장에서 무언가를 찾고자 한다면 찾지 못할 것이다. 이 이유로 우리 인생사의 어떤 부분들은 때때로 접근이 불가능하다. 인생에서 새로운 장을 시작하면, 다른 장에서 기억을 꺼내 오기는 더 힘들어진다.

인생 원고를 벗어나면 대가를 치러야 한다. 우주 비행사 버즈 올드린은 한 예이다.* 그는 역사상 두 번째로 달을 밟은 사람으로, 그 결과 그의 인생은 완전히 뒤집혀 버렸다. 그의 개인적인 기억은 어마어마한 장관 그 이상이었다. 달을 바라보며 향수에 잠기는 사람이 얼마나 있겠는가!

"어느 쪽으로 눈을 돌려도 독특한 잿빛의 달나라 풍경이 보였다. 수천 개의 작은 분화구, 온갖 크기와 모양의 돌들이 보였다. 수 킬로미터 떨어진 곳에 희미하게 지평선이 보였다. 대기가 없기 때문에 달에는 안개가 없었다. 시야는 티끌 하나 없이 맑았다."

달에 발을 디디기 전에, 그는 아름다운 경치에서 받는 인상들을 흡입하기 위해 잠시 멈추었다. "나는 그 독특하고 웅장한 달나라 풍경을 찬찬히 눈에 넣었다. 텅 비어 있었고 색깔은 흑백뿐이었지만, 의심할 여지 없이 아름다운 풍경이었다. 하지만 내가 그때까지 보아 온 아름다움과는 형태가 다른 아름다움이었다. 웅장하다. 나는 그런 느낌을 받았고, 그렇게 표현했다. '웅장한 황량함'". 이 표현은 그가 2009년에 낸 달 착륙에 대한 책의 제목이 되었다. 『웅장한 황량함. 달에서 집으로 돌아오는 먼 길』.

우주 비행사가 되려고 양성 과정을 시작했을 때 버즈 올드린은 달을 목표로 삼았고, 그가 하던 모든 일은 그의 새로운 인생 원고, 즉 달 착륙의 한 부분이 되었다. 인생 원고는 공군 시절과 엔지니어 교육에 대한 초기의 장들도 담고 있는데, 이 장들은 그의 개인적인 전설에서 자연스러운 도입부를 이루었다. 하지만 온 세상을 돌아다니며 어쩌면 냉전의 연장선상에서 미국 전체의 정체성이 되는 나사(NASA)의 얼굴이 되는 일은 원래 그의 인생 원고에 들어 있지 않았다. 버즈 올드린은 세간의 이목의 중심에 서는 부담을 알코올로 풀었다. 열정적이라고 할 정도로 자세하게, 달 착륙의 기억을 묘사할 때와 마찬가지로 세부까지 충실하게 그는 첫 잔의 위스키가 목을 넘어갈 때의 느낌을 그렸다. 알코올에 빠져드는 과정은 길었고, 그 구덩이에서의 탈출은 달 여행처럼 영웅적이지는 않았지만 그만큼 대단했다. 그리고 거기에는 원고도 없었다.

"달에 가면 어떤 느낌이 들죠?"

이 질문을 버즈 올드린은 수천 번도 더 받았다. 말문을 여는 질문으로서 이 시대 최고라고 생각할지도 모르겠다. 하지만 올드린에게는 판에 박은 질문이 되었고, 어느 순간 그 질문에 더 이상 대답하지 않았다.

그는 이렇게 썼다. "나사는 그 경험에 맞갖은 묘사를 해낼 수 있는 시인이나 가수나 기자를 우주에 보냈어야 했다." 달에서의 기억이 해를 두고 어떻게 그에게 영향을 미쳤을지는 매우 관심을 끄는 문제이다. 그는 그 기억을 의식적으로 다시 꺼내어 보며 즐거워할까? 그는 일상생활 중에서도 달에서의 기억이 갑자기 떠오르고 꿈에도 달에 갈까? 심리학 교수인 도르테 베른트센의 연구 중에는 자발적 기억에 관한 조사도 있다. 그냥 저절로, 일부러 찾지 않았는데 떠오르는 기억이라는 뜻이다. 하지만 한 사람의 기억을 어떻게 나타날 때 잡는단 말인가? 도르테 베른트셴은 우주에서건 다른 곳에서건 특별히 보여 줄 자랑거리가 없는 일반인들의 일상적인 기억을 연구 대상으로 삼는다. 그녀는 이 사람들에게 알람과 수첩을 주었다. 알람이 울리면 실험 참가자들은 이들이 일상적인 활동을 계속하던 중에 무슨 지나간 일을 기억하고 있었는지를 적었다. 그렇게 했더니 사람들은 환경에서 어떤 것이 무언가를 기억나게 하기 때문에 그 생각을 하는 경우가 많았다. 자발적 기억의 작동 방식은 문에 꼬리가 끼어 몸서리쳤던 옷장을 볼 때의 고양이의 기억과 크게 다르지 않다. 하지만 인간의 경우에는 연상이 훨씬 발달되었다. 환경은 감추어진 기억의 잠재적인 실마리들로 가득하다. 특히 감각 인상들, 하지만 냄새, 맛, 대화, 그리고 많은 경우에 음악 역시 기억으로 통하는 길이다.*

"개인적인 기억을 떠오르게 하는 자극으로 음악이 유난히 자주 언급되었죠."라고 그녀는 말한다.

피험자들이 하루를 지내며 무엇을 기억했고 언제 그 기억들이 떠올랐는가를 말할 때, 그들은 라디오에서 나오는 음악을 전형적인 기억의 실마리로 꼽았다.

어릴 때 가장 열심히 들었던 음반을 틀고, 그 음악을 처음 들었을 때로 갑자기 돌아가지 않는지 느껴 보라. 감정과 분위기가 너무나 강렬하게 돌아와서, 잊어버렸다고 생각했던 냄새와 빛깔, 옷과 살던 집의 세부가 기억날 수도 있다.

"비행기는 착륙 준비를 하고, 금연 표시등이 꺼지고, 머리 위의 스피커에서 희미하게 배경 음악이 흘러나오기 시작한다. 비틀스의 「노르웨이의 숲」의 달달한 버전을 이름을 알 수 없는 오케스트라가 연주한다. 하지만 이 음악은 언제나처럼 나를 놀라게 한다. 사실 전보다 더 그렇다." 무라카미 하루키는 『노르웨이의 숲』이라는 소설을 이렇게 시작한다.*

이 책은 비극적인 사랑을 다루고 있는데, 거기서 어느 음반과 노래가 상징적인 의미를 지니고 있다. 이 책의 첫 장면은 음악이 불러일으킬 수 있는 강렬한 기억을 그리고 있다. 의도하건 안 하건 풍경과 이야기 모두가 의식 속으로 떠오를 수 있다.

음악이 기억을 불러오는 강력한 실마리가 될 수 있고 감정에 직접적으로 호소할 수 있다는 기록은 충분히 많다. 그런데 냄새는 어떤가? 우리가 냄새를 인지하게 해 주는 대뇌의 후각 영역은 해마와 아주 가까이 위치한다. 우리 인간도 동물이었던 적이 있는데, 동물은 위험을 피하기 위해 후각에 절대적으로 의존한다. 그러니 우리의 개인적인 기억의 문을 여는 데 후각이 가장 큰 역할을 하는 게 옳지 않을까? 후각은 실제로 기억의 실마리로서 아주 중요하다. 베른트센의 연구는 무엇보다도 인생의 초기에

후각이 중요함을 보여 준다. 어쩌면 어린 시절의 기억에
는 우리 자신에 대한 해석이나 이야기가 별로 관여하지
않기에 더 직접적이고 감각적인 후각이 더 큰 역할을 하
는지도 모른다. 아니면 어린 시절의 냄새들은 오늘날까지
우리 주변을 맴돌지 않기 때문일 수도 있다. 그 냄새는 세
월이 흐르는 동안 다른 것에 섞여 흐려지지 않으므로, 어
린 시절의 냄새가 떠오르면 이는 독특한 기억 흔적으로서
강력한 힘을 가지게 된다. 냄새는 우리를 바로 과거로 돌
려보내는 타임캡슐이다. 어릴 때 살던 집의 냄새들이 기
억나지 않는가?

마르셀 프루스트는 12권으로 된 『잃어버린 시간을
찾아서』로 알려진 작가이다. 그 소설에서는 마들렌을 연
한 보리수꽃차에 담글 때 기억의 세계가 열렸다. 맛과 냄
새는 어린 시절의 나라로 가는 대문으로 아주 유사하게
작동한다.

"마르셀 프루스트는 기억으로의 여행을 마들렌을 먹
으면서 시작했다고들 하지요. 사실 마들렌은 먹어 보면
실망하는, 별맛 없는 과자예요. 괜찮지만 특색은 없죠. 원
래 프루스트가 먹었던 건 토스트였지만, 중간에 마들렌으
로 바뀌었어요. 예술은 단순히 기억을 공유하는 것 이상
이지요. 기억에 형태를 부여합니다."라고 린 울만은 말한
다. 그녀는 「불안한 사람들」이라는 소설에서 자신의 어린

시절 기억과 세계적인 영화감독이며 아버지인 잉마르 베리만과의 관계를 다루었다.

그녀는 연상을 통해 자신의 기억에 접근했다.* 이 연상들은 문헌의 출처를 밝혀 가며 전기나 자서전을 쓰려고 한다면 설득력은 없겠지만 그래도 원래 연상적인 기억의 본성과 일치한다. 인생사는 역사학자의 엄격한 논리를 따르면서 기록할 수도 있지만 팔짝팔짝 뛰는 흰 토끼를 따라 뛰어가다가 쓸 수도 있다. 그래서 조사 기간은 아버지의 편지와 문서를 저장한 방대한 서고를 수색하는 것보다는 그녀가 예감을 따르고 자신이 쓰려고 하는 책에 필요한 분위기를 만들어 줄 음악과 미술과 무용에 푹 빠지는 게 주가 되었다.

"지나간 일의 기억을 적는 건 일이죠. 그리고 그건 회상 이상이에요. 저는 언제나 어린 시절의 특별한 기억이 없다고 말했어요. 하지만 글을 쓰기 시작하자 사건들을 통째로 이야기할 수 있었지요." 린 울만의 책에서, 기억들은 그녀의 경험을 모아 둔 문이 꼭꼭 잠긴 서고가 아니며, 형태를 만들어 낼 수 있는 것들이다. 기억 속으로 들어가는 방법은 여러 가지가 있다.

"안무가 머서 커닝햄처럼 저는 한 장면에서 시각과 무게 중심이 중심에서 주변이 옮겨지면 일어나는 일들에 대해 생각합니다. 영향이 적은 일도 의미가 클 수 있고, 겉

보기에 의미가 커 보이는 것도 글을 쓰다 보면 작은 사건이 될 수 있습니다."

그녀는 아버지와 성탄을 어떻게 보냈는지 기술한다. 두 사람이 함께 보낸 단 한 번의 성탄이다. 그녀는 그때 막 이혼했고, 아버지는 그즈음 부인을 잃었다. 두 사람은 아버지의 작은 집에서 눈을 맞으며 헤드비그 엘레오노레 교회를 향해 걷는다. 교회의 첨탑과 그들 주위에서 눈보라가 친다. 그녀는 아버지가 성탄을 외롭게 보내지 않기 위해 자신을 필요로 한다고 오랫동안 생각했지만 시간이 흐르면서 알고 보니 달랐다고 쓴다. 잉마르 베리만은 사실 늘 성탄을 홀로 보냈고, 그편을 더 좋아했다. 그녀가 아버지를 필요로 했던 것이다. 기억은 가끔 뒤집어지고 달라진다.

"눈이 그렇게 내렸는지 기억이 나지는 않아요. 제임스 조이스는「죽은 자들」에서 제가 쓴 것처럼 눈보라를 묘사하는데, 제가 글에서 그리는 게 거기 나온 눈보라 아닌가 싶어요. 이젠 사실 아무 차이 없죠. 제가 읽었던 것들과 경험했던 것들이 픽션에 섞이고, 저는 사실적인 전기를 이야기하는 건 아닙니다."

그렇다면 왜 그렇게 많은 작가들이 자신의 경험을 바탕으로 글을 쓰는 것일까? 작가들에게서 기억에 대해 배울 게 없을까?

"기억은 우선 아주 기본적인 생존 도구이지요. 우리
의 정체성과 관련이 있는 이야기들을 할 때 기억을 사용
합니다. 우리는 우리의 이야기들이며, 우리의 연애 이야
기는 배우자 관계의 아주 중요한 부분이에요. 온갖 집안
일이나 행사에서는 우리가 누구였는지 이야기를 해요. 나
자신에 대해 이야기하고, 상대방에 대해 이야기하고, 미
시적인 차원, 국가적인 차원, 세계적인 차원에서 '우리'에
대해 이야기합니다. 하지만 우리의 기억은 단편적이고 괴
상하고 창조적이지요! 기억은 창조도 하고 보존도 합니
다. 새로운 이야기들을 저장하는 동시에 우리 인생을 작
은 타임캡슐에 보관하니까요. 작가에게는 흥미로우면서
신뢰할 수 없는 도구입니다. 기억은 정확하지 않을 때가
많으니까요."

그녀가 작가로서 한 일은 우리 모두가 끊임없이 하는
행동과 크게 다르지 않다. 우리는 지어내고 구조를 짜고
변화시키며, 그러다 보면 갑자기 직접 경험하지 않고 어
디선가 읽거나 들은 일을 써 넣는다. 헤드비그 엘레오노
레 교회로 가던 길의 기억에 끼어들어 온 제임스 조이스
의 눈보라처럼. 기억은 정말로 정확하지 않을 때가 많다.

"나는 우리가 어딘가 실제로 사는 사람들이 아니라
그저 어떤 책에 등장하는 인물이라고 생각하고 그럼 어떻
게 되는지 보고자 했다. 나에게는 다음과 같은 것이다. 나

는 아무것도 기억이 안 났다. 다만 조지아 오키프의 사진만을 보고 아버지가 기억났을 뿐이다. 그러면 기억이 나기 시작했고 '나는 이러이러한 기억이 난다.'고 썼다. 하지만 그러고 나니 갑자기 우울해졌다. 왜냐하면 잊은 게 얼마나 많은지 깨닫게 되니까. 나는 편지가 좀 있고 사진도 좀 있으며, 왜 다른 종잇조각이 아니라 바로 이것들을 모아 놓았는지 설명할 수도 없지만 하여튼 모아 놓은 종잇조각들도 있다. 아버지와 한 대화의 녹음이 여섯 개 있지만, 그 녹음을 할 때 아버지는 이미 나이가 많으셨기 때문에 당신의 이야기들과 우리가 공유하는 이야기들을 많이 잊어버리셨다. 나는 일어난 일들을 회상한다. 기억한다고 믿지만, 확실하게 찾은 건 없다. 반복되어 입에 오른 이야기들을 좀 찾아내고, 한 번만 들은 이야기들을 찾아냈다. 어떤 이야기들은 한쪽 귀로만 들은 것들도 있다. 이 모든 것들을 나란히 모아 놓고는 방향을 찾아보려고 한다." 린 울만은 「불안한 사람들」에서 이렇게 썼다. 마치 그녀가 기억을 어떻게 방법으로 사용했는지에 대한 설명처럼 들린다.

　　자서전과는 대비되는 자서전적인 문학에 대한 토론은 칼 오베 크네우스고르가 『나의 투쟁』을 쓰기까지 오랫동안 정지되어 있었다 (『나의 투쟁』은 2016년까지의 저작권 소유자인 바이에른주 정부가 출간을 금지했던 히틀러 자서전의 제목이기도 하다. 이 제목은 이 자서전이 논란의 대상이 된 이유들 중 하나가 되었다. — 옮긴이 주). 두 가지 모두 기 억을 원자료로 삼는다. 자서전적인 문학에서는 기억이 자 료들보다 더 유효성을 가지며, 개인적인 경험이 객관적인 사실보다 더 진실로서의 가치를 누린다. 창조적인 곡해를 모두 포함하는 기억이 더 높은 자리를 차지하는 것이다.

"기억은 뚜껑을 닫아 놓은 한 상자의 진실은 아님을 알게 되었다. 오히려 기억은 창조하고 열려 있는, 모든 것 을 흡입해 자기 자신을 변화시키는 스펀지 같은 도구이 다." 울만은 이렇게 말한다.

린 울만의 책을 읽는 것은 기억에 대한 그녀 자신의 성찰 속으로 빠져드는 것이다. 그녀의 기억들 가운데, 진 실은 무엇일까? 살아 있을 때 그녀의 아버지는 그녀와 바 흐의 첼로 조곡에 대해 이야기했고, 그중 한 악장인 사라 방드를 두 사람이 추는 고통스러운 춤처럼 묘사했다. 그 녀의 책은 그 자체가 바흐에 관한 대화에 응답하며, 첼로 조곡은 책의 구조를 결정했다. 형태로만 보면 소설의 여 섯 부분은 바하의 첼로 조곡 5번의 각 악장에 대응한다.

"꿈에서 바로 깨어나 그 이야기를 하는 사람의 말을 듣는 것만큼 지루한 건 없다. 그 꿈은 형태도 목소리도 없 으며, 이야기하는 사람에게만 의미가 있다. 직접적인 사 건들은 센세이션으로서 관심을 끌 수 있지만, 예술은 아니다. 이들을 그 이상으로 만들어 주는 것은 형태이다."

　이 책에서 그녀는 말한다. "기억한다는 것은 주위를 돌아보고 또 돌아보며 매번 놀라는 것이다." 학문적인 관점에서 보았을 때 이 말이 얼마나 옳았는지는 그녀 자신도 몰랐을 것이다. 우리의 개인적인 기억은 언제나 새로이 생겨나고 그 세부도 매번 달라지기 때문이다. 기억의 단편 하나하나가 여러 페이지로 자라났다. 재구성되고 예술적으로 구성되었기 때문이다. 하지만 자연스러운 형태의 기억도 마찬가지이다. 「불안한 사람들」이라는 제목은 이렇게 기억의 이런 본질을 암시하는 것일 수도 있다. 기억은 정적이지 않고 권위도 없으며, 바위처럼 단단하지도 않다. 산만하고 왔다 갔다 하며 이리저리 덮친다. 해마처럼 불안하게 물풀 사이에서 춤을 춘다. 기억은 구성적이어서, 우리 경험의 단편들을 꺼내고, 일어난 사건에 대한 이야기라는 그림 틀을 꺼낸다. 한때 경험은 직접적이었지만, 우리의 감각, 주의, 해석 능력, 기억력은 이 모든 것을 아주 작은 세부까지 간직하기에 충분하지 않다. 어쨌건 다시 꺼낸 기억은 정상으로 작동하는 것처럼 보이고 그 자체가 하나로 완결되었으며, 한순간 동안 우리의 의식 안에 존재한다. 마치 다른 현실에서 찾아온 것처럼. 기억의 뒤에는 고된 작업과 예술적인 노력이 숨어 있다.

　린 울만과 아버지의 대화 녹음은 이것이 사실이라는

환상을 불러일으킨다. 하지만 이들은 실제로 말해진 것의 표상, 디지털 기억에 새겨진 표상이다. 이 책에 담긴 다른 기억들은 생각과 감정과 경험의 생생한 묘사이다. 이들보다 이 표상들이 더 사실일까? 인스타그램이나 페이스북 계정 또는 측두엽 뒤에 묻혀 있는 정확하지 않은 기억들의 보물 상자 중에서 우리 삶에 대한 진실을 들려 주는 건 무엇일까?

심리학의 기초를 닦은 사람 중 하나인 윌리엄 제임스는 그 분야의 대단한 권위자였으며 19세기 말 미국에서는 스타에 가까운 지위를 누렸다. 그는 기억이 우리가 보고 듣는 것(A라고 하자.)과 기억되었고 재생할 수 있는 것(B라고 하자.)의 관계와 상관이 있다고 보았다. 그는 기억을 엄밀한 논리를 따르는, 공식과도 같은 것으로 가정했다. 하지만 그에게는 기억이 마음의 타임머신이라는 기계 장치를 통해 어떻게 다시 생겨나는지를 설명하는 공식이 없었다. 윌리엄은 동생이 있었는데, 지금은 아주 널리 알려진 작가 헨리 제임스였다. 그는 지적인 형을 매우 존경해서, 윌리엄의 사후에 그의 전기를 쓰려고 했다. 결과는 그의 형에 대해서만큼 그 자신에 대해서도 많은 것을 알게 해 주는 두 권으로 된 헨리 제임스 자신의 회고록이 되었다. 그 과정에서 그는 기억의 진정한 본질을 알게 되었다.*

"과거의 문을 두드리는 것은 어떻게 보면 그 문을 활짝 여는 것과 마찬가지였다. 안에 들어 있던 세상이 마치 누군가의 의지적인 행위로 창조된 듯이 밖으로 걸어 나오는 게, 세상이 사람으로 가득 차 오는 게 생생하고 끈질기게 보이는 것 같았다." 그는 이렇게 썼다. 린 울만이 「불안한 사람들」에서 기억과 그녀의 관계에 대해 쓴 것과 크게 다르지 않다.

심리학자 윌리엄 제임스가 기억을 엄밀하게 수학적으로 기술한 반면, 그의 동생 헨리는 이를 문학을 통해 훨씬 잘 설명할 수 있었다. 기억에 관한 작가의 자잘한 경험들은 심리학의 엄밀한 학문적 분석에 비하면 아무것도 아니라고 그는 생각했다. 오늘날 우리가 이해하기로는, 기억이 '마치 의지적인 행위로 창조된 듯이' 걸어 나온다는 것은 기억에 대한 아주 훌륭한 묘사이다. 헨리 제임스가 말하는 사라지지 않는 생생함은 무언가를 기억할 때 우리의 뇌가 만들어 내는 재구성의 결과이다. 이것은 창조 과정이지만, 무언가를 이루기 위해 의도적으로 행동해야 하는 건 아니다. 오늘날의 기억 연구자들은 이 점에서 윌리엄보다는 헨리 제임스의 손을 들어 준다. 그리고 자신의 기억 속에서의 여행을 통해 기억의 행동 방식을 기록한 작가는 그 외에도 더 있다. 마르셀 프루스트가 1908년에 4000페이지에 달하는 책 『잃어버린 시간을 찾아서』의 집필을 시작했을 때, 출발점은 마찬가지로 기억의 본질 자체였다. 소설은 프루스트의 자발적 기억에, 사라진 시간의 갑작스러운 출현에 의존하여 자라났다. 작품은 이렇게 생겨났다. 전통적인 이야기처럼 쓴 게 아니라, 점차로 기억이 떠오르면서 불어났다. 기억을 바탕으로 글을 쓴다는 것은 매 순간 경험을 다시 기억시키는 그 과정을 언어로 표현한다는 뜻이다. 예술적 작업과 두뇌 안의 과정의 경계는 희미해진다. 작가는 기억의 기수이며, 연구자와 우리 일반인들에게 기억의 본성에 관한 영감을 준다.

우리는 실제에서 처음 생겨났을 때처럼 경험을 다시 가져오지는 못하지만, 왜곡되고 미화되고 재구성되고 꾸며지더라도 기억은 이론상으로는 죽을 때까지 우리 안에 존재할 수 있다. 기억에 대한 현대의 주도적인 이론 중 하나는 해마가 기억을 구성하는 요소들을 연출가처럼 하나로 모은다고 가정한다.* 기억이 깨어나 살아나면, 해마는 다시 모든 요소들을 장악하고 이들을 함께 조정하며, 이때 동시에 원래의 세부 요소들은 사라지고 우리가 세상에 대해 아는 것들이 튀어나와 그 빈자리를 채운다. 자기 일생을 회상할 때, 우리는 인생 원고를 쓰는 것이기도 하고 개별 기억의 세부를 만들어 꾸미는 것이기도 하다. 우리는 이것을 '사건 기억'이라고 부른다.

심리학이 자그마하게 시작하던 당시, 기억은 연구하기 어려운 대상이었다. 기억은 너무나 주관적이어서, 과학의 대상이 아니라고 여겨졌다. 아주 초기의 심리 연구자들은 대상이 정신적인 현상이라는 차이가 있을 뿐 마치 물리학 같은 과학을 창조하고자 했다. 그리고 연구의 대상은 물리학에서와 마찬가지로 측정이 가능해야 했다. 이들은 무언가를 삽입하고는 망각이 자기 몫을 가져간 다음 남은 것을 세어 봄으로써 기억을 측정했다. 기억할 대상들을 최대한 깔끔하고 비개인적으로 처리하는 게 중요했다. 그러지 않으면 개인적인 기억이 섞여 들어와 말하자면 증거를 오염시켰을 터이니 말이다. 개인적인 기억들은 예측이 불가능하고, 과학에는 방해가 될 뿐이다. 최근 20~30년 사이에야 개인적인 기억이 연구 영역으로 관심을 받을 가치가 있다고 여겨지기 시작했으며, 그 분야가 활발해진 것은 지난 10년간의 일이다.*

도르테 베른트센은 기능적 MRI를 비롯한 현대적인 뇌 영상 기술의 도입이 연구에 대한 관심을 높였다고 생각한다.

"'확인할 수 없다면, 어떤 사람이 무엇을 기억하는지 어떻게 알겠어?' 전에는 개인적인 기억에 대해 이렇게 생각했죠. 하지만 이제 우리는 기억을 측정할 수 있고, 뇌에서 벌어지는 일이 피험자들이 우리에게 설명할 수만 있었던 일들과 일치하는 것을 볼 수 있지요." 그녀의 말이다.

기능적 MRI를 이용하여 우리는 기억이 뇌에서 펼쳐지는 걸 볼 수 있다. 경험이 기억하는 사람의 의식 속에 숨겨져 있더라도, 기억을 동반하여 동시에 뇌의 영상에서 빛나는 무늬는 측정이 가능하다. 게다가 나타나는 무늬는 비교적 일정하다. 사람들이 개인적 기억을 내면의 영화 스크린에 돌리면, 우리는 동시에 정확하게 대응이 되는 무늬를 보고 뇌 앞뒤와 해마에서 두뇌 활동을 관찰할 수 있다.

"기억의 연구는 특히 기능적 MRI를 통한 연구에 적합합니다. 특별히 MRI 기계에 장비를 추가하지 않아도 할 수 있어요. 피험자들은 다른 외부 영향 없이 일상에서와 같은 정신 활동을 하지요."라고 도르테 베른트센은 말한다.

"예를 들면 키워드를 주고 사람들에게 기억을 되새겨 보라고 부탁만 하면 돼요."

그러니 체스 판이나 잠수나 설문지나 인터뷰나 동영상이나 고릴라를 사용하는 다른 유형의 심리학 실험에서와는 달리, 일의 대부분은 피험자들이 한다. 기억한다는 것은 우리 인생의 너무나 일상적인 한 부분이어서, 피험자들에게 자연스럽게 기억이 떠오를 때까지는 오래 걸리지도 않는다. 사실 우리가 사람들에게 어떤 개인적 기억을 되새겨 보라고 하면 활성화되는 네트워크는 사람들에게 그냥 아무 특별한 생각도 하지 말라고 했을 때의 두뇌 활동과 놀라울 정도로 비슷하다. 피험자에게 수학 문제를 풀게 한다거나 수를 거꾸로 세게 하는 등의 방식으로 뇌를 능동적으로 사용하게 하여 만들어 내는 '활성 네트워크'에 대비되는 개념으로, 이 네트워크는 '디폴트 모드 네트워크'라고 불린다.* 휴식 상태에서는 기억이 쉽게 깨어난다. 그도 그럴 것이, 아무 특별한 생각도 하지 말라고 한다고 해서 누가 '아무것도 안' 생각할 수 있겠는가?

기능적 MRI가 기억을 눈에 보이고 측정 가능하게 한다고 해도, 뇌를 스캔하는 것이 기억을 '과학적'이게 하는 유일한 방법은 아니다. 뇌의 영상에 대해서는 약간 경계가 필요하다. MRI 영상에서 빛난다고 모두 다 진리는 아니라는 것이다. (MRI라는 약자의 'I' 자체가 영상이라는 뜻이며, 본문에서는 MR 영상이라고 하고 있으나 우리는 보통 MRI라고 붙여 말하기 때문에 MRI 영상이라고 옮겼다. MRI(자기 공명 영상)는 신체를 스캔하는 것이기 때문에 앞에서는 '뇌를 스캔'한다고 했다. — 옮긴이 주)

방법을 잘못 사용했을 때 기능적 MRI는 심지어 죽은 연어에서도 공감의 표시를 잡아낼 수 있었다. 미국 여러 대학의 심리학자 네 명은 연어를 MRI 기계에 넣고 다양한 상황들을 자신의 관점과 다른 관점에서 살펴보라고

했다.* 결과는 놀라울 정도로 훌륭했다. '공감 영역'이 죽
은 생선의 뇌에서 오해의 여지가 없는 붉은 점으로 나타
났다. 연구자들은 기능적 MRI를 사용할 때의 몇 가지 중
요한 원칙에 다른 연구자들의 관심을 불러일으키기 위해,
그리고 기능적 MRI의 바탕이 되는 통계와 수학이 완전히
잘못 사용될 수 있다는 점을 보이기 위해 이 연구를 한 것
이었다. 이들은 열심히 찾기만 하면 당장 요리할 수 있는
생선도 동정심이 있음을 보여 준 공으로 장난스러운 이그
노벨상을 받았다.

　제대로 사용하면 뇌 영상은 기억이 뇌에서 어떻게 조
직되어 있는지를 보여 주는 데 기여할 수 있다. 하지만 기
억의 존재 자체를 확인하는 데 MRI가 필요하지는 않다.
하지만 뇌의 기억 망을 지도로 그리는 알츠하이머나 뇌전
증 같은 질병을 이해하는 데 기여할 수 있기 때문에 필요
하다.

　개인적인 기억에 대한 연구는 MRI 장비가 없이도 할
수 있다. MRI 영상에 나타난 기억 흔적을 보는 것과 내용
을 이해하는 건 별개이다. 레코드 판과 음악의 차이나 마
찬가지이다. 레코드 판의 홈이 어떻게 소리가 되는지 이
해한다고 해서 소리가 들리는 건 아니다.

　그나마 가장 가까운 건 사람들이 자신이 기억하는 바
를 묘사해 줄 때이다. 경험의 내용은 다양하며, 경험하는

그 사람에게 고유하다. 우리의 경험은 우리만이 누리는 것이다. 솔로몬 셰레셰프스키는 뛰어난 공감각의 소유자였으므로, 그의 기억은 우리가 가지는 기억과는 아주 다른 방식으로 다채로웠다. 교차하여 서로 관련지어지는 감각이 없는 우리는 그의 경험을 똑같은 방식으로 체험할 수 없다. 우리는 그저 알렉산드르 루리아에게 자신의 경험을 묘사하는 그의 말을 그대로 받아들일 뿐이다.

사건이 어떻게 진행되었는지는 가장 단순한 질문이다. 다음 장에서 다루겠지만, 일어난 사건에 대한 묘사는 물론 불완전하고 오류투성이일 때가 많다. 파악하기 가장 어려운 것은 기억이 와 닿을 때의 느낌이다. 어떤 감각 경험이 포함되었고 어떤 감정이 그 안을 흐르고 있으며 깨어날 때 얼마나 강렬한지. 이를 알기 위해서는 사람들이 자신의 기억 경험을 척도에 표시하는 설문지가 필요할 때가 많다.

"개인적 경험에 대한 연구는 특히 우울증이나 외상 후 스트레스 장애를 이해하는 데 유용하지요."라고 도르테 베른트센은 말한다.

그래서 사람들의 개인적 경험의 수를 세는 일에도 의미가 생긴다. 우울한 사람에게는 또렷한 기억 경험의 수가 적다는 건 이런 형태의 연구에서 얻은 여러 결과 중 그저 하나일 뿐이다.* 이런 결과를 이용하여 우울한 사람들에게 자신들의 기억에 더 잘 반응하여 과거의 긍정적인 경험을 되새기도록 도움을 줄 수 있다. 행복한 기억이 우울증을 이기는 데 실제로 도움이 될 수 있음은 연구자인 라미레스와 그의 동료들이 생쥐 실험을 통해 증명했다.* 이들은 생쥐들이 긍정적인 경험을 할 때, 이 경우 이성 생쥐와 즐거운 만남을 가질 때 어떤 뉴런들이 활성화되는지 찾아냈다. 그러고는 그 쥐들에게 열흘간 스트레스를 주어 불쌍한 쥐들이 아주 우울해지게 만들고는 이때 놀라운 치료제를 제공하였다. 긍정적인 기억을 재활성화하기 위해 원래 긍정적인 경험과 연결되어 있던 네트워크를 '켠' 것이다. 이런 '요법'을 며칠간 계속한 후 쥐들은 다시 상태가 좋아져서 활동적이 되고 주변 환경에 새로이 관심을 보였다. 비교해 보니, 우울한 쥐들은 생쥐 암컷들과 새로운 즐거운 순간을 경험한다고 덜 우울해지지 않았다. 기억의 재현이 현실에서의 즐거운 경험보다 효과가 더 강했던 것이다. 행복한 기억이 우리가 품고 있는 행복의 묘약이라는 뜻 아닐까?

우리의 감정은 비이성적이고 순간적이라는 악명이 있다. 감정은 논리를 따르지 않으며, 이름을 붙이기도 전에 사라져 버리기도 한다. 파도처럼 사람을 관통하고, 유기적이며, 인생과 기억에 빛깔을 입힌다. 마데이라의 물풀 사이에서 해마를 발견할 때 속으로 반갑고 기쁜 마음이 생겨나 깜짝 놀라는 게 우리 감정이다. 가로 행과 세로 열, 그래프와 흰 실험복이 아니다. 이런 감정을 어떻게 연구를 위해 과학의 틀에 맞추어 넣겠는가? 여러 해 동안 연구자들은 감정이 기억에 미치는 영향을 실험실에서 분리해 내려고 시도해 왔다. 최고로 순수한 감정 기억을 증류하기 위한, 플라스크와 시험관이 있는 화학 실험 세트라고 하겠다. 과학 시간에 학생들이 풀 다음 과제를 생각해 보라.

슬픈 기억 제조법.*

재료 — 영화 한 편 가득한 자연재해, 에볼라에 감염된 아이들, 장례식, 눈물. 자신의 시간을 슬퍼지는 데 사용하는 데 동의하는 한 사람. 개인적인 경험에 관한 설문지.

방법 — 피험자를 컴퓨터 모니터 앞에 앉힌다. 플레이 버튼을 누른다. 피험자 얼굴의 변화를 추적한다. 중립적이고 어쩌면 약간 궁금해하는 표정에서 시작하여 입가가 점점 처지고 미간에 주름살이 분명해지고 눈가가 촉촉해질 때까지. 그 후에 회상 과제를 제시한다.

기대하는 결과 — 현재가 갑자기 더 우울해 보인다. 슬픈 기억의 양에 교사가 만족할 때까지 반복한다.

하지만 개인적 기억이 없으면 어떻게 하나? 그러니까 수술 후의 일을 아무것도 기억할 수 없었던 헨리 몰레이슨과 달리, 무슨 일이 일어났는지 알기는 하지만 사건들을 꺼내 오지도 못하고 재생하지도 못하며 생생해지지도 않으면? 수지 매키넌의 경우는 기억의 극장이 파업을 했다.* 아니, 개장을 한 일이 없었다. 미국 워싱턴주의 올림피아에 살던 그녀는 자전적 기억의 심각한 상실을 진단받았다. 그녀는 이런 상태가 확인된 세계 최초의 사람이었다. 자신의 삶에서 어떤 사건 기억도 인출할 수 없었던 것이다. 그녀는 자신이 에릭 그린과 결혼했다는 건 알았지만, 두 사람의 오랜 결혼 생활에서 어떤 사건도 기억하지 못했고 1970년대에 바에서 어떻게 만났는지도 전혀 몰랐다. 그 기억을 세부까지 기억할 수 있던 건 남편뿐이었다. 그녀는 두 사람이 멋진 여행을 여러 차례 했다는 건 알고 있었지만, 케이맨 제도, 자마이카나 아루바가 어땠냐고 누가 물으면 집안에 놓인 기념품을 짚어 보일 수 있었을 뿐이었다. 주위에 있는 사람들이 누구인지는 알았다. 문제는 극복할 수 있는 정도였으며, 그녀는 의료 분야에서 일을 했고 주 정부에서 연금 전문가로 근무했다. 평생 직장인, 아내, 친구로서 기능할 수 있었으며, 그녀의 의미 기억에는 아무 문제가 없었다. 캐나다 연구자인 엔들 털빙은 의미 기억과 사건 기억의 차이를 기술했다.* 우리가 지금 말하고 있는 의미 기억은 우리 자신과 세계에 대해 우리가 할 수 있고 아는 것들, 이야기들이다. 사건 기억은 우리가 과거로 여행을 할 때 경험하는 것, 일어났던 일이다. 우리는 냄새와 소리와 느낌을 알고, 장면 전체가 우리 내면의 눈앞에 재현된다. 우리 내면의 타임머신이 우리에게 지금은 더 이상 존재하지 않는 것들을 느끼고 듣고 맛보고 보게 만든다.

하지만 수지 매키넌은 이 경험을 할 수 없었다. 남편과 직업이 있던 그녀는 다른 사람들도 당연히 다 그녀와 마찬가지라고 믿을 수밖에 없었다. 원래 그런 게 아닌가? 그녀는 자신이 처음 심리 검사 설문지를 접했을 때, 어릴 적 기억에 대한 질문을 받고 당황했다고 이야기한다. 그녀는 사실 다른 사람들도 어릴 적을 기억하지 못하며, 다들 그녀처럼 그냥 대화를 재미있게 하려고 과거의 이야기들을 만들어 낸다고 믿었던 것이다. 엔들 털빙에 대해 읽은 다음에야 그녀는 어쩌면 자신의 기억이 뭔가 아주 특별할지도 모르겠다는 생각이 든 것이다.

연구자들은 여러 해 동안 사건 기억이 없는 사람들에 대해 기록을 남겼지만, 이 사람들은 동시에 상해나 트라우마의 피해자로 정상적인 생활에 문제가 있는 사람들이었다. 털빙은 그의 연구에서 수지 같은 사람이 나타나리라고 예언을 했었다. 심지어 그는 세상에 사건 기억이 없는 사람들, 그런 채로 다만 직장과 가정에서 온전한 삶을 영위하기 때문에 눈에 띄지 않을 뿐인 사람이 꽤 많으리라고 간주했었다. 수지와 이러한 상태의 다른 사람들을 조사한 심리학 교수인 브라이언 러빈은 이런 증상이 사람들이 지금까지 생각한 것보다 흔함을 확인했다.* 기억에 관한 인터넷 기반의 설문 조사에서 그는 지금까지 캐나다에서 2000명이 넘는 일반인들에게서 응답을 받았다.

"그중 상당수의 사람들이 자신에게 심각한 자서전적 기억 상실이 있다고 말합니다. 그래서 이게 그리 드문 현상이 아니라고 믿게 되었지요."

우리가 기억에 관한 책을 쓴다고 하자, 작가이며 음악가인 아르네 슈뢰데르 크발비크는 우리에게 "어릴 때 일을 기억 못 하는 게 정상인가요?"라고 물었다.

"그러니까, 아예 아무것도 기억이 안 나나요?"

아르네는 그의 첫 번째 책인 비문학 『사촌 올라와 나』*로 브라게 상(노르웨이의 도서상—옮긴이 주)을 수상했고, 여러 해 동안 속해 있었던 밴드 '120일'에서 스펠만 상을 받았다. 그는 인정받는 음악가이며 작가, 헌신적인 아버지였다. 하지만 그에게는 남들과 다른 점이 있었다. 수지와 마찬가지로 그 역시 자신의 성장 과정을 전혀 기억하지 못했다.

"제가 남들과 다르다는 걸 시간이 흐르면서 깨닫기는 했지요. 사람들은 그들이 어릴 때의 경험 이야기를 했으니까요. 저는 아무 기억이 안 났어요." 그가 이야기한다. 그는 마주보고 있는 사람이 누구인지 알았고, 어디에서 자신이 학교에 갔으며 여가를 어떻게 보냈는지 알고 있었다. 하지만 그는 이에 대한 기억이 없다. 그는 학교 건물에서 자기 반 교실이 어디였는지 설명할 수 있지만, 그게 전부이다. 위치를 말하는 데에서 끝난다. 그는 교실에서 어떤 냄새가 났는지, 그가 무슨 말을 했는지 회상할 수 없고, 즐거운 기억도 슬픈 기억도 떠오르지 않는다. 그는 자신이 학교 앞에서 자기 아이와 함께 놀았다는 걸 알지만, 거기 서 있는 게 어땠는지 그 경험을 다시 인출할 수는 없다. 그는 어리고 불안했으며, 학교 친구들과 교사들이 교실에서 그를 바라보고 있었다.

"저는 저에게 무언가 트라우마가 있을까 봐, 제가 억제하고 있는 걸까 봐 두려웠어요. 하지만 그건 아니었죠! 저는 그저 과거로 올라갈수록 기억이 점점 더 희미해질 뿐이에요. 10년 전에 일어났던 일들은 기억할 수 있지만, 그저 몇 가지 사건뿐이에요. 저는 음악가로 온 세상을 돌아다녔는데도 말이지요. 저는 일본과 미국에서도 연주회를 했었으니까요."

그의 생애에 마음에 새겨질 특별한 순간들이 부족했던 것도 아니다. 아르네는 그가 그렇게 조금밖에 기억을 못 한다고 해서 괴로워하지는 않았다. 그리고 사람을 성공을 기준으로 판단한다면, 그는 아주 위에 있을 사람이다. 그는 두 아이의 행복한 아버지이며 직업적으로도 많은 것을 이루었다. 하지만 그의 뒤로는 기억이 흐려지며, 멀리 사라지고 안개 속으로 날아가고 있다. 그의 부모가 그가 열 살 때 포르투갈에 살았다고 했지만, 그는 거기가 어땠는지, 같은 건물에 살던 다른 가족, 햇빛, 바다, 바칼랴우(포르투갈의 대구 요리 — 옮긴이 주), 오래되고 무너져가는 돌로 된 집, 이 모든 것에 대해 아무 이미지도 떠올릴 수 없었다. 그는 단 한 가지, 흰 바지를 기억했다.

"예를 들면 제 첫 키스도 기억이 안 나요. 그건 그때 제가 취했기 때문은 아니에요. 하지만 학교 때 기억나는 일이 딱 하나 있어요. 2001년 9월 11일의 테러지요. 그때 저는 열일곱이었어요." 그가 이렇게 말한다.

"하지만 텔레비전에서 그 장면을 보았을 때 제가 어디에 있었는지 기억이 날 뿐이에요. 그 이상은 아닙니다."

그는 어떻게 애인을 만났는지, 처음 사랑에 빠졌을 때 두 사람이 무슨 말을 했는지도 기억하지 못하지만 자신이 그녀를 사랑한다는 것은 안다. 그것이면 충분하다.

"기억이 그렇게 적다는 건 저에게는 문제되지 않아

요. 그 때문에 괴롭지는 않아요."

아르네가 왜 이런지 설명할 순 없다. 그리고 그가 '진단'을 받은 수지 매키넌과 같은 그룹에 속하는지도 모른다. 그리고 이를 진단이라고 말하는 것 자체가 무리인지도 모르겠다. 그저 인간의 기억에 얼마나 다양한 형태가 존재하는가를 보여 주는 것일 수도 있다. 어떤 사람은 시각적인 것을 아주 잘 기억하고, 다른 사람은 그렇지 않다. 한편 심각한 자서전적 기억의 상실과 반대되는 경우를 러빈과 동료들은 고도의 자서전적 기억(HSAM)이라고 한다.* 이런 기억력을 가진 사람들은 어느 날 무슨 일이 있었는지를 기억하는 경우가 많고, 과거의 경험과 연결된 강렬한 감정을 쉽게 잊지 못한다.

작가이며 블로거인 이다 잭슨은 아르네의 정반대이다. 기억하는 능력은 그녀에게는 실제로 중요하다. 그녀는 모든 것을 기억하는데, 그중 대부분은 생생한, 때로는 지나치게 생생한 이미지로 그녀에게 떠오른다.

"제가 기억하고 심리학자와 다루었거나 일기에 쓴 것들 중 일부에 대해서는 블로그에도 썼어요. 너무 강렬하고 불쾌한 기억이어서 생각하면 몸이 불편했거든요. 그래서 그에 대해 글을 씀으로써 어떤 식으로든 힘을 빼 보려고, 기억의 볼륨을 좀 낮추어 보려고 했지요. 이렇게 해서

기억을 제 내면의 눈이 보고 듣는 어떤 것으로부터 하나
의 이야기로 바꾸는 거예요." 그녀는 말한다.

그녀가 글을 쓴 소재 중 하나는 학교를 다니던 동안
따돌림의 대상이 되었던 일이다. 무료 잡지인 《에를리
크 오슬로》에서는 그 기사가 처음으로 인터넷에 등장하
고 한참이 지난 후에 그녀의 블로그 기사를 뽑아서 이 잡
지의 웹사이트에 올리기로 했다. 그 사이 여섯 살을 더 먹
은 이다 잭슨은 전염병처럼 SNS에 퍼지던 자신의 글을
읽을 수 있었다. "인터넷에서 무엇이 공유되는지를 결정
하는 건 뉴스로서의 가치가 아니라 감정의 강도예요. 그
리고 이 블로그 기사는 굉장히 아픈 글이었어요. 저는 제
모든 수치를 드러내고 독자들과 나눴지요. 문제는 제 기
억에 '품위 있는 희생자'의 이야기가 섞여 들어갔다는 건
데, 저는 거기 해당되지는 않았거든요. 저는 악취가 났고
코를 후비고는 그걸 같은 반 애들이 보는 앞에서 먹었으
니까요. 그건 이야기에 안 어울리죠. 제가 당한 건 끔찍한
따돌림이었어요. 저는 역겨운 아이였지만, 그런 일은 부
당했어요! 멈추는 건 어른들의 책임이었어요. 확실히 해
야 하는 점은, 사람이 자기 기억을 가지고 이야기를 만들
때면 세상에서 제일 뻔한 선입견을 따라가게 된다는 거
예요. 제 블로그 글이 어떻게 SNS를 휩쓰는가를 봤을 때,
저는 직접 수정을 하고 더 사실에 맞는 이야기를 써야 했

지요."

"우리는 할리우드 영화에서의 서술자 역할에 너무나
익숙해졌어요. 지금 우리는 누구인가에 대한 전조를 우리
의 어린 시절에서 찾으려고 하죠. 상징, 열쇠, 결국 이렇게
된 원인을요." 병리심리학자인 페데르 시에스가 말한다.
그는 2016년 봄에 청소년을 위한 집단 치료사로서 「야이
모트 마이('나:나')」라는 텔레비전 다큐멘터리에 참여하
였고, 노르웨이 제2의 신문인 《베르덴스 강(세상의 흐름)》
에 심리학 칼럼을 쓰고 있다.

그는 치료에서 자신의 삶, 곧 인생 원고에 새로운 구
조를 부여하려는 사람들을 돕는다. 기억은 우리 자신에
대한 이야기로 변하는데, 어떤 이야기들은 우리의 자아상
에 더 어울리기 때문에 기억이 더 잘 된다. 여러 가지 면에
서 보아 이 심리학자는 일련의 인생사의 공동 저자이며,
적어도 조심스러운 편집자이다. 그리고 우리, 우리 모두
는 각자 자신의 인생사의 작가들이다.

"우리는 우리 자신의 삶에서 어느 정도의 극적인 면
을 찾는 경향이 있어요. 그리고 삶을 빨리 앞으로 돌릴 수
는 없으니 뒤를 돌아보며 거기에서 우리 자신에 대한 이
야기를 찾지요. 뒤로 돌리면서 우리는 감독 역할을 하고
가위질을 하고 포토숍을 합니다. 우리는 중간중간 원고

를 수정할 수 있고, 실제로 있었던 일의 이유를 찾아낼 수 있어요. 때로 내담자들은 어린 시절에 전환점이 있었으면 하고 바라기 때문에, 기껏해야 방치 정도 했을 경우에도 부모에게 탓을 돌리게 되지요. 하지만 어린 시절을 꽤 잘 보냈는데 인생이 생각대로 잘 풀리지 않을 경우에도 탓을 부모에게서 찾는 경우가 있어요. 무언가를 잘못했거나 어딘가가 부족했을 게 뻔하니까요. 완벽한 부모는 없잖아요. 사람들이 어린 시절에 나쁜 경험을 하지 않았다는 뜻은 아니지만, 사소한 사건에 과중한 의미를 부여하는 경우들이 있죠."

그의 내담자들의 문제는 이야기들이 지나치게 억지로 편집될 때 생긴다. 기억이 재구성되고 유연한 것과, 분명히 사실이 아닌 걸 믿기 시작하는 것은 구별해야 한다.

"사실과 어울릴 수 없는 가짜 이야기로는 안 되죠. 하지만 치료 상황에서는 내담자 자신이 자기 삶의 이야기를 스스로 만들어 내는 게 중요합니다. 저는 사실이 무엇이었는지 알 수 없고, 그에 대한 답을 제시해서도 안 되죠."

자신들의 인생사에 있는 아픈 기억을 과중하게 메고 가는 사람들과 일하는 것은 치료사에게 힘든 일이다. 환자에게 일어났던 일들이 그의 탓이라고 하지 않으면서도 상황을 끌고 갈 힘과 책임이 자신에게 있다는 느낌을 주는 것이 중요하다. 힘과 책임이 없이는 아무것도 바꿀 수 없으니 자기 자신의 이야기에서 엑스트라 역할밖에 못 하는 것이다.

한 암흑에서 다른 암흑으로 헤매기만 한 인생을 바꾸기란 무척 어려운 일일 것이다. 우리의 과거에서 아는 것이라고는 고통뿐이라면, 어떻게 좋은 일이 뭐라도 일어나리라는 상상을 하겠는가? 어떻게 멀리에서 깜빡거리는 좋고 아름다운 것에 눈을 돌리겠는가? 테오도르 키텔센의 그림 「소리아 모리아 성」에서는 재투성이 소년이 손에 지팡이를 든 채로, 반짝이며 터 오는 동녘을 바라보고 있다. 동녘은 금박을 입힌 성, 아지랑이, 방랑의 목적지처럼 보인다. 하지만 재투성이 소년이 물결치는 산등성이 위로 드러난 성을 볼 수 있는 것은 아마도 그의 지칠 줄 모르는 용기와 자신감 때문일 것이다. 우울한 인간에게는 이런 산꼭대기도 어둡게 보일 테니까. (테오도르 키텔센의 그림에서는 잿빛의 능선 뒤로, 마치 해가 나오기 시작하는 것처럼 금빛이 끊어질 듯 가늘게 보이는데, 자세히 보면 성이나 마을처럼 삐죽삐죽한 형태를 알아볼 수 있다. "Soria Moria Slott, Kittelsen"을 검색하면 그림을 볼 수 있다. ─옮긴이 주)

이제 우리도 외스트란의 물결치는 산등성이로 돌아오자. 우리 토네는 이제 등에 낙하산을 단단하게 메고 드디어 뛰어내린다. 심장이 너무 세게 뛰고 몸 안의 아드레날린이 너무 힘차서, 벌어지는 일을 파악하기도 힘들다. 십 초간 자유롭게 강하한 후 낙하산을 펼친다. 하지만 사람들이 일반적으로 생각하는 것과는 달리 스카이다이빙의 가장 위험한 부분, 즉 착륙이 아직 남아 있다. 오래 기다린, 하늘을 나는 기분은 숨을 앗아 간다. 그녀는 여기에 온통 정신을 빼앗기고, 이제는 기억해야 하는 반복적인 동작들 때문에 다시 정신을 빼앗긴다. 그녀에게 점점 가까워지는 언덕, 처음에는 그저 추상적인 지도로, 숲과 벌판의 조각보로만 보이는 언덕에 눈을 맞추는 것을 잊어버린다. 나무들이 점점 가까워지고, 일 초 일 초가 중요하다. 착륙하려고 했던 땅은 발밑에서 지나가고, 토네는 숲을 향해, 그녀가 땅과 만나게 될 지점을 향해 가고 있다. 그녀는 이제야 반응을 하고 낙하산을 조종한다. 하지만 그 순간 아주 조금 늦었다.

토네는 커다란 전나무의 꼭대기에 걸린다. 전혀 다치지 않았지만, 수색대가 올 때까지 두 시간 반 동안 거기 매달려서 흔들린다. 이날 비행기에서 뛰어내리기 위해 두 번째 출발할 때까지, 사실은 평생에 두 번째로 출발하기 전에는 그녀는 우리가 죽는 순간에 일어나리라고 믿는 그 일을 경험하지 못했다. 일생이 영화처럼 스쳐 지나가는 것 말이다. 하지만 영화가 영 좋지 않았다. 잊을 수 없는 순간들이 진주들처럼 이어지는 하이라이트들이 지나가

는 게 아니라, 어린 시절의 의미도 없고 시시한 장면들, 일
곱 살 때 집의 풀밭에 서 있거나 등에 배낭을 메고 집으로
가는 아스팔트가 깔린 길에 있는 모습들뿐이었다.

"엄청 재미없는 경험들이었어. 왜 이 장면들이 생각
났는지 몰라." 지금 토네는 이렇게 말한다.

두 번째 뛰어내리면서 토네는 첫 번째 스카이다이빙
때 경험했던 죽음의 공포를 극복했다. 그 이후로 그녀는
수천 번을 뛰어내렸고, 이런 비슷한 경험을 다시는 하지
않았다.

우리는 죽음이 임박했다고 생각할 때 일생의 제일 중
요한 순간이 떠오를 거라고 믿는다. 그러려고 순간들을
모아 두는 거 아닌가? 갑자기, 우리가 우리 인생사의 결말
을 써야 하는 그때, 우리의 가장 중요한 기억들이 우리 내
면의 눈앞에 펼쳐질 것이며, 이 순간 우리는 그때까지 희
미했던 것들을 분명하게 볼 것이다. 우리가 경험한 일들
의 깊은 의미도 명백히 드러날 것이다. 이야기의 결말은
시작을 새로운 빛으로 비출 것이다. 아닌가?

오슬로 협만에서 우리의 실험을 이끌었던 카테리나
카타네오는 30분간 의학적인 죽음을 겪었다. 익사였다.
유난히 어려웠던 잠수였고, 익사했던 카테리나는 오슬로
의 한 병원에서 다시 숨이 돌아왔다. 스물한 살밖에 안 되

었던 그녀는 물속에서 너무 큰 모험을 했다. 어두움에 감싸이기 전에 그녀가 마지막으로 생각한 것은 이것이었다. 엊저녁에 파티에 왔던 그 남자, 그 사람하고 잘걸. 그녀의 중요한 경험들은 하나도 떠오르지 않았고 엄청난 깨달음도 없었다. 인생 원고는 고쳐지지도 편집되지도 않았다. 그저 사소한 생각이 났고, 그러고는 어두워졌다.

아드리안 프라콘*이 우퇴위아 섬의 바위섬에 서서 자신이 죽을 줄 알았을 때 생각한 것은 이보다 구체적이었다. 그의 눈에는 자신의 시체가 놓인 관이 땅으로 내려지는 것이 보였다. 그리고 눈물을 흘리는 그의 부모님. 그들은 칼로 에는 슬픔을 안고 살아야 할 것이다. 그가 일부러 생각한 것도 아닌데 이미지들은 어디에선지 모르게 갑자기 나타났으며, 살인자가 그를 직시한 순간 그의 내면의 눈이 본 장면들의 강렬함에는 그 자신도 놀랐다.

21세의 아드리안 프라콘은 젊은 정치인이었다. 노동당 청년단체인 AUF는 오슬로에서 30분쯤 운전해 갈 수 있는 튀리피오르 호수의 우퇴위아 섬에서 여름 캠프를 열었고, 그는 처음으로 참여했다. 600명에 가까운 열정이 넘치는 청년들이 정치와 노르웨이의 여름 밤을 나누기 위해 전국에서 모여 7월의 며칠을 노래와 정치 토론으로 심도 있게 보냈다. 노르웨이의 총리, 외교부 장관이었고

WHO 총장이었던 그로 할렘 브룬틀란도 그 2011년 여름에 이 섬을 방문했다. 정치와 권력과 청년 참여가 이 작은 섬에서 함께 했고, 밤을 희망과 계획으로 새웠다.

아네르스 베링 브레이비크는 오랫동안 준비했다. 정부 건물에서 여덟 명의 목숨을 앗아 간 폭탄과 69명을 죽게 한 청년 캠프 테러는 홀로 철저하게 계획을 짠 것이었다. 아드리안이 자신의 죽음을 눈앞에 보던 순간 살인자는 섬의 남쪽 끝 물가에 서서 그를 바라보고 있었다. 몇 초간 그렇게 서 있었다. 그러더니 라이플 총을 내리고 그냥 갔다. 아드리안은 물위로 손가락처럼 뻗은 지점에 숨은 채 그대로 누워 있었다. 숨을 곳도 없는, 돌과 작은 덤불뿐인 곳이었다. 아드리안은 재킷을 덮고 죽은 척을 했다. 어쩌면 그렇게 해서 테러리스트가 돌아가고 그는 목숨을 구했는지도 모른다. 살인자는 그가 살아 있는 줄 몰랐고, 신경을 써서 자세히 살펴보지 않은 것이다. 아드리안은 우퇴위아에서 발화된 마지막 총알을 맞았다. 총알은 그의 어깨에 맞았고, 70개가 넘는 파편이 그의 인생을 영원히 바꿔 버린 그날의 원하지 않는 기념품처럼 근육 조직에 남았다.

"그 일이 있은 후 처음 몇 년 동안은 전혀 통제할 수가 없었죠. 기억은 원하건 원하지 않건 돌아왔고, 특히 제가 스트레스를 받는 상황이면 그랬어요. 맑은 정신이 필요할 때일수록 더 심해졌죠. 제 인생에서 3년은 완전히 잃어버린 겁니다." 그는 지금 이렇게 말한다.

그는 어깨의 총상을 입고 살아남았다. 하지만 학살 이후의 삶은 그전과 같지 않았다. 아드리안은 새롭고 흥미진진한 일을 향한 도약점에 서 있었고, 미래로 날아갈 것 같았다. 그는 텔레마르크주 AUF의 지도자가 되었고, 애인과 개와 집이 있었다. 우퇴위아에서 악몽을 경험한 후 그의 삶은 이 사건의 무한 반복이었다. 그는 자신의 인생에서 가장 두려웠던 순간을 계속해서 반복했다. 그 순간을 다각도에서 분석했고, 무엇을 다르게 할 수 있었을까 물었으며, 간발의 차이로 총알이 어깨가 아니라 머리나 심장이나 척추에 맞을 수도 있었겠다는 생각을 했다. 더 해를 끼치기 전에 돌을 집어들고 아네르스 베링 브레이비크를 죽이는 시나리오도 있었다. 죄책감도 있었다. 그는 주 대표로서 여름 캠프 참가자들을 양성할 책임을 지고 있었으니까. 그의 학생들 중 한 명은 영원히 돌아오지 못했다. 겨우 열다섯 살이었다.

7월 22일 이후 아드리안은 알코올과 건전하지 못한 관계를 시작했다. 잠을 푹 자는 것은 그에게는 싫지 않은 사치가 되었다. 이전에는 어질러 놓은 속에서 아이처럼 있을 수도 있었던 그는 깔끔하게 정리하는 일에 병적일 정도가 되었다.

"그 당시 애인이 말하기를, 저는 수면제를 먹고서 집 전체를 청소하기도 했었대요. 저는 아무것도 기억이 나지 않는데, 깨어 보니 집이 청소되어 있었지요."

베링 브레이비크가 법정에 섰을 때 아드리안은 일어난 일에 대한 책을 쓰고 있었다. 그는 시엔과 오슬로를 왔다 갔다 하며 재판을 지켜보고 책을 위한 작업을 했다. 아주 바쁘고 감정이 격한 기간이었다. 어느 날 오후, 친구들과 맥주를 좀 마신 후 그는 블랙아웃을 겪었다. 정신이 들어 보니 경찰이 수갑을 채우고 있었다. 그는 그날 저녁의 폭행으로 유죄 선고를 받았고, 그 자신도 법정에 서야 했다.

"겁이 났습니다. 그렇게 계속 술을 마실 수는 없었어요. 누가 맥주를 마시자고 하면, 잠깐 걸으면서 제 감정을 느껴 보았어요. 그날 기분이 괜찮은지 확인을 해야 했지요."

테러리스트가 감옥에 있는 동안 아드리안의 기억들도 갇혀 있었다. 그는 기억들을 데리고 바람을 쐬러 나가 뜰을 돌고 돌아와 다시 어두운 곳으로 돌려보냈다. 아드리안이 깨어 있는 동안은 기억들이 엄격한 감독을 받았다. 인터뷰에 응하는 것은 그다음 날을 망치는 일이었다. 이제는 그가 그런 일이 벌어지리라고 미리 안다는 차이가 있을 뿐이다. 그래서 미리 계획을 할 수 있다.

"그 시기에는 엄청나게 술을 마셨어요. 아마 아무것도 기억하고 싶지 않았기 때문이었을 겁니다. 제 상태가 나빴던 그 저녁들을 당연히 다 잊고 싶었죠. 그저 사라지고 싶었어요."

2011년 7월 22일은 국가적인 트라우마가 되었다. 세계의 새로운 현실은 안전한 나라였던 노르웨이에까지 도달했고, 안전과 위험에 대한 사람들의 태도가 영원히 바뀌었다. 이 테러는 기억과 관련해서도 새로운 이정표가 되었다. 노르웨이 사람 대부분은 2011년 7월 22일에 관련된 기억이 있다. 미국 연구자들은 이런 것을 섬광 기억이라고 불렀다. 번개가 치는 순간 어둠 속에 있는 모든 것 위에 강렬한 빛을 비추는 것과 마찬가지로 경험이 급속 냉동되기 때문이다. 이것은 사건이 발생할 때의 강렬한 감정과 충격이 기억을 확고하게 안착시키기 때문이다.*

이전의 미국 심리학 교재에서는 유인 우주선 챌린지호가 출발 직후 폭발했던 사건을 이렇게 기억에 남는 사건의 예로 들었다. 더 최근의 책에서는 2001년 9월 11일이 이런 자연스러운 준거점이 될 것이다. 노르웨이에서는 이전에 이런 자명한 예가 없었다. 그 대신 좀 더 마음 편한 예가 있어서 "오드바르 브로가 스키 폴을 부러뜨렸을 때 어디 있었어?"라고 했다. 노르웨이 스키 선수가 폴 하나를 부러뜨려서 크로스컨트리 계주 금메달을 놓칠 뻔했던 일은 많은 노르웨이인들이 웃으면서 기억을 더듬을 수 있는 공통의 사건이 되었다. (물론 대부분의 기억들은 배경이 비슷하다. 시간은 1982년 스키 월드컵 때, 장소는 텔레비전 앞의 소파나 노르마르카의 스키장에서.)

"7월 22일에 어디 있었어?"라는 질문은 개인적인 역사를 노르웨이 역사와 맺어 주었다. 직접적으로 이 사건을 겪은 사람들에게 이것은 또 다른 이야기이다. (영어의 history와 마찬가지로, 노르웨이어에서도 '역사'와 '이야기'는 동일한 단어 historie이다. ― 옮긴이 주). 일어난 사건의 기억은 남은 평생 따라다닌다. 국립 폭력·트라우마 스트레스 연구센터(NKVTS)는 생존자와 가족을 추적하였다. 이런 심각한 사태가 벌어지면, 사회가 이 일에서 무언가를 배울 수 있도록 조사관과 테러 전문가 들이 필요하다. 한편 NKVTS의 연구자들은 누가 이런 일을 또 당하면 도울 수 있도록 준비하기 위해 트라우마에 대한 반응에 대해 아는 것이 중요하다. 그리고 사람들은 해마다 폭력적인 트라우마를 접한다. 강간, 폭행, 교통사고, 다른 나라에서 일어나는 전쟁의 희생자들이 있다. 7월 22일에 일어난 일보다 훨씬 관심을 적게 받았지만 당사자들에게는 꽤 심각한 다른 사건들의 트라우마를 지고 사는 사람들도 많다. 그런데 어떻게 하면 이 사람들이 계속 떠오르는 아픈 기억에서 벗어나도록 도울 수 있을까?

이네스 블릭스는 연구원으로, 우리의 공통된 비극에서 새로운 정보를 얻는 일을 하는 사람들 중 하나이다. 그녀의 과제는 설문지와 인터뷰를 통해 정부 건물에서 일하던 사람들을 대상으로 그들의 삶에 테러 행위가 무엇을 남겼는지를 추적 조사하였다.

"트라우마 연구에는 우리가 어떻게 트라우마를 기억하고 트라우마 기억이 우리에게 어떤 영향을 미치는가에 관해 두 가지 전통이 존재해요. 이를 기억의 전쟁이라고 부르지요. 어떤 사람들은 우리가 트라우마적인 사건을 다른 사건과 아주 다르게 기억하며, 트라우마는 단편적인 기억들, 극단적인 억제와 해리성 성격 장애를 가지고 온다고 합니다. 저를 포함한 다른 사람들은 트라우마적인 사건도 다른 감정적인 사건들과 마찬가지로 흔히 아주 생생하게 기억을 한다고 봅니다. 기억은 크게 보면 트라우마의 경우에도 비슷하게 작용하지만, 그저 극단적이 되는 거, 일반적인 기억 시스템이 최고로 볼륨을 높이는 거지요."*

그녀의 연구는 트라우마적인 사건 이후 흔히 사람들을 가장 괴롭히는 것은 시간이 한참 흐르고도 자꾸만 새로 떠오르는 세세한 기억임을 보여 준다.

자꾸만 떠오르는, 의지와는 상관 없는 트라우마 기

억은 오래전부터 알려져 있다. 제1차 세계대전 이후 이를 '셸 쇼크', 전쟁 신경증이라고 불렀다. 버지니아 울프의 고전『댈러웨이 부인』에서는 바로 전쟁 신경증 때문에 제 1차 세계대전 이후 전쟁 트라우마와 싸워 온 젊은 군인이 창문에서 투신을 한다. 그 당시에는 이 질병이 알려지지 않았고, 사람들은 왜 겉으로 보기에 다치지 않았는데 군인이 전쟁에 부적격해지는지 놀라워했다. 군인들은 초조해했고 먹지도 자지도 못했으며, 자기 자신도 살피지 못하고, 정신을 놓고 바라보거나 공황 상태에 빠지고 비이성적으로 행동했다. 전쟁은 이들이 극단적인 잔인함을 겪게 만들었다. 여러 해에 걸친 잔인한 전쟁에서 수십만 명이 유럽을 가로지르는 진흙구덩이 참호에서 기관총에 맞았다. 그 이후로 트라우마 심리학은 많은 발전을 했다. 군인들을 병들게 한 것은 청력 손실이나 머리의 상처가 아니었다. 하지만 그럼 무슨 일이 일어났을까?

트라우마 연구에서 설득력이 있는 한 가지 전통에 따르면 트라우마 기억이 일반적인 기억과 완전히 다르다고 한다. 누가 분열성 성격 장애나 다른 반사회적 장애를 겪는다면 그 기저는 우리가 위기들을 헤치며 살아 나갈 수 있게 해 주는 아주 특별한 생존 메커니즘이다.

그런데 왜 그래야 할까? 살다 보면 우리는 자기 자신을 누구라고 생각하지만 뜻밖의 모습들과 강렬한 감정이나 사건들이 그 생각을 뒤흔들어 놓고, 우리 기억의 문을 열어젖히고 들어와서는 단조로운 일상보다 훨씬 깊이 자리를 잡는다. 트라우마는 기억에 남는 데 필요한 모든 방법을 동원하여 자기 자신을 우리의 기억에 잡아맨다. ── 매우 감정적이고, 우리가 경험했던 다른 모든 것과 다르며, 우리 자신과 세계에 대해 갖고 있는 가설들을 뒤흔들어 놓는다. 그러니 그냥 안 잊히는 정도가 아니라 저절로 생각이 난다. 장난감 상자에서 용수철로 튀어나오는 작고 알록달록한 어릿광대 인형처럼, 트라우마의 희생자들에게 이 상자의 뚜껑은 닫히지 않아서 전혀 생각하지 못한 때에 기억이 온갖 공포와 함께 다시, 또다시 튀어나온다.

7월 22일 당시 정부에서 일했던 207명을 대상으로 한 설문 조사에서, 반 정도는 1년이 지난 후에도 테러의 기억이 자꾸 돌아와서 괴로움을 겪는다고 말했다.* 4분의 1정도는 그 정도가 너무 심해서 아마도 PTSD, 즉 외상 후 스트레스 장애의 수준으로 보였다. 그 자리에 없었던 사람들 역시 반응을 보였다. 이들은 자신이 그날 직장에 있었을 수 있다는 생각, 실제로 피해를 입은 동료들의 이미지 때문에 괴로움을 겪었다.

PTSD는 트라우마적 사건 이후 점차로 진행된다. 기억이 희미해지지 않고 그 기억을 피하려는 노력이 계속되면, 기억은 더 강화될 뿐이고 통제가 불가능해진다. 트라우마가 다시 살아나는 걸 피하기 위해, 그 일을 기억나게 할 수 있는 모든 것을 피하게 된다. 그렇게 일상은 방해를 받고 직장과 학교로 돌아오기가 더 힘들어진다. 그리고 트라우마 생각을 하지 않기가 극심히 힘들어진다. 이건 마치 "코끼리 생각은 하지 마."라고 말하는 것과 마찬가지다. 이렇게 말하면 무슨 생각이 나겠는가? 코끼리가 없는 것처럼 하면 할수록 코끼리는 더 쿵쿵거리고, 물건들을 밟고, 엄청나게 공간을 많이 차지한다.

즐거운 일에 대한 자발적 기억 역시 그냥 저절로 튀어나온다. 우리가 말하고 있는 내용 때문에 연상되기도 하고, 우리의 기억을 되살리는 무엇이 있을 때도 있다. 도르테 베른트센이 연구에서 발견했듯이. 라디오에서 나오는 음악은 우리를 열다섯 살 때로 되돌려 놓기도 한다. 우리는 이에 대해 별로 생각하지 않고, 트라우마의 경우처럼 자발적 기억의 목소리가 일반적인 성량의 척도를 뛰어넘을 때에만 귀에 들어온다. 이런 일들도 물론 기억이 난다. 기억력이란 것이 있으니 당연한 결과이다. 어떤 때 기억은 단단하게 달라붙어서 PTSD가 되고, 어떤 때는 트라우마의 기억도 시간이 흐르면서 희미해지고 더 이상 도자기 가게를 짓밟는 코끼리가 아니라 단순히 하나의 아픈 이야기가 된다.

 "왜 어떤 사람은 PTSD에 걸리고 다른 사람은 안 걸리나? 질문은 이거죠." 이네스 블릭스가 이렇게 말하며 여러 가지 설명을 들려준다. 이들을 종합하면 그림의 일부를 볼 수 있을지도 모른다.

 사람들이 작업 기억에서 사건들을 처리하는 방식, 그리고 원하지 않는 정보를 배제시키는 능력의 크기, 기억을 통제할 때의 유연성은 서로 다를 수 있다. 이런 본질적인 두뇌 능력의 작은 차이는 일상에서 못 느끼고 넘어가지만, 트라우마나 그 이후 같은 극단적인 상황에서는 차이를 가져오기도 한다. 사람들이 자신의 삶에 관련된 기억을 조직하는 데에도 여러 가지 방식이 가능해서, 어떤 사람의 경우 다른 사람보다 트라우마의 기억이 더 많은 공간을 차지할지도 모른다.

 "중심성이 문제예요." 이네스 블릭스가 말한다.* "우리 연구에서 보니 7월 22일의 사건을 그들 자서전의 더 중심적인 부분, 그들 자신의 정체성의 중요한 전환점으로 간주한 사람들은 PTSD를 겪을 위험이 더 컸습니다. 중심성은 7월 22일 이후 3년이나 지난 후에 누가 PTSD 증상을 보였는가를 설명하는 데 기여할 수 있어요. 우리 생각에는 중심성은 트라우마 기억을 더 접근하기 쉽게 만들어 주기 때문인 것 같아요. 준거점이 되는 거죠."

 우리가 코끼리를 타는 사람이 되었다고 상상해 보자.

하는 일마다 코끼리가 함께하기 때문에, 코끼리 생각을 안 하기는 힘들다. 어느 날은 우리가 코끼리가 된다. 트라우마와 자신을 동일시하고, 트라우마가 우리 자신의 일부가 된다. 우리 인생사의 중심적인 부분이 되는 것이다.

해마는 여기에서도 중요한 역할을 한다. PTSD 환자의 경우 해마의 크기가 정상인의 것보다 작다고 확인한 연구가 여럿 있다. 누구나 당연히 하게 되는 질문은 정신적인 트라우마가 뇌에 해롭냐는 것이다. 극단적인 공포를 느낄 때는 스트레스에 대한 반응으로 아주 높은 농도의 코르티손이 분비되는데, 많은 양의 코르티손은 뇌, 특히 해마에 해를 끼친다. 우리 뇌에 있는 해마는 이름이 똑같은 바다의 해마와 마찬가지로 연약하다. 하지만 길버트슨과 그의 동료들이 행한 하나밖에 없는 쌍둥이 연구에서 대안이 될 만한 설명을 얻을 수 있을지도 모르겠다. 연구 대상이 된 쌍둥이들 중, 각 쌍에서 한 명씩은 정신적인 트라우마를 겪은 사람들이었다. 그렇게 해서 일란성 쌍둥이의 경우 매우 유사하리라고 여겨지는 해마를 트라우마가 있었던 그룹과 없었던 그룹에서 비교할 수 있었다.

길버트슨과 동료들이 발견한 놀라운 점은 트라우마가 있건 없건 해마가 매우 비슷했다는 것이다.

"이건 바꾸어 말하면 트라우마를 겪기 전의 해마의 크기가 위험 요인을 결정한다는 뜻이죠."라고 이네스 블릭스는 말한다.*

어쨌건, 그렇게 작은 해마가 사람을 작동 못 하게 만들 정도로 그렇게 강렬한 기억을 만든다는 것은 신비로운 일이다. 그 반대여야 하지 않을까? 해마가 크면 아픈 기억을 더 쉽게 재생할 수 있지 않을까?

해마의 크기는 어떻게 할 수가 없다. 우리는 만일 재앙이 닥치는 경우 가장 잘 준비되어 있도록 우리 기억의 형태를 만들어 나갈 수가 없다. 하지만 재앙이 이미 현실이면 그때 할 수 있는 일이 있을까? 이네스 블릭스는 기억의 정상적인 반응에 대한 지식이 트라우마의 기억을 적절하게 다룰 수 있도록 준비시켜 줄 수 있다고 믿는다.

"기억이 계속 떠오르는 건 일반적인 반응이며, 대부분의 사람들은 시간이 지나면서 점점 기억이 약해진다는 걸 알고 나면 도움이 되지요." 코끼리가 우리의 의식을 짓밟으러 오는 일이 점점 드물어지고, 점차 우리 편에서 통제하고 코끼리를 울타리 안으로 몰아넣게 된다. 코끼리가 영원히 끊이지 않고 찾아오리라는 두려움이 가장 큰 적이니까.

트라우마의 처리는 무엇보다도 기억의 강도를 낮추고 회피의 악순환을 멈추는 것이 우선이다. PTSD는 혹시 있을 수 있는 새로운 위험을 막을 대비가 철저하게 되어 있다는 뜻이다. 겁이 많아지고 잠이 안 온다. 어떤 연구에 따르면 PTSD의 결과 일상에서 기억력이 떨어진다고도 하는데, 트라우마의 기억이 공간을 차지한다고 보면 이건 별로 이상한 일이 아닐 수도 있다.* 또한 기억에 대한 두려움은 거의 병적인 공포가 될 수 있다. 이런 공포는 행동을 통제하는 일련의 반응 양식을 구축한다. 공포는 굉장히 끈질길 수도 있는데, 이는 두려움의 대상을 피할 때 느끼는 안도감 때문이다. 이런 안도감은 보상처럼 작용한다. 예를 들면 집안에 앉아서 안전하게 느끼는 안도감과 밖에 나가서 전에 경험한 아픔을 기억하는 것 중에서 선택할 수 있다면, 안도감을 고르기가 쉽다. 그래서 점점 더 집안에 머무르게 된다. 그런데 기억에 대해서도 마찬가지이다. 어떤 기억을 두려워하고 회피해야 한다고 학습한다. 회피하면 할수록 기억은 더 강해진다. 말벌이나 주사나 상어나 개를 두려워하는 경우에도 마찬가지이다. 이들을 회피하면, 이들을 계속 두려워할 확률이 매우 높다. 대안은 두려움을 마주하는 것이지만, 끔찍하게 아픈데 어떻게 그렇게 하겠는가?

"트라우마에 초점을 맞춘 인지행동치료와 EMDR(안구운동 민감소실 및 재처리)이 PTSD의 치료 방법으로 선호되지요."라고 이네스 블릭스는 이야기한다.* 두려운 기억에 가미카제 조종사처럼 달려든다는 뜻이 아니라, 조심스레 다가가서 점차로 이를 통제할 수 있게 되어야 한다는 말이다. 기억에 '익숙'해지고 기억에서 힘을 빼는 것이다.

치료사들은 긴장을 풀고 주의를 다른 곳으로 돌리기 위해 EMDR 같은 방법을 즐겨 사용한다. 상담사는 여기서 손을 환자의 얼굴 앞에서 앞뒤로 움직인다. 신비한 방법처럼 보이긴 하지만, 기억에 대해 이야기하는 동안 눈에 보이는 무엇에 초점을 맞춤으로써 주의를 트라우마 감정과 치료사의 이상한 손놀림으로 분산시킬 뿐이다.

이상적인 세계에는 소아마비 백신처럼 PTSD 방지 백신이 있어서, 끔찍한 일을 당하면 병원에 가서 단번에 예방접종을 하고 미래에 대해 안심할 것이다. 에밀리 홈스의 연구 그룹은 바로 이것을 실험해 보았다.* 이들은 트라우마 후에 테트리스를 몇 시간 동안 하면 자꾸 되돌아오는 기억의 출현이 훨씬 줄어든다고 한다. 이 결과를 얻기 위해 그들은 자발적으로 참여한 피험자들에게 아주 트라우마가 될 만한 영화를 보여 주었다. 이어서 피험자들의 반은 테트리스 게임을 하게 했고, 나머지 반은 그냥 내버려두었다. 그러고 나서 연구자들은 그저 트라우마 기억이 저절로 떠오르기를 기다렸다. 이 실험에서 테트리스는 분명한 효과가 있었다. 이 시도의 바탕이 되는 아이디어는, 게임이 강렬한 시각적 기억과 공간을 두고 경쟁하리라는 것이다. 사건 직후에는 감각 인상이 매우 직접적이고 생생하며, 최초의 저장 과정을 거치게 된다. 테트리스 게임을 하면 트라우마의 이미지들이 제대로 기억 안으로 들어오지 못할 것이다. 비교하자면 언어적 정보가 중요한 게임, 즉 퀴즈 게임을 했던 사람들은 회상을 더 많이 했다. 언어적인 과제가 정신을 분산시키면 참가자들은 본 것에 대한 그들의 해석과 판단을 저장하는 데 방해를 받은 것 같고, 그래서 일련의 직접적이고 폭력적인 장면들을 간직한 것 같다. 하지만 현실에서도 이렇게 될까? 세상이 뒤집어지고 실험실의 영화가 아니라 정말 실제로 패닉 상황이 벌어졌는데, 휴대전화를 꺼내서 테트리스 게임을 하는 게 도움이 된다고 느껴질까?

하지만 대부분의 사람들은 관계와 순서를 이해하고 찾아내려고 애쓰는 일을 자연스럽게 여긴다. 트라우마가 될 일을 직접 경험하는 것은 그런 내용의 영화를 찍는 것과는 다르다. 주의는 무엇을 기억 속에 저장하고 무엇을 생략해 버릴지를 결정한다. 그런데 극심한 공포는 주의에 영향을 미친다. 우리는 모든 것을 파악할 수 없다. 게다가 우리가 새로운 경험을 해석하고 이해할 때면 활용하는 우리의 개인적인 세계관은 매우 큰 시험에 처하게 된다. 우리의 평화로운 일상을 뒤엎는 사건, 예를 들어 정부 건물에서 폭탄이 터지는 일을 이해하려면 시간이 많이 걸린다. 폭탄이 터지는 순간에는 이해력을 찾을 수 없다. 시간이 좀 지나고서야 가능하고, 어쩌면 영영 불가능할 수도 있다. NKVTS와 오슬로 대학의 연구자들은 우퇴위아 학살에서 생존한 청년들의 진술을 조사하여, 외상후 스트레스 증상을 보이는 사람들이 외적인 세부를 더 많이 기억하고 내적인 생각이나 해석은 더 적음을 발견했다. 계속해서 자신이 처한 상황을 판단하고 해석하는 사람들은 기억을 스스로 통제할 수 있는 위치에 있고 결과적으로 이후에 트라우마 기억에 덜 시달리지만, 주위의 세부에 온통 마음을 쓴 사람들은 후에 기억에 더 많이 시달린다.

아드리안 프라콘은 『마음. 돌』이라는 책을 쓸 때 우퇴위아의 그 끔찍한 날을 세부까지 다시 곱씹었다. 그럼으로써 그 모든 잔인한 세부들을 뒤로할 수 있었다. 지금 그는 그렇게 많은 것을 회상할 필요까지는 없었다는 생각이 든다. 세세한 기억들은 그 블랙박스 안에 (그의 책이 블랙박스이다.) 들어 있고, 전처럼 공격적으로 치고 나오지는 않는다. 하지만 단순히 책을 쓴다고 기억들이 그를 떠나지는 않는다. 책은 그의 새로운 삶을 위한 길의 작은 한 걸음일 뿐이다. 심한 트라우마를 겪었던 다른 모든 사람들처럼, 그는 정상성과 일상의 경험을 그리워한다. PTSD는 그를 언제나 대비 상태로 만든다. 카페 같은 새로운 장소에 가면 그는 늘 대피로와 숨을 곳이 어디인가를 찾고, 함성을 지르는 젊은이들의 높은 목소리는 그를 불안하게 한다. 살인자의 사진 역시 피할 수 없이 반응을 불러일으키는데, 학살 이후 한동안은 전국의 종이 신문과 인터넷 신문에 그의 사진이 언제나 나왔고 라디오와 텔레비전에서도 쉼 없이 그의 이야기를 했으므로, 이를 피하기란 불가능에 가까웠다.*

"한번은 그 사람을 봤어요. 저는 동네 가게에 있었는데, 그 사람이 구석에 서서 저를 바라보았지요. 저 자신을 진정시켜야 했어요. 그 사람이 거기 있을 수 없다는 걸 알고 있었으니까요."

사진이나 논평 하나, 잠을 못 이룬 밤, 그밖의 온갖 것들이 베링 브레이비크의 기억을 너무나 강렬하게 불러일으켜서, 아드리안의 눈에는 그가 보인다. 생존자 중 여럿은 젊은이들이 외치는 소리를 들으면 자신들은 그 상황으로 자신들이 되돌아가고 "우퇴위아에 있다."고 말한다. 발밑에 풀이 보이고, 패닉 반응이 덮치는 걸 느낀다. 사실은 도시 한가운데에 안전하게 있는데도 말이다.

기억은 우퇴위아에서 특별히 강렬하기 때문에, 그 사건이 있던 곳으로 돌아가기란 아드리안에게는 가장 두려운 일일 수도 있다. 잠수 실험에서 보여 준 것이 바로 이

점, 기억이 어떻게 특정한 장소와 결부되어 있고 그곳에서 살아나는가 하는 것이다. 그러니 아드리안을 그가 총을 맞았던 곳으로 데리고 가면 무슨 일이 벌어질까? 혹시 그는 이것을 다시 보면 너무나 많은 상처를 받지나 않을까?

"여기는 아름답군요. 하지만 저에게는 꼭 섬 위에 검은 구름이 덮인 느낌이에요."라고 토르비에른 호가 선착장을 향할 때 그가 말한다. 낡은 배의 통통거리는 모터 소리는 4월의 어느 날을 여름의 기억으로 채운다. 배 옆으로 튀는 물은 뛰어들라고 부추기는 듯 보일 수도 있겠지만, 사실은 냉기가 올라온다. 5년 전의 7월 22일에는 이곳에 비가 내렸고, 날은 추웠다. 노르웨이에서 제일 깊은 축에 드는 이 호수에서는 한여름에도 오래 수영을 하기는 곤란했다. 아드리안은 물가에 서서 신발에 물이 차는 것을 느꼈고, 그제야 정신이 들어 실제로 위험한 일이 벌어지고 있음을 실감했다. 젊은 여자가 바로 앞에서 총에 맞는 것을 보았지만, 그래도 이게 무슨 연습, 연극이 아니라는 것을 믿을 수 없었다. 사실로 느껴지지 않았다.

"그 일을 사실이 아니라고 생각했던 게 그 사건에 대한 제 경험을 많이 지배하지요."

우리는 그때나 마찬가지로 봄 꽃이 흩날린 섬을 한 바퀴 돈다. 테러를 주제로 하는 해설이 있는 투어 비슷하다. 만일 우리가 아무 생각이 없는 관광객들이었더라면, 아름다운 전원 풍경 외에는 못 보았으리라. 바위 사이, 늘씬한 나무 아래로 온통 푸릇푸릇 희끗희끗하다. 우리는 관광객처럼 느끼지만, 사실 홀로코스트를 제대로 이해하기 위해 아우슈비츠를 찾는 사람들이 관광객이 아닌 것과 마찬가지로 우리도 관광객이 아니다. 여기에 오면 슬프고 묘하다.

여기 지금 지어지고 있는 건물들은 사망자가 많이 나왔던 카페 건물을 대치하고, 젊은이들에게 민주주의와 표현의 자유를 교육하는 센터가 될 것이라고 한다. 우퇴위아에서 날마다 안내를 하는 외르겐 바트네 프뤼드네스가 우리를 맞는다. 카페와 강당이 있고 자연을 내다볼 수 있는 큰 창들이 있는 새로 지은 건물은 정치적 문헌을 위한 도서관이다. 5미터 높이의 서가들이 지붕을 향한다. 우리는 서가에서 멀리 떨어져 서 있다. 여기에서는 과거의 정치가들이 미래의 정치가들에게 지면을 통해 이야기할 것이다.

숲 사이에 숨어 있는 새 건물의 바로 옆에, 이곳에서 목숨을 잃은 69명을 기억하기 위한 조형물이 있다. 나무 사이에 달린, 밝은 색의 금속으로 된 원이다.(거대한 은빛 반지가 지표면에 수평으로 매달려 있는 모습을 상상하면 된다. ─옮긴이 주) 사망자들의 이름과 나이가 금속판에 뚫어져 있는데, 마치 아직 살아 있고 지금은 다섯 살을 더 먹었을 사람들의 빈자리 같다.

아드리안은 멈추어 서서 원에 새겨진 이름들을 바라보고, 우리는 그 아래의 땅에 꽃을 놓는다. 그리고 아드리안이 총을 맞은 자리로 간다. 백조 한 마리가 작은 만으로 들어와서는 햇빛을 쬐고 있다. 우리가 왔을 때는 눈발이 날렸는데 여린 꽃에 흰 눈송이가 앉았고, 이미 녹기 시작했다.

"그때까지 알고 있었던 인생이 다시는 돌아오지 않으리라는 걸 제가 받아들였다고 해서 저에게 무슨 대단한 변화가 일어난 것 같지는 않아요. 그저 사건 이후에 싸우기를 중단하고 새로 제 인생을 만들어 나가기 시작했을 뿐이죠."

지금도 기억이 그를 억압할 때가 있지만, 그래도 그는 점차로 기억을 통제할 수 있게 되었다. 이곳을 찾아온 것 역시 그저 기억을 이기는 한 가지 방법이다.

"스트레스를 받으면 기억이 다시 살아난다는 걸 저는 경험으로 알아요. 그래서 예를 들면 시험이나 입사 면접을 망치거나 과제 제출을 놓칠 수 있죠. 겨울에 저는 집에서 해야 하는 시험 과제를 바보같이 마지막 날까지 미루었어요. 그랬더니 스트레스 상황에서 트라우마 기억이 저를 사로잡았고, 제 날짜에 제출할 수 없었죠."

아드리안은 우퇴위아에 다녀온 다음에는 아무것도 안 하기로 이미 계획했다. 종일 그리로 여행하는 것만으로도 충분히 힘이 들었다.

"그 일 이후 저는 많이 달라졌죠. 전에 저는 뒤죽박죽이었는데 지금은 정리를 많이 해요. 전에는 공직에 있었는데, 지금은 테러 연구를 합니다. 전에는 신문에서 해외면을 전혀 안 봤는데 지금은 그것만 읽어요. 전에는 수도 오슬로에 사는 건 상상도 안 했지요."

아드리안은 2012년에 오슬로로 이사했고 그 이후로 평화학과 분쟁 연구를 공부하기 시작했다. 지금 그는 테러 전문가이다. 그는 자신의 경험이 연구자로서의 길에 공명판이 되어 주었으면 하고 바란다.

우리는 선 자리에서 땅이 삐죽 나온 곳을 내다본다. 테러가 진행되는 동안 그는 대부분의 시간을 그곳에 있었다. 회색 바위와 온통 주글주글하고 여름에도 잎이 몇 없는 반쯤 죽은 나무들로 가득하다.

"여기서 사람들의 귀신이 왔다 갔다 하는 게 보여요. 그리고 그 사람도 볼 수 있죠. 마치 투명한 사람들이 왔다 갔다 하는 영화 같아요."

"2011년 7월 23일까지 경험했던 모든 것을 다 잊고 그걸 다 기억에서 영영 지워 버리기를 원해 본 적 있나요?"

"그런 공상을 해 봤죠. 아주 아팠을 때는 그런 생각을 자주 했어요. 하지만 좋은 기억도 많이 있잖아요. 그걸 잃고 싶진 않아요."

4장 박새를 밀친 뻐꾸기 새끼
_허위 기억은 어떻게 우리 머릿속에 들어오는가?

"믿을 수 없어요."

"못 믿는다고?" 여왕이 말했다.

앨리스가 안타깝다고 생각하는 것 같았다.

"다시 잘 생각해 봐. 숨을 깊이 쉬고 눈을 감아 봐."

앨리스는 웃었다.

"소용없어요." 앨리스가 말했다.

"불가능한 걸 믿을 수는 없으니까요."

"아직 연습이 부족하구나." 여왕이 말했다.

"내가 네 나이 때에는 매일 하루에 30분씩 연습을 했어.

그렇지. 때로는 아침을 먹기도 전에 불가능한 일

여섯 개를 믿었으니까."

루이스 캐럴,
『거울 나라의 앨리스』*

사실이 아닌 걸 기억할 수 있을까? 아래의 '기억'은
어떤 이름 모를 사람이 '허위 기억 저장소'에 기증했다.*

열두 살 때 나는 가족과 함께 오스트레일리아에 사는 친
척들을 방문했다. 우리는 '거대한 파인애플' 비슷한 이름을
가진 곳으로 소풍을 갔다. 아주 커다란 유리 섬유 파인애플
에 기어올라 파인애플 밭을 내려다보며 즐거워했던 기억이
난다. 최근에 그 친척들을 방문해서 나는 이 소풍 이야기를
했다. 이모가 나에게, 그때 사실 나는 온통 겁을 먹어서 파인
애플에 기어오르지 않겠다고 하고 하루 종일 눈물로 보냈다
고 했다.

기억 자체는 그렇게 못 믿을 건 아닌지도 모른다. 단
순히 빛깔과 감정을 헷갈릴 수도 있다. 하지만 이보다 더

황당무계한 허위 기억도 많다. 예술가인 앨리스터 호프우드는 허위 기억에 대한 최고의 전문가인 캘리포니아 대학 어바인 캠퍼스의 엘리자베스 로프터스 교수의 연구에 관심이 있다. 호프우드는 예술 프로젝트로 사람들의 (정도의 차이는 있어도) 일상적인 진실 왜곡을 수집하는 '허위 기억 저장소'를 만들기로 했다. 비행기 비상 착륙이나 교통사고를 겪었다고 믿는 사람들도 있고, 자신이 1985년의 '라이브 에이드'(기아 해결을 위한 대규모 공연이었다.─옮긴이 주)를 기억한다고 확신하는 이야기가 있다. 그때 태어나지도 않았는데 말이다. 호프우드의 순회 전시 중에는 관객도 자신들의 허위 기억을 제공함으로써 예술과 기록의 협업에 기여하였고, 이렇게 해서 더 많은 기억들을 수집할 수 있었다.

점차 상당한 양의 허위 기억이 모였다. 사람들은 자신들의 기억이 옳다고 믿고 싶어 한다고, 일어나지 않은 일을 기억한다고 인정하려 하지 않는다고 생각할 수도 있다. 허위 기억의 상당수는 아주 어린 시절에 생긴 것이다. 방을 날아다닌 기억은 어린아이들의 부족한 현실 이해의 결과로 그나마 쉽게 설명할 수 있다. 또한 이런 기억이 사실이라는 생각은 충분히 나이가 들어서 일의 전후를 이해하면 포기하게 된다. 그러나 허위 기억은 기억력과 현실 감각의 발달이 끝난 성인에게도 생길 수 있다. 심리학 교수인 스베인 망누센은 바로 이 허위 기억의 연구에 많은 시간을 보냈는데, 사실 자신도 허위 기억의 희생자이다. 그는 오랫동안 자신이 젊을 때 범죄를 저질렀다고 믿었다.

"밴을 타고 오슬로에서 코펜하겐까지 왔어요. 그런데 차가 고장 났죠. 다리에서 차를 밀어서 물에 빠뜨린 게 생생하게 기억이 납니다. 네, 나무 다리까지도 기억이 나요. 하지만 다시 생각해 보면 코펜하겐에 그런 다리가 없는 게 확실한데요."라고 오슬로 대학에서 은퇴한 스베인 망누센 교수는 말한다.

30년 동안 그는 그 밴 이야기가 그가 살면서 겪은 한 가지 별난 사건이라고 믿었다. 그런 식으로 차를 없애는 건 어쨌건 불법이니까. 그러다가 그는 어느 파티에서 옛날 대학 친구를 만났다. 사실은 차를 샀던 건 그 친구였고, 코펜하겐의 폐차장에 다시 판 것도 그였다. 차를 물에 빠뜨린 일은 아예 없었던 것이다!

"어느 시점에서 제가 우리가 차를 다리에서 미는 또렷한 기억을 만들어 냈어요. 어쩌면 그러자는 얘기를 했는지도 모르지요. 그 방법 이야기를 했을 거예요. 그리고는 그 상황의 그림을 만들어 냈고 그게 제 기억 속으로 진짜 기억처럼 들어갔겠지요."라고 망누센은 말한다.

그의 이야기는 이론의 여지도 없는 불편한 진실을 보

여 준다. 우리가 경험했다고 믿는 게 언제나 사실인 건 아니다. 티끌만치도 사실이 아닐 수도 있다.

허위 기억은 여러 가지 경로로 생겨날 수 있다. 다른 사람의 기억을 '훔치게' 될 수도 있다. 예를 들어, 참전했던 사람들이 집단 치료에서 서로 남의 이야기를 자기 것으로 만든다는 건 잘 알려져 있다. 어떤 사람들은 식사 자리에서 남의 흥미진진한 이야기에 빠져드는 것만으로도 그 이야기가 자신의 기억 속에 자신의 것이 되어 밀고 들어올 수 있다. 뭐가 친구들 사이에서 자꾸 나온 그럴듯한 이야기이고 뭐가 자신의 진짜 이야기인지 구별이 되지 않는 어린 시절의 이야기도 있을 수 있다. 혹은 지금 이야기하고 있는 건 그저 사진에서 본 것인가? 허위 기억은 텔레비전에서 무엇을 보거나 집단 치료에 참여하거나 형제자매와 어린 시절의 이야기를 하다가 생겨날 수도 있다. 그럼 우리는 우리 자신의 기억도 믿을 수 없는 것인가?*

"어떤 사람들이 다른 사람들보다 더 쉽게 허위 기억을 만들게 하는 게 무엇인지, 그러니까 허위 기억을 만들어 내는 사람들의 특징이 무엇인지는 알 수 없습니다. 자신의 삶을 잘 꿰뚫고 있고 개인적인 일들을 잘 기억하는 사람들은 허위 기억을 만들지 않을 거라고 생각하겠지만, 사실은 그렇지 않아요. 그 사람들도 허위 기억이 있죠."

스베인 망누센의 말이다.

'허위 기억 저장소'의 황당한 이야기들은 기억에 대한 신뢰를 떨어뜨린다. 우리의 기억은 재구성을 하고 유연하며, 모니터에 열리는 문서 파일, 혹은 또렷한 사진이 가득한 휴대전화의 카메라와는 다르다. 기억은 그보다는 계속해서 같은 작품이 매번 새로 무대에 올려지는 극장과 비교할 수 있다. 어느 공연에서는 여주인공이 붉은 옷을 입고, 다른 공연에서는 푸른 옷을 입는다. 때로 배우도 일부 교체되고, 심지어는 중요한 부분에서 줄거리가 바뀌기도 한다. 때로는 우리가 실제로 경험한 일이 상연되고, 때로는 우리가 어디서 찾았거나 상상한 일이 상연된다. 기억의 극장에는 이상한 혼동이 자주 생긴다.

우리가 가진 기억 하나하나는 진실과 거짓 사이에서 균형을 잡고 있다. 대부분의 기억은 실제 사건을 기반으로 하고 있지만, 회상을 할 때마다 재구성이 되어야 한다. 이 재구성은 구멍들을 그럴듯한 무엇으로 채워 넣는다. 그러기 위해 소품 창고에서 세부 사항들을 꺼내 오는데, 그 과정은 우리가 생각하지 않는 가운데 이루어지는 무의식적인 과정이다. 이렇게 함으로써 뇌는 우리의 모든 경험을 영화 필름처럼 정확하게 저장할 필요가 없어지고, 따라서 효율성이 높아진다. 우리는 경험을 사람, 사물, 감각 경험, 사건으로 저장할 수 있지만, 그래도 이 모든 것들은 해마가 꼭 붙잡아 주는 기억 망으로 엮여 있다. 그럼으로써 공간이 생기고, 우리의 생각이 더 자유로워진다. 우리는 기억의 노예가 아니며 기억을 언제나 능동적으로 사용할 수 있다. 하지만 이런 유연성에는 혼동이 쉽게 생길 수 있다는 대가가 따른다. 예를 들어 1995년에 오클라호마 시티에서 폭탄 테러가 일어났을 때 한 증인은 두 명의 범인을 보았다고 했다.* 그 증인은 티머시 맥베이가 168명을 살해하는 데 사용한 자동차를 빌릴 때 두 사람이 함께 왔다고 했다. 그 결과 존재하지 않는 사람을 찾기 위한 수색이 벌어졌다. 렌터카 회사에서 근무했던 증인은 분명히 두 사람을 보았다. 하지만 그것은 테러리스트가 다녀가고 며칠이 지난 후였고, 그중 한 사람이 맥베이를 약간 닮았었다. 그래서 그는 두 사건을 혼동한 것이다. 그는 며칠 후 왔던 죄 없는 두 고객 중 한 명의 얼굴을 맥베이의 얼굴로 교체했다. 언제 어느 고객들이 다녀갔는지는 보통의 경우 기억할 필요가 없는 일이다.

이런 혼동은 일상에서 우리의 기억에도 별 의미가 없다. 만일 우리가 모든 기억을 낱낱이 세부까지 파헤치고 녹화된 필름과 비교한다면, 대부분의 기억은 너무 부족할 것이다. 여러분의 사무실이나 교실, 동네의 가게를 눈앞에 그려 보라. 무슨 책이 서가 어디에 있는지, 충전기 줄이 책상 위 어디에 꼬여 있는지, 커피 잔은 시간에 따라 어디에 놓여 있는지, 창으로 들어오는 햇빛이 어떻게 벽을 비추는지 하는 세부까지 기억이 나지는 않을 것이다. 그럼에도 아마 기억이 신뢰할 만하다고 생각할 것이다. 커피 잔과 충전기 줄에 대한 기억이 충분히 많아서 소품 창고에서 꺼내 놓은 것이다. 여러 사람 앞에서 발표한 일이 있다면, 강당에서 본 한 사람 한 사람의 얼굴이 다 기억나지는 않을 것이다. 그렇다고 하더라도 강당을 기억의 전면으로 꺼내어 보면 강당은 여전히 사람으로 가득할 것이다. 분위기는 그대로이겠지만, 사람들은 기억 속의 단역 배우 풀에서 꺼내 온 것이다.

엘리자베스 로프터스와 동료들의 연구에 따르면, 자서전적 기억이 각별한 사람들이 사실은 세부에 오류가 있는 이미지 표상을 대부분의 사람들보다 많이 기억한다.* 이들은 기억력이 뛰어난 것 같지만, 기억의 극장을 있는 대로 사용한다. 기억의 레퍼터리가 크지만, 그런 만큼 재구성할 가능성들도 너무나 크다. 허위 기억의 구성에는 여러 가지 요소가 관여한다. 30년 전에 다리에서 빠뜨린 자동차의 경우처럼 시간이 많이 흐를수록 허위 기억이 밀고 들어오기가 쉽다. 시간이라는 요소는 매우 중요하다. 어제 겪은 일을 잘못 기억하는 건 드물지만, 작년에 일어난 일은 희미하다. 그리고 일상적인 일들은 극적이고 이상한 일보다 더 쉽게 거짓 기억이 되어 파고들어온다.

아무것도 잊을 수 없었던 사람 솔로몬 셰레셰프스키는 자신이 아기였을 때를 기억한다고 주장했다.* 그는 요람에 햇빛이 들어오던 모습, 그리고 엄마나 유모가 저쪽 멀리에 있었던 것을 상세하게 묘사했다. 하지만 그의 상상력이 특별했고 공감각이 강렬했으므로 이것은 허위 기억일 가능성이 매우 높다. 솔로몬이 모든 인간에게 해당되는 법칙, 즉 우리가 아주 어릴 때 경험한 것은 유아기 기억상실증이라는 늪 속으로 빠진다는 법칙의 예외라고 단정하기는 어렵다. 솔로몬 셰레셰프스키의 상상력은 때로 자기 자신까지 속이기도 했다. 가족이 이사를 하게 되었을 때 그는 자신이 아이들 방에 버려지는 상상을 했는데, 이것이 너무나 생생해서 사실로 느껴졌다. 현대적인 MRI를 통해 연구자들이 알아낸 바로는, 우리가 무언가를 상상할 때의 뇌의 활동은 실제로 무언가를 경험할 때의 활동과 부분적으로나 전적으로 일치한다. 상상, 기억, 허위 기억은 사실 우리 뇌에서 거의 동일한 방식으로 작동한다. 그저 뇌에서 이것이 사실이다 아니다 하고 분류하는 딱지가 결정적일 뿐이다. 진짜 기억은 사실 상상의 한 형태, 상상한 재구성에 지나지 않는다. 허위 기억은 그 법칙이 아무리 비이성적으로 보이더라도 기억의 자연법칙을 이용할 뿐이다. 허위 기억은 그러니까 환상에서 시작하여 기억을 거쳐 어느 순간 현실로 인식된다. '사실'이라고 쓰인 딱지를 자신에게 갖다 붙이고, 박새 새끼를 둥지에서 밀어내고는 크고 뚱뚱한 뻐꾸기로 자라난다.

기억이 오류에 빠지기도 하므로 사실이 아닌 것을 사실이라고 할 수도 있다면, 밖에서 조작할 수도 있다는 뜻일까? 의도적으로 다른 사람에게 허위 기억을 만들 수 있을까?

연구자들은 허위 기억을 생쥐의 뇌에 심는 데 성공했다.* 앞에서 이야기했던, 주위 환경에서 특정한 위치들을 기억하는 해마 내의 장소 세포를 기억하는가? 연구자들은 생쥐 한 마리의 해마, 장소 세포가 있는 곳에 전극을 설치했고, 생쥐가 우리 안에서 특정한 장소를 지날 때 신경 신호를 읽어 낼 수 있었다. 그러고는 생쥐가 잠들 때까지 기다렸다. 생쥐나 사람이 잠을 잘 때, 장소 세포는 마치 낮에 갔던 곳들을 나중까지 기억하기 위해 돌이켜 보기라도 하는 듯이 활성화된다. 이 생쥐의 장소 세포는 잠을 자는 중에 저절로 활성화가 되었다. 원래 장소 세포는 그런 것이니까. 여기서 연구자들은 조작을 할 수 있었다. 이번에는 생쥐 뇌의 보상 영역에 전류를 발산하는 전극을 심었다. 이 영역을 전기로 아주 살짝 자극하면 생쥐는 설탕을 먹거나 짝짓기를 하거나 다른 즐거운 일을 할 때와 같은 행복감을 느낀다. 보상 영역은 행복을 담당하는 신경 전달 물질을 내보내고, 이 물질은 뉴런 간의 새로운 연결을 강화시키고 학습을 가져온다.

연구자들은 보상 영역을 이 특정한 장소 세포가 활동적일 때에 맞추어 자극했다. 그럼으로써 그 장소 세포가 표상하며 생쥐가 기억에 품고 있던 바로 그 장소와 행복감 사이에 강화된 연결이 생겨났다. 일반적인 경우 이런 연결은 생쥐가 깨어 있을 때에, 설탕이나 다른 맛난 것을 바로 그 위치에 있을 때 줌으로써 만들 수 있다. 하지만 이 실험에서는 연결을 아주 인위적으로, 생쥐가 그 장소에서 실제로는 아무 행복감도 경험하지 않은 채로 만들어 냈다. 자고 있는 사이에 이 장소에서의 행복한 기억을 저장시키자, 생쥐는 우리에서 그 장소에 훨씬 더 자주 갔다. 허위 기억이 생긴 것이다.

이보다는 덜 즐거운 실험에서는 광유전학의 도움으로 쥐들에게 우리 안의 특정한 장소에서 전기 충격을 받았다는 허위 기억을 심을 수 있었다.* 광유전학은 빛에 반응하는 전원 스위치처럼 작동하는 유전자를 세포에 추가하는 기술이다. 빛으로 조절되는 이런 스위치는 자연계의 생물에서는 아주 드문 경우 세포 안에 존재한다. (단세포 조류가 그런 경우이다.) 하지만 광유전학을 이용하면 쥐의 뇌 안에 만들고는 원하는 바로 그대로 뉴런을 켜고 끄게 만들 수 있다. 램프가 켜지면 신경 신호를 점화하는 뉴런도 켜진다. 이렇게 해서 연구자들은 쥐의 점화 반응의 강도를 올렸다 내렸다 할 수 있었고, 실제로 전기 충격을 받은 적이 전혀 없었음에도 전기 충격을 받을까 봐 두려움에 긴장하게 만들 수 있었다. 그리고 뉴런들을 다른 템포로 자극하여, 원래 가지고 있던 특정한 장소와 공포 반응 간의 연결을 끊어 버리거나 잊어버리는 정반대의 효과를 가져올 수도 있었다.

이렇게 기억을 심어서 무엇을 하자는 것일까? 그리고 작은 동물들의 감정을 이렇게 갖고 노는 건 매정한 일 아닌가? 디스토피아적인 악몽의 시나리오에서는 악의 가득한 악당이 기술을 이용하여 적이건 독재 국가의 백성이건 사람들의 기억을 가지고 장난을 치는 상상을 할 수 있다. 일단 위에서 말한 연구는 세상의 쥐들을 정복하기 위해 진행되는 게 아니라 기억의 바탕이 되는 뇌의 기제를 뉴런 수준, 미시적인 수준에서 보여 줄 목적으로 진행된다. 미래에는 극단적으로 불쾌한 기억이 약해지도록 무언가를 하게 될까? 아니면 기억력이 나쁜 사람들의 기억을 강화시킬 수 있을까?

다행히 지금까지는 생쥐나 쥐로 한 것처럼 인간의 뇌를 가지고 기억을 바꾸려고 장난을 친 사람은 없었다. 인간에게 기억을 심으려고 한다면 심리학적으로 접근해야 할 것이다. 구성 과정으로서의 기억에 대한 지식을 최대한 확장하면, 사람들의 기억을 조작하는 것도 분명히 가능함을 입증할 수 있었다.

엘리자베스 로프터스 교수와 연구 팀은 상상력을 발휘하여 수많은 실험을 하였다. 이들은 실험 대상(흔히는 대학생들)이 온갖 황당한 것들을 믿게 만들었다. 이제 일흔이 넘은 그녀는 허위 기억이 심리학에서 주요한 연구 분야가 되는 데 기여했다. 그녀의 연구 팀과 그 후계자들은 수많은 연구를 진행했다. 그녀는 1970년대에 어느 미국 방송에서 온전히 오락 목적으로 한 실험에 대해 듣고 이 연구를 하게 되었다.* 방송에서는 연출한 범죄 장면을 보여 주었고, 목격자들에게 전화를 하고 누가 '그 일을 했는지' 말해 달라고 했다. 장면은 한 남자가 13초간 한 여자를 공격해서 때리고 도망치는, 매우 사실적인 영상이었다. 실제로 일어나는 폭행 사건이나 마찬가지로, 조명은 별로 없고 모든 일은 짧은 시간에 벌어졌으며, 움직임이 많고, 외치는 고함 소리처럼 주의를 빼앗는 요소들이 많았다. 복합적인 사건인 데다가 보는 사람의 입장에서는 모든 일이 한순간에 갑작스럽게 벌어진다. 2분 후 실험 참가자들은 증인으로서 (이제는 수염이 없고 다른 옷을 입은) 가해자와 자발적으로 참여한 다른 다섯 명의 죄 없는 사람들과 마주하게 되었다. 2000명이 넘는 사람들이 전화를 걸어 와 누가 범인이라고 생각하는지 대답했지만, 결과는 놀라울 정도로 실망스러웠다. 옳은 사람을 지목한 것은 14퍼센트뿐이었다. 그 여섯 명 중에 범인이 없다고 대답할 수도 있었음을 고려하여 계산하면, 안 보고 짐작했을 때나 마찬가지인 결과이다. 적어도 같은 비율의 피험자들이 각각의 다른 '용의자'를 골랐다. 증인들의 대답은 순전한 추측과 구별할 수 없다는 것이다. 어떻게 이리 많은 사람들이 자기 눈으로 사건을 보고도 틀리게 기억할 수 있을까? 이 텔레비전 프로그램을 보고 엘리자베스 로프터스는 무엇이 허위 기억을 만드는지 궁금해졌고, 연구분야 하나를 창시하게 되었다.

로프터스가 했던 실험 중 하나는 피험자들이 자신이 아스파라거스를 좋아한다고 믿게 만드는 것이었다.* 이들은 피험자들의 실험 전후의 식사 습관을 관찰하고, 이들이 자신들이 어릴 때 아스파라거스를 유난히 좋아했다는 허위 기억을 만들고 나서는 아스파라거스를 더 많이 사기 시작했고 기꺼이 아스파라거스를 사기 위해 돈을 더 지불했으며 식당에 가서는 이 독특한 채소를 더 자주 주문하게 되었음을 확인했다. 반면에 연구자들이 이들에게 그들이 전에 상한 계란을 먹은 적이 있다고 이야기를 했을 때는 이와 반대되는 결과가 생겼다.* 처음에는 계란을 먹고 식중독에 걸린 일이 없다고 했던 피험자들도 심리 전문가와 만난 이후에는 모든 종류의 계란 음식을 경계하고 계란을 적게 샀다. 로프터스는 또한 서로 다른 단어의 사용이 어떻게 기억을 좌지우지할 수 있는지 시험해 보았다.* 피험자들은 두 대의 자동차가 충돌하는 비디오를 본 후 차의 속도를 추정해야 했다. "서로 들이받을 때 차는 얼마나 빨리 달리고 있었습니까?"라는 질문을 받은 이들은 "충돌 당시 속도는 어땠습니까?"라는 질문을 받은 사람들보다 차가 더 빨랐다고 추정했다. 질문에서의 단어 선택은 또한 사고를 어떻게 기억하는지에도 영향을 미쳤다. '들이받는다'라는 단어를 들은 사람들은 원래 그 자리에 없었음에도 유리 파편을 보았다.

또한 엘리자베스 로프터스는 사람들이 어릴 때 쇼핑센터에서 미아가 된 적이 있다고 기억을 하게 만들었다.* 그녀의 기술은 어린 시절의 주요한 기억 하나를 바꿀 만큼 그럴듯했다.

"그 실험의 아이디어는 친구들과 공항으로 가던 중 쇼핑센터를 지나가다가 떠올랐어요. 제 연구 프로젝트들은 그렇게 갑자기 생긴 아이디어들이 많아요."

지금 그녀는 프로이트, 스키너, (솔로몬 셰레셰프스키를 연구했던) 알렉산드르 루리아와 함께 20세기의 가장 영향력 있는 심리학자 100명 중의 한 명으로 손꼽힌다.

이야기들은 대단히 그럴듯할 수도 있다. 우리가 살면서 계속 써 나가는 인생사처럼 기억과 이야기들은 때로 매우 가깝다. 증인들이 사진을 놓고 질문을 받으면 자신

들이 짐작한 것으로 주장하는 것은 그 이야기들이 호소력
이 있었기 때문이기도 하지 않을까? 1974년에 텔레비전
에서 방영된 실험에서 14퍼센트는 심문에서 가해자를 알
아볼 수 있다고 했다. 가설적으로 생각하면 이는 그들의
특출한 주의력과 기억력 덕분이었을 수 있겠지만 추측의
결과일 수도 있다. 우리의 기억은, 범인이 체포되고 재판
을 받는 데 결정적이 되는 이런 질문을 받게 되면 아주 무
의식적이기는 하지만 이야기를 온전하게 만들어 대답을
주고 싶어질 수 있다. 그리고 대답을 하고 나면 이 판단은
기억이 되고, 더 이상 범인에 대한 희미한 기억과 구별하
기가 힘들다. 그는 어쨌건 단지 3.5초만 화면에 나타났다.

탁월한 말재주로 1844년에 에드거 앨런 포는 미국인
들로 하여금 최초의 기구가 대서양을 횡단했다고 믿게 만
들었다.*《뉴욕 선(*NEW YORK SUN*)》의 호외에 큰 활자로
쓴 제목에서 그는 말도 안 되는 사건의 대략을 소개하였
다. "사흘 만에 대서양 횡단! 몽크 메이슨의 비행기의 성
과! 메이슨 씨와 로버트 홀란드 씨, 헨슨 씨, 해리슨 에인
스워스 씨와 다른 네 명은 기구 빅토리아 호를 타고 육지
에서 육지까지 75시간의 비행을 마치고 사우스 캐롤라이
나주 찰스타운 근처의 설리번섬에 도착했다고 알려 왔다.
여행에 대한 세부 수록."

포는 사실일 수도 있는 세부 사항들을 이용했다. 그는 이미 대중에게 알려진 그의 이름을 사용했고 (또는 남용했고), 탈것과 여행 경로의 그럴듯한 도식을 그렸다. 포에게는 허구와 진실의 경계를 유희의 대상으로 삼는 것이 큰 즐거움을 주었다. 큰 관점에서 보았을 때, 대체 무엇이 진실이고 무엇이 아닌가? 이들을 섞는 방식은 우리의 기억력이 기억과 사실을 뒤섞는 방식과 크게 다르지 않다. 만일 우리의 기억력이 작가라면, 포와 공통점이 많다. 하지만 미국 동부의 주민 모두를 누군가 다른 사람이 기구를 타고 여행을 했다고 속이는 것과 한 사람이 실제로는 없었던 — 그리고 자신이 타고 있었던 — 기구 여행 이야기를 믿게 만드는 건 다른 일이다.

엘리자베스 로프터스의 이전 학생 중 한 명인 메리언 게리는 피험자들을 바로 그렇게 믿게 만들고자 했다. 게리와 팀은 그들에게 어린 시절의 사진을 보여 주며 그에 대해 이야기를 해 달라고 했다. 하지만 사진 중 하나는 그들이 어릴 때의 자신이 풍선을 타고 떠 있는 모습을 볼 수 있도록 조작된 것이었다. 자발적인 실험 참가자들의 50퍼센트는 기구를 탄 일이 기억난다고 말했고, 그 투어를 자세하게 묘사하기 시작했다. 진짜로 허위 기억이 생긴 것이다.

피험자들이 사실이 아닌 것이 실제로 일어났다고 믿

게 하기 위해 연구자들은 구체적으로 무엇을 했을까? 이
들은 철저하게 준비를 하고, '희생양들'의, 그러니까 피험
자들의 가까운 가족과 친구들의 도움을 받아 속이고 싶
은 사람들에 대해 최대한 많은 것을 알아냈다. 이야기 구
성에 중요하면서 그 자체는 사실인 세부를 포함시키면
그 이야기를 믿을 가능성이 높아진다. 에드거 앨런 포도
신문 독자들을 속이기 위해 바로 그렇게 했다. 하지만 가
짜 이야기를 그냥 내놓는다고 되는 게 아니다. 권위와 진
실성, 면담 기술이 함께 작용해야 한다. 면담자는 신뢰
가 가는 사람, 연구자이고, 사무실에 심리학 서적이 가득
하고 벽에 자격증들이 걸려 있으면 좋다. 의사 가운도 나
쁘지 않다. 또한 사건의 세부를 알고 있지만 당연히 세부
를 다 말할 수는 없다는 인상을 준다. 테스트를 하는 대상
은 피험자 자신의 기억이니까. 하지만 세부를 약간은 말
해 준다. 이렇게 씨를 약간 뿌리고는 "기억해 보세요. 대
개는 기억이 떠오르는 데 시간이 좀 걸려요." "기억이 잘
안 나는 게 정상이에요. 그 생각을 한 지 오래되었으니까
요." "눈앞에 그려 보세요.", 참여자에게 세부가 더 떠오르
면 "그래서 어떻게 됐어요?" 같은 후속 질문을 던진다. 여
기에 온상 역할을 한 것은 따뜻함과 편안함, 면담자의 친
절함이었다. 사전 트레이닝을 10시간까지도 곧잘 했다.
또한 피험자에게 보여 줄 사진과 다른 자료들을 어떻게

제시할 것인가도 세부까지 연습을 거쳤다. 아무것도 필요 이상으로 부각되거나 의심을 불러일으켜서는 안 되었다.

허위 기억을 만드는 법을 손에 넣은 우리의 다음 질 문은 '그럼 누구를 속이지?'였다. 우리도 허위 기억을 심 을 수는 없을까? 심리학자 한 명과 작가 한 명이라면 금방 일류 조작가가 될 수 있을 것이다. 그저 좀 꺼림직했을 뿐 이다. 지나가는 사람이나 친구를 아무나 잡아올 수는 없 지 않은가? 정직하지 못한 느낌이 들 뿐 아니라, 그렇게 하면 우리 둘은 심리학자로서의 권위와 친구들과의 우정 을 위험에 내모는 것이다. 자발적인 지원자가 한 명 나왔 다. 기억의 구성적이며 변덕스러운 성격을 드러내 알리는 데 우리만큼 관심이 있는 사람이며, 기구를 타고 여행을 하면 특별히 얻을 게 많은 사람, 우리의 출판사 편집자 에 리크였다.

그를 하늘로 올려 보낼 생각에 우리는 매우 기뻤다.

하지만 우리는 시작하기 전에 먼저 엘리자베스 로프 터스에게 물었다. 그녀는 어떻게 그렇게 많은 사람을 속 일 수 있었을까? 사람을 가지고 장난치는 데 취미가 있었 을까?

"절대 아니에요. 제 연구일 뿐이지요. 그리고 허위 기 억에 대한 지식은 큰 실용적인 결과가 있으니까요. 그래 서 한 거죠." 미국에서 그녀가 전화로 참을성 있게 설명한다. 시차가 9시간이다.

그래서 우리는 이것이 가능함을 증명하고 싶었다. 그리고 우리는 이것으로 에리크에게 작은 선물을 하고 싶었다. 알록달록한 풍선을 타고 다섯 살 때 오슬로 하늘을 날았다는 행복하고 완전히 허위인 기억으로.

우리는 넘치는 용기와 로프터스의 성공 비결을 가지고 이 과제에 달려든다. 아스파라거스! 교통사고! 계란! 그의 아내의 도움으로 우리는 에리크의 성장 과정에 대한 주요한 정보와 어릴 적 사진 여럿을 얻는다. 다음은 포토숍 차례였다.* 디자인 전문가가 다섯 살 때의 에리크의 사진과 1970년대의 기구 사진을 합성하고, 진짜 사진처럼 보이도록 매끈하게 다듬는다. 내다보고 있는 그의 조그만 얼굴만 보이는 풍선과 바구니는 아직 땅에 있었고 곧 떠오를 참이다. 조금은 놀란 듯한 그의 얼굴은 그 상황에 잘 맞는다. 아주 그럴듯한 사진이다. 큰 기구를 타고 하늘을 날려니 좀 겁이 날까? 아주 그럴듯하게 보인다. 그러고 나서 우리는 '책에 대해 이야기하고 어린 시절의 기억에 관한 실험을 하기 위해' 편집자와 만날 약속을 한다.

그의 사무실에서 우리는 그에게 사진들을 보여 준다. 진짜 사진도 있고 하나는 합성한 가짜 사진이다. 우리는 다섯 장의 사진 중 맨 아래에 그 사진을 넣었다. 어릴 때의 생일 사진과 배를 타고 어디에 가는 사진, 학급 사진과 에리크가 슈퍼맨 놀이를 하는 사진, 곧 성공을 약속하는 사진이다. 하늘을 나는 걸 좋아하는 사람은 분명히 기구도 좋아할 것이다.

처음 세 사진에 대해 그를 인터뷰하고 그가 자세하게 이야기를 들려주는 내내, 우리 둘은 맥박이 점점 심하게 뛰는 것을 느낀다. 우리는 지금 한 사람을 진짜로 속이고 있는 게 아닌가! 조작한 사진을 보여 주었을 때의 그의 반응은 우리도 놀라게 한다.

우리 편집자는 움찔하더니 큰 소리로 말한다. "이건 조작한 사진이야? 이런 일은 전혀 기억이 없는데? 아니, 정말 이상하네. 이건 어디서 났어? 이 사진에 있는 건 별로 나 같지 않은데. 이거 대체 뭐야?"

이제 우리는 그를 안심시키고, 그가 그저 잊어버렸을 뿐이라고 믿게 만들어야 한다. 그리고 그 사진을 찍을 때 무슨 일이 있었을 수 있었는지, 그가 왜 이 모든 걸 기억하지 못하는지 아이디어를 좀 주어야 한다. 우리와 마찬가지로 남을 속이는 데 익숙하지 않은 일반 독자들은, 편집자가 사진을 손에 들고 의심스럽게 바라보는 순간에 실험을 중단하고 사실을 말하고 싶은 마음이 특별히 강해졌다는 걸 이해할 것이다. 그래도 우리는 목표를 포기하지 않는다. 메리언 게리는 아무것도 모르는 실험 참여자들의 반에게 거짓 기억을 심는 데 성공하지 않았던가. 이 풍선을 띄우는 건 아직도 가능하다.

"여기저기서 얻었어. 아마 아는 사진도 있고 본 지 오래된 사진도 있을 거야."라고 심리학자인 윌바가 침착하게 말한다.

이제 쇼를 이끌어 가는 것은 윌바이다. 전문가로서 그녀의 권위는 우리가 풍선을 띄울 몇 안 되는 도구 중 하나니까. 그녀는 에리크를 전문가의 수다로 포위하고 있다. 미소를 짓고, 너무 강요하지는 않으면서.

"천천히 해. 기억이 안 나는 게 당연하지. 어린 시절 일들을 다 기억할 수는 없잖아."

이렇게 말하는 목적은 그에게 혹시 기억을 못 하더라도 이 일이 실제로 있었을 수도 있겠다고 받아들이게 하기 위한 것이다. 우리 중 대부분은 많은 일들을 경험하고도 잊었으니까.

"너무 기이한 경험이라 기억 안에서 저장한 장소를 못 찾은 거 아닐까?"

이런저런 기억 신화를 번갈아 가며 내놓자니 아주 정신 나간 일처럼 느껴진다. 물론 그는 기구를 탔다면 기억했을 것이다. 어떤 일이 특별하고 독특하다면, 해마는 그것을 꼭 붙잡고 있다.

에리크의 얼굴은 아직도 의심스러운 찡그린 표정이다. 그는 진실을 뒷받침할 무엇을 간절히 찾고 있다. 이건

거짓말일까, 진짜 사진일까? 동시에 우리는 그의 얼굴에
서 그가 미끄러질 티끌만 한 표징이라도 없나 찾고 있다.

"집에서 이 경험 이야기를 한 적이 없어?"

에리크는 머리를 흔들지만 아까보다는 차분해 보인
다. 첫 번째 충격은 이제 다행히도 지나간 것 같다. 그는
이제 거래를 받아들인다.

"어릴 때 하늘을 나는 상상에 빠졌었잖아. 대신 슈퍼
맨 옷을 입고 있는 사진 이야기를 해 볼까? 그럼 하늘을
나는 기분을 상상하는 데 도움이 될 수도 있잖아? 그럼 기
억이 다시 살아날지 알아?"

"그런 바구니 안에 들어 있는 내 모습이 눈앞에 상상
이 되는 것 같아. 그리고 기구 안에 있으면 어떤 느낌일지
는 충분히 상상할 수 있어." 하고 에리크가 협조적으로 말
한다. 어쨌건 그는 상냥하고 친절한 사람이다.

"상상할 수 있다면 비슷한 경험을 한 적이 있다는 말
이지. 상상도 다 어딘가 시작하는 곳이 있어야 하잖아! 기
구를 탔다고 상상을 해 봐. 그럼 아마 기억이 돌아올 거
야." 전문가가 확신을 심어 준다. 이게 우리가 기억에 대
해 알고 있는 사실과는 정반대라는 것을 알면서도.

왜냐하면 우리가 무엇을 상상할 수 있다고 해도 그게
사실이라는 뜻은 아니다. 만일 그렇다면 온 세상의 소설
가들은 세상 온갖 진실들을 다 입에서 뽑은 것일 테니까.

무언가를 상상할 수 있다는 건 그보다는 무언가가 사실이 될 수도 있음을 아는 것이다. 거짓 기억까지가 멀지 않다. 에리크는 그 자신도 작가이고 상상력이 활발하지만, 그렇다고 계속 하늘로 날아갈까? 우리 머릿속에서 그는 이미 에게베르그슬레타의 나무 위를 날고 있다. 그는 오슬로 협만 너머를 내다볼 수 있고, 땅에서 참을성 있게 자기들 차례를 기다리고 있는 누이들도 보인다. 아버지도 바구니 안에 앉아서, 아드레날린과 기쁨이 섞인 채 드디어 비행을 체험하는 긴장한 작은 몸을 붙잡아 준다.

우리는 에리크에게 이 대화를 비밀로 하라고 시킨다. 이 또한 연구자들에게서 우리가 배운 트릭이다. 피험자를 고립시켜라. 무슨 일이 일어났는지에 대한 상상을 이 사람이 계속해서 알처럼 품게 하라. 그럼 어쩌면, 정말 '어쩌면'일 뿐인데, 뻐꾸기 새끼가 알을 깨고, 부스스한 작은 흉물이 밖으로 나올지도 모른다. 그럼 그것이 그의 상상 안에서 크고 강한 기구 비행이 되도록 자라게 두라. 이모나 옛날 친구들이 "아냐, 기구를 탄 적은 없지." 하고 고쳐 주지 않으면 공중에 뜨는 데 대한 환상과 꿈은 거짓 기억을 이륙하게 만들 것이다.

우리는 뒤섞인 감정을 품고 그와 헤어진다. 에리크한테까지 들릴 만한 거리를 벗어나자마자 우리는 웃음을 터뜨린다. "믿었을 거 같아? 아이고! 표정 관리하기 정말 힘들었어!"

이때까지는 기구는 하늘을 날지 못했지만, 우리는 포기하지 않았다. 이건 시작이었을 뿐이고, 우리도 한 번에 되리라고 기대하진 않았다. 연구자들은 시간이 필요하고, 훌륭한 기술과 함께 그 일이 실제 일어났을 수도 있겠다는 생각이 홀로 부화할 기간에다가 인터뷰가 세 번까지도 필요하다. 점차로 거짓 기억은 기억 망 안으로 스며들고 줄 사이에 붙들린다.

우리가 두 번째로 허위 기억을 더 과학적으로 보이기 위해 에리크에게 제시할 때는 설문지를 함께 사용했고, 그를 긴장이 풀린 분위기에서 최면을 걸어 더 취약해지고 기구 비행을 받아들이기 쉽게 만들기로 했다.

사진이 들어 있는 폴더를 아직 꺼내지도 않았는데 그가 갑자기 말했다. "그런데 지난번에 만난 이후로 계속 생각해 봤어. 나를 속이려고 하는 거지? 이건 가짜 사진이잖아."

1000분의 1초 동안 우리는 속이 불편해졌고, 아주 조금만 더 계속해서 그를 압박해야 할지를 괜히 고민했다. 하지만 그렇게 하면 갖고 있는 계획을 다 털어놓는 게 될 것이다. 우리가 4월 1일에 모임을 잡았던 까닭일 수도 있고 우리가 평소와 달리 뭔가 양심에 거리끼는 것처럼 보이는 바람에 들켰을 수도 있는데, 어쨌건 풍선은 하늘로 올라가지 않았다. 어쩌면 첫 번째 만남 도중에 약간 흔들리고 밧줄이 풀리기 시작했고, 붉은색과 노란색의 얇은 천 안으로 작은 불꽃이 타올랐는지도 모른다.

하지만 우리가 편집자의 사무실에 앉아 있는 지금, 풍선은 공기가 빠졌다. 풍선은 땅에 널려 있고 공기로 채워지지 않고, 우리는 실패한 시도에 대해 다 함께 웃는다. 사실 성공할 가능성이 높지 않았다. 지나고 나서 생각해 보니 사람들의 기억을 조작하는 건 어려운 일인데 우리가 제대로 노력하지 않았다는 걸 깨닫겠다.

편집자의 문제는, 비록 우리가 심리학 전문가라는 카드에 많은 것을 걸기는 했어도 사실 작가로서 우리가 그에게 권위가 있는 존재들이 아니라는 것이다. 기껏해야 평등한 존재들이다. 그리고 편집자는 그가 훌륭한 편집자라면 이상적인 경우에 이 책의 내용을 알고 있을 것이며 우리가 허위 기억에 관한 장을 쓰고 있음을 기억해야 할 것이다. (그는 실제로 훌륭한 편집자이다.) 게다가 그는 직업상 남들이 보여 주는 것들을 (사진을 포함하여) 비판적으로 볼 수밖에 없다. 그러니 우리는 유난히 어려운 과제를 선택한 것이다. 교수와 권위 관계에 있는 대학생을 속이는 것보다 편집자를 속이는 게 어려울 뿐만 아니라, 기구 실험 이후 14년이 흘렀다. 사진과 포토 숍에 대한 사람들의 의식에 그 기간 동안 온갖 일들이 다 일어나지 않았나? 사진이 조작된다는 건 이제 누구나 안다.

　허위 기억을 심는 데 실패한 건 다행히도 우리만이 아니다. 연구자인 크리스 브루잉과 버니스 앤드루스는 허위 기억을 심는 일이 엘리자베스 로프터스가 주장하는 것처럼 쉬울 거라고 믿지 않았다.* 이들은 그때까지 온 세상에서 이루어졌던 수많은 실험을 선택하여 꼼꼼하게 조사했다. 그리하여 실험 중 상당수는 허위 기억을 측정한 게 아님을 밝혔다. 어떤 실험들은 그 기억이 사실일 가능성이 1부터 5까지의 척도에서 얼마나 되겠냐는 질문에 대한 피험자들의 대답에 기반하고 있었다. 이들은 기억을 조작하면 가짜 사건을 끌어들이기 전보다 그 가능성이 더 높게 나오는 것을 볼 수 있었다. 진짜 허위 기억은 그보다는 노력이 많이 든다. 조작적인 인터뷰 기법과 도구들을 여러 회에 걸쳐 사용한 실험에서는 허위 기억이 나타나는 것으로 보이지만, 어땠을까를 상상하는 과제 하나만 받는 단순한 실험에서는 설득력 있는 대단한 효과가 전혀 없었다. 따라서 브루잉과 앤드루스는 허위 기억의 중요성과 출현 가능성을 하향 조정해야 한다고 생각했다. 이 말은 사실 들으면 안심이 되는 말이다.

　허위 기억으로 속이는 게 어려운 반면, 외부에서 오는 영향이 없이도 말도 안 되는 일들을 경험했다고 착각할 수 있다는 점은 매우 흥미롭다. 허위 기억 저장소나 스베인 망누센의 밴 이야기를 보라. 기억의 자연스러운 환경은 허위 기억에게 가장 적합한 성장 환경을 제공한다. 아마 자신의 인생사에 엮을 곳이 많기 때문인 것 같다. 일단 문턱만 넘고 나면, 바로 설득력이 생긴다.

대신 아이들을 속여 볼 걸 그랬나? 아이들은 하는 말은 다 믿으니까?

"허위 기억에 관한 한 어른과 어린이 사이에 차이가 없는 것 같아요. 경찰이 조사할 때 끝까지 거짓에 동의하기를 거부하는 아이들의 예가 있거든요. 정신력이 많이 필요한 일이죠. 그러니까 아이들이라고 더 쉽게 허위 기억을 만들 수 있는 건 아니에요. 허위 기억을 갖고 있는 어린이의 비율이 어른의 경우보다 높지 않습니다."라고 스베인 망누센은 말한다.

그런데 연구 과정 중에 사람들에게 허위 기억을 심어 주는 게 왜 그렇게 중요했을까? 사람들이 아스파라거스를 좋아한다고 믿게 만드는 게 엘리자베스 로프터스에게는 왜 그렇게 결정적이었을까?

아스파라거스와 계란은 핵심이 아니다. 그녀의 연구는 사람의 목숨을 건졌고, 사법 체계가 증인들이 본 것을 어떻게 받아들이는지를 바꾸어 놓았다. 로프터스 교수가 1970년대에 다양한 실험들을 시작할 때만 해도, 다들 독

립적인 증인들이 맹세하는 건 모두 사실일 거라고, 사실
이라고 믿었다. 아닐 이유가 무엇인가? 그리고 몇 주일간
에 심리적으로 작업을 당한 사람들이 자백을 하면, 그건
그 사람들이 유죄이기 때문인 것 아닌가? 그 당시의 사법
체계는 기억은 정확한 다큐멘터리 영화 같다는 생각을 바
탕으로 하고 있었다. 영화를 재생하면 살인자가 나온다.
하지만 이미 말한 것과 마찬가지로 기억은 그런 게 아니
다. 기억은 구성적이다.

　"우리의 기억은 사법 체계를 위해 만들어진 게 아니
에요." 오슬로 대학의 아네르스 피엘 교수의 말이다. "은
행 강도의 옷 색깔 같은 세부들을 기억하자는 게 아니죠.
생명이 위험할 때 우리가 집중하는 건 다른 거예요. 기억
은 미래의 위험을 예견하기 위한 중요한 도구이고, 그 목
적을 위해 작동하지요." 그는 이렇게 말한다.

　엘리자베스 로프터스는 피험자가 자세한 이야기를
말로 들려준 다음 그 이야기가 기록되었지만 세부가 잘못
적힌 글을 받으면, 예를 들어 재킷이 갈색이었는데 초록
색이라고 써 있으면 무슨 일이 일어나는지를 조사했다.*
중간에 박혀 있는 오류에 반응하지 않고 그게 사실이라고
믿는 사람들도 있다. 이것은 재판에서 중요한 증거가 목
격자의 증언을 받아 적고 그에게 확인하도록 보여 주는
경찰 수사관의 단순한 부주의로 증인 자신도 모르는 사이

에 바뀌어 버릴 수도 있다는 뜻이다. 잘못 적은 것은 허위 기억이 되어 버리고, 다시 엉뚱한 사람이 유죄 선고를 받게 만들 수도 있다.

"문제는 허위 기억이 진짜 기억하고 정말 비슷하다는 거예요. 함께 나타나는 감정의 강도까지도요. 보통은 어제 피자를 먹었는지 버거를 먹었는지는 중요하지 않지만, 범죄 재판에서는 결정적일 수 있지요. 범죄 재판은 앞으로도 누군가의 기억에 의존할 수밖에 없어요. 그 요소는 절대로 없애지 못할 거예요. 하지만 기억을 연구해서 오류를 최소화할 수는 있지요." 로프터스의 말이다.

유죄 판결을 받은 사람들이 DNA 조사로 다시 풀려난 300건의 재판을 조사한 결과 (이 연구는 '무죄 프로젝트'*의 일부였다.), 사건의 4분의 3에서는 어떤 증인이 틀린 사람을 지목한 결과 그 사람이 유죄 판결을 받았다. 증인들은 그 무죄한 사람이 범죄 장소에서 달려가거나 권총을 든 채 몸을 굽혀 희생자를 바라보는 모습이나 다른 비슷한 무엇을 목격했다고 너무나 확신했는데, 이런 믿음의 법적인 결과는 매우 크다. 그리고 이런 선의의 증인들은 엉뚱한 범인을 지목한다고 해서 얻는 게 없었으며, 그저 기억이 오류에 빠지기 쉬워서 그랬을 뿐이다.

스베인 망누센 교수는 전문가 증인으로서 여러 건의 재판에 참여하였고, 노르웨이에서 판사와 변호사를 위한 연수 프로그램을 시작했다. 그리고 노르웨이에서 증인 심리학에 관한 교본이 된 『증인 심리학: 일상생활과 법정에서의 신뢰성과 진실성』이라는 책을 썼다.* 그는 노르웨이에서 있었던, 시체도 실종된 사람도 없는 두 건의 살인 재판에 관여했는데, 이는 살인에 대한 허위 기억의 경우로 보였다. 그리고 사람들이 상당한 정도의 성폭행 피해를 입었다고 주장했지만 나중에 보면 실제로 당했을 리가 없는 사건들의 재판도 무수히 있었다.

상상과 기억의 경계가 흐려지고 사실이 아닌 게 사실이 되는 일은 어느 정도까지 가능할까?

"한마디로 말하면, 모르죠." 스베인 망누센은 말한다.

"제 생각엔 우리는 거의 다 허위 기억을 갖고 있을 거예요. 사람들이 경험하지 않은 일의 회상이 가능하다고 보는 거죠. 하지만 대개는 사소한 일들에 관한 것이고, 별로 중요하지 않기 때문에 깨닫지도 못하고 넘어가요. 프로이트도 이미 허위 기억에 대해서 썼는데, 심리학자의 상담 소파에서도 아무 의미가 없었지요. 큰 영향을 미치는 건 법정에서예요." 망누센이 말한다.

증인 심리학과 허위 기억에 대한 책을 쓴 이후로, 치료를 통해 폭행을 '회상'하도록 도움을 받았던 사람들이 그를 많이 찾아왔다.

"허위 기억은 진짜 트라우마의 원인이 될 수 있어요.

이 사람들의 경우는 허위 기억이 개인의 인생사와 주위 사람들과의 관계를 망가뜨리고 있었죠."

심각한 트라우마에 대한 기억이 몇 년 동안 묻혀 있다가 갑자기 하늘에서 떨어지는 경우는 매우 드물다. 심각한 폭행을 겪은 사람의 절대다수는 아무 걱정 없이 잘살다가 어느 날 갑자기 끔찍한 사건을 기억해 내지는 않는다. 어릴 때 폭행을 당한 사실이 입증되는 175명의 남녀를 조사한 결과, 폭행을 당한 사람들은 언제나 그 일을 알고 있었음을 기록할 수 있었다.* 이들이 당했던 폭행의 기억은 치료를 받는 상황에 갑자기 나타나지 않는다. 170명은 살던 중에 그 일을 기억하지 못했던 적이 있냐는 질문에 부정적으로 대답했다.

"그러니까, 이런 일을 성인이 되어 깨닫는다는 건 거의 생각할 수 없지요." 그가 말한다.

하지만 하얀 가운을 입은 권위자가 되어 상상을 끌어내어 기억으로 만드는 역할을 하는 치료사의 영향하에서는 이런 일이 일어날 수 있다.

그렇다고 해서, 알고 지내던 사람이 갑자기 어릴 때의 폭행 이야기를 시작한다고 해서 거기에 '허위 기억'이라는 딱지를 붙일 수 있다는 뜻은 아니다. 억제의 형태는 여러 가지가 있을 수 있다. 일어났던 일을 마음속 깊은 곳에서는 알면서도 스스로와 자기 자신에게 인정하지 않을 수도 있다. 또는 그 사람과의 관계에 의존하고 있는 어떤 가해자와의 관계를 유지하기 위해 자신의 인생 원고를 심하게 바꾸어 써서, 그 안의 어떤 한 장은 더 이상 자주 열지 않았을 수도 있다.

아드리안 프라콘은 우퇴위아에서 겪은 트라우마 경험에 대해 아주 또렷한 허위 기억을 갖고 있다. 그는 자신이 총을 맞기 전에 마지막으로 눈앞에서, 아는 여자가 바로 옆에서 총을 맞고 죽는 것을 보았다. 사건의 흐름이 전혀 달랐다는 것은 그가 이 사건에 대해 책을 쓸 때에야 드러났다. 그가 알던 여자가 죽기는 했지만, 거기, 바로 그의 옆이 아니었다. 그녀는 총을 맞았고 나중에 죽었지만, 섬의 아주 다른 곳에서였다.

"그 여자였다고 저는 너무나 확신했어요. 실제로 그 자리에서 목숨을 잃은 사람은 제가 착각한 여자와 닮지도 않았는데 말이지요. 머리 색깔까지도 달랐어요. 같은 점이라고는 둘 다 여자였다는 점뿐이었지요. 제가 잘못 기억했다는 걸 깨달았을 때, 그 사건에 대한 제 기억을 분 단위로 다 살펴봐야 했어요. 제가 본 것을 더는 믿을 수 없었잖아요?" 지금 그는 이렇게 말한다.

하지만 사실은 아주 세부까지 다 믿을 수 있었다. 재판 중에 나온 증거들을 검토했을 때 보니, 이 한 가지 중요한 사실을 잘못 기억한 것을 제외하고는 다른 기억은 다 믿을 수 있었다.

그런데 아드리안은 왜 그렇게 중요한 일을 잘못 기억했을까?

"1000분의 1초 동안만 그 여자를 생각했었어도 충분합니다. 그럼 총을 맞은 게 순간적으로 그 사람이 되는 거죠. 어쩌면 총을 맞은 게 자기 여자 친구일까 봐 걱정을 했는지도 몰라요. 그것도 충분해요. 상상은 현실이 되고 기억이 되어, 진짜 기억만큼 강렬하게 경험되지요." 꿈을 연구하는 이네스 블릭스의 말이다.

하지만 범죄 피해자가 어떻게 일어났던 일에 대해 사실에 완전히 어긋나는 기억을 가지게 되느냐와 범죄자의 경우와는 또 다른 문제이다. 자신이 하지 않은 일을 자백하는 게 가능할까?

"이제 무슨 말을 들어도 놀라지 않아요." 허위 기억에 관한 무수한 실험을 시작하게 했고 여러 해에 걸쳐 그 분야의 연구를 가까이에서 관찰한 로프터스의 말이다.

"최근 연구에서 우리는 사람들을 잠자지 못하게 함으로써 스스로 저지르지 않은 범죄를 청소년기에 저질렀다고 자백하게 만들 수 있었어요. 사람들은 수면이 부족하면 더 쉽게 조작된다는 게 드러났습니다."라고 로프터스는 말한다.*

수면이 부족하지 않더라도, 사람들이 어디까지 믿을 수 있는지는 정말 놀라울 정도이다. 캐나다 연구자인 줄리아 쇼와 스티븐 포터는 세간의 이목을 집중시킨 실험에서 이를 증명했다. 이들은 자발적으로 실험에 참여한 사람들 중 70퍼센트 이상이 실제로 그런 일이 없었는데도 자신들이 청소년기에 절도나 강도 같은 범죄를 저질렀다고 믿게 만들었다.* 어떻게 그게 가능했을까? 별 이유도 없이 청소년 때 그런 심각한 일을 했다고 인정하겠는가? 실험 참여자들은 믿었다. 이들은 사건을 자세히 묘사했고, 이들의 이야기는 이들의 진짜 기억일 때만큼 정확했다. 이 결과에 연구자들도 놀랐다. 이들은 원래 실험을 70명의 참여자를 데리고 진행하려 했지만, 60명의 대학생으로 실험을 한 후 그만두었다. 이미 통계 분석에 충분한 허위 기억을 만들어 냈기 때문이었다.

어떻게 해서 그렇게 할 수 있었을까? 비슷한 연구들에서와 마찬가지로, 이들은 참여자들이 어렸을 때의 진짜 이야기와 가짜 이야기 들을 수집하는 데서 시작했다. 이들은 참여자들의 부모의 도움을 받아 진짜 있었던 사건의 상세한 묘사를 확보했고, 또한 참여자들의 성장 과정에 대한 세부적인 정보, 예를 들어 지어낸 범죄 사건이 일어났을 때 살던 도시라거나 제일 친했던 친구들의 이름을 알아냈다. 그러고는 이 이야기가 사실이라는 느낌을 주고 참가자들이 이야기를 계속 풀어 나갈 출발점을 주기 위해 이런 정보들을 허위 사건의 첫 번째 묘사에 슬쩍 포함시켰다.

로프터스와 그녀에게서 영감을 받은 모든 연구자들이 허위 기억을 만드는 인간의 능력을 기록할 때 이룬 업적은 우리 모두의 법적 안정성을 위해 결정적이다. 우리가 목격자가 되어 기억하는 것과 용의자가 되어 자백하는 것들은 더 이상 본질적으로 사실이고 믿을 만하다고 여겨지지 않는다. 로프터스가 없었더라면 죄 없는 사람들이 많이 유죄 선고를 받았을 것이다. 미국의 사법 체계는 이 점에서 본질적인 변화를 겪었고, 심리학자가 법정에 참여하여 배심원들에게 허위 기억이 무엇인가를 설명하는 경우가 점점 더 많아지고 있다. 미국 대법원은 허위 기억이 무엇인지, 그리고 미국에서 배심원의 대부분을 구성하는 일반 시민들이 얼마나 왜곡에 약하고 쉽게 변하는지를 모른다는 점을 인정했다.

"1970년대에 제가 허위 기억에 대해 연구하기 시작했던 건 뭔가 실용적인 결과가 있는 일을 하고 싶었기 때문이었어요. 그러니 제가 미국 사법 체계를 변화시키는 데 참여하는 건 저에게 의미가 컸죠."라고 엘리자베스 로프터스는 말한다.

미국의 심문 문화는 자백에 초점이 맞춰져 있었다. 거친 경찰관들은 실제로 그 범죄를 저지르지 않은 사람들을 괴롭혀서 혐의를 받는 범죄에 대한 자백을 받아 냈다. 예를 들면 어떤 여자가 센트럴 파크에서 강간을 당했고, 남자 다섯 명이 자신이 범인이라고 자백을 하고는 어떻게 일이 진행되었는지를 상세하게 묘사했다. 그런데 DNA 분석을 해 보니 그중 누구도 범인일 수가 없었다.

비카에 있는 노르웨이 인권 센터는 국립 박물관 가까이에 있고, 거기에서는 오슬로 협만이 보인다. 이 연구소에는 기억 연구자들이 근무하지 않는다. 여기에는 물위에서건 물속에서건 단어 몇 개를 나중에까지 기억하는지를 알기 위해 무의미한 단어를 세는 데 시간을 보내는 사람은 없다. 여기 근무하는 사람들은 법률가나 정치학자 들이고, 한 명은 경찰이다. 이 경찰관이 2층에 있는 강의실에서 우리를 맞는다. 어쩌다가 살인 사건 수사관이 여기까지 왔을까?

모든 일은 비르기테 텡 사건으로 시작되었다. 아스비에른 라클레프는 자신이 하는 일에 대해 수백 번 강연을 했고, 그때마다 비르기테 텡 살해 사건과 그 이후에 있었던 그의 사촌에 대한 사법 살인에 대해 말해야 했다.* 이 일은 노르웨이 역사에서 가장 자주 언급된 범죄 사건 중 하나인 동시에 아스비에른 라클레프의 개인적인 기억의 일부, 그의 인생 원고의 일부이기도 하다. 이 사건은 그의 인생 이야기의 방향을 통째로 바꾸어 놓았다.* 1995년 5월의 어느 늦은 밤, 노르웨이 남서부 카르뫼이 출신인 열일곱 살 명랑한 소녀의 삶은 잔인하게 끝나 버렸다. 몇 년 후에는 그 수사에 사용되었던 심문 방법도 끝났다. 비르기테는 천진무구한 노르웨이의 모습 그대로였다. 민속 의상을 입고 예쁜 금발 곱슬머리를 어깨까지 늘어뜨린 그녀의 사진은 몇 년 후에도 뉴스에 나왔고, 이 사건은 이 글을 쓰고 있는 지금까지도 풀리지 않은 수수께끼이다. 경찰은 인구가 얼마 되지 않는 섬, 작고 안전한 지역 사회 안에서 일어난 신원 미상의 범인에 의한 살인 사건을 마주했다. 비르기테의 사촌이 경찰의 지목을 받게 되자, 조속한 사건 종결을 위한 사냥이 시작되었다. 그런데 한 가지 문제가 있었다. 사촌이 살인을 저질렀다는 자백을 거부한 것이다. 심문은 그를 무너뜨리려는 목적으로 진행되었다. 우리는 미국 갱스터 영화에서 두 명의 수사관이 회유와 강압을 번갈아 하는 심문 방식을 본 적이 있다. 아스비에른 라클레프가 수사관으로 시작했던 당시 사용되던 방법들은 그런 영화에 나오는 방법들과 비교되는 공통점이 많다. "이미 다 알아. 증거가 나오는 건 시간 문제지."라는 거친 어조의 압박. 심문은 휴식 없이 장시간에 걸쳐 진행되었고, 체포된 사람은 수사관보다 좀 낮은 의자에 앉아서 수사관을 올려다보아야 했다. 주로 낡고 흔들리는 의자를 사용하여 여기는 사람들이 오래 앉아 있는 곳이니 저항해도 소용없다는 인상을 받게 만들었다. 용의자는 단 한 명의 수사관만 접촉할 수 있어서, 말하자면 의존 관계가 형성되었고, 그 수사관은 심문을 중단하거나 물이나 식사, 커피나 티슈를 가져올 권한도 있었다. 수사관은 점차로 마음을 털어놓을 수 있는 대상이 되었다. 신뢰를 형성하기 위해 그는 어깨나 팔에 손을 얹는 것 같은 신체 접촉도 조직적으로 사용할 수도 있었다.

"우리는 경험이 많은 다른 수사관들에게 심문 방법을 배웠죠. 무슨 표준화된 방법이 있는 게 아니었고, 수사관 각자가 자신의 작전이 있었어요. 미국식의 심문 방식을 복사해 왔고, 심문이 무엇인가에 대해 어느 정도 지침이 될 만한 것들이라면 그게 무엇이건 거기에서 영감을 모았지요. 영화와 TV 시리즈를 포함해서요."

그럼 비르기테를 살해한 용의자가 그 사촌이라고 경찰이 생각했을 때 무슨 일이 일어났을까? 심사관들은 그를 고립시켰다. 두 사람이 번갈아 가며 그와 접촉했고, 심문은 길게 계속되었다. 이들은 그가 아마 살인 행위를 받아들이기에는 너무나 잔인해서 기억에서 억제했을 거라고 말했다. 이들은 기억을 되살리는 데 도움이 될 방법들을 사용할 수 있었다. 용의자에게는 그가 만일 살해자였고 그냥 가정을 한번 해 본다면 사건이 어떻게 진행되었는지 상상해 보라고 시켰다. 어디서 들어본 이야기 같지 않은가? 우리가 편집자와 함께 했던 기구 실험 때? 우연이 아니다. 피험자들에게 허위 기억을 만들기 위해 기억 연구자들이 사용했던 방법들은 경찰 취조실의 심문 상황에서 바로 따온 것이다.

　　고립과 절망적인 상황은 그 사촌을 점점 무너지게 했다. 그는 협력하면 보상을 해 주겠다는 약속을 받았다. 수사관과 함께 지내는 시간은 점차로 사람을 만나는 소중한 시간이 되었다. 그는 공기 방울 속에 갇혔는데, 수사관들은 공기 방울의 크기를 줄여 나간 것이다. 진실이란 점차로 그가 취조실에서 공유하는 그것뿐이었다. 그는 협력했다. 상상으로 하는 실험을 받아들여서 잔인한 행동을 상상해 보았다. 그는 자신의 현실 인식을 의심하기 시작했다. 정말로 그가 기억을 억제한 것이었을까? 그가 그날 저녁에 대해 기억한다고 믿었던 것들, 도시에서 집으로 돌아가던 건 그저 상상도 하기 힘든 상처를 덮기 위해 나중에 만들어 낸 것이었을까? 과제는 점점 더 구체적이 되었다. 그는 살해에 대한 이야기를 글로 쓰는 과제를 받았다. 사촌은 살인 사건이 있던 날 저녁을 상상하고, 가능한 시나리오들에 대해 여러 가지 버전의 이야기를 썼다. 그는 카르푀이에서 자랐다. 그는 주위 환경을 잘 알았고, 구릉진 경치와 꽃이 핀 헤더와 샛길들을 눈앞에 그릴 수 있었다. 그에 뒤따르는, 긴장되는 상황에서 느끼는 아드레날린 — 우리도 그 느낌이 상상이 된다. 잘 만들어 낸 이야기를 하면 물질적인 이익, 수사관과의 사회적인 접촉이라는 보상을 받았다. 책상 위로 슬쩍 밀어 주는 티슈, 더 가까이 다가오는 의자, 어느새 어깨 위에 얹히는 손, 이해해 주는 사람. 작문 과제에서 제출되는 이야기들은 점차로 경찰이 다른 증거 없이 재구해 본 사건의 흐름과 이상할 정도로 유사해졌다. 그는 설득되었고, 살인을 자백했다. 현장에서 수집된 DNA 증거가 다른 사람의 것이었음에도 불구하고.

일반적으로 세 가지 형태의 허위 자백이 있다고 본다. 하나는 자발적인 것으로, 자신이 하지 않은 일을 관심을 받기 위해 자백하거나 넓은 의미에서 책임을 덮어쓰기 위한 것이다.(자신이 신의 선택을 받았다거나 등등의 이유로) 다음으로 강요된 허위 자백이 있다. 고문이나 긴 시간에 걸친 압박으로 인한 것일 수 있다. 혐의를 받는 사람들은 지금 당장 압박을 피하기 위해 자백을 해도 괜찮을 거라고, 그래도 재판 과정에서 결백이 입증될 거라고 생각하는 경우가 꽤 있다. 흔히는 착각이다. 이들이 전에 한 자백에는 새로운 자백들이 뒤따르고, 유죄의 증거처럼 보인다. 세 번째 유형은 자신도 자백을 믿고 그 자백을 자신의 허위 기억으로 만드는 경우이다. 이 사촌이 어느 형태의 허위 기억을 만들어 냈는지는 아무도 확신할 수 없다. 공기 방울 어딘가에서 그는 강간범이며 살인범인 자기 자신에 관한 아픈 이야기를 자기 자신의 이야기로 받아들일 수도 있다. 좌우간 그는, 자신은 그에 대한 사건 기억이 없었지만 그래도 그런 일이 있었을 수도 있겠다고 믿었다. 자백에는 바로 보상이 뒤따랐다. 물론 석방은 아니었지만 다시 주변 환경과 접촉할 수 있게 되었다. 그러자 오래 걸리지 않아 그는 자백을 취소하고 범인이 자신이었을 리 없다는 주장을 고수했다.

사촌은 노르웨이 고등법원에서 무죄 선고를 받았다. 하지만 비르기테 텡의 가족이 제기한 민사 소송에서, 그는 민사 책임을 지게 되었다. 민사 소송에서는 요구되는 개연성의 정도가 훨씬 낮다. 사촌은 불법적인 재판 과정을 이유로 노르웨이를 유럽인권재판소에 제소하여 승소했다. 비르기테의 살인범은 아직도 잡히지 않았다.

이 사건을 계기로 노르웨이 경찰은 아이슬란드 증인 심리학자인 기슬리 구드욘손의 신랄한 비판을 받았다.* 그는 사용되었던 심문 방법을 낱낱이 파헤쳐, 사촌에게서 조작을 통해 거짓 회상을 이끌어 냈을 수 있다고 지적하였다. 또한 그는 엘리자베스 로프터스의 영향으로 오늘날 존재하는 증인 심리학 분야 전체의 주요 연구 문헌을 언급하였다.

비르기테 텡 사건이 그녀가 목숨을 잃은 섬마을에서 시작하여 물에 생기는 동심원처럼 밖으로 퍼져 나가던 당시, 아스비에른 라클레프는 살인 사건 조사관으로 오슬로 경찰에 근무하고 있었다. 사촌이 세부까지 자백을 하도록 압박을 당했음이 알려진 순간부터 언론도 이 문제를 파고들기 시작했다. 대체 경찰이 무슨 방법을 쓴 것일까? 뭐가 잘못되었을까?

"언론이 기슬리 구드욘손이나 영국 전문가들과 우리가 사용해 온 것들과 아주 다른 심문 방법에 대해 인터뷰를 했을 때, 우린 다 어깨만 으쓱했지요. 하지만 전 호기심도 생겼어요. 그때까지 몰랐던 아주 새로운 연구 분야가 있다는 걸 알게 되었거든요. 왜 그때까지 그런 걸 몰랐을까요?"라고 그는 말한다.

그 당시 그의 일은 살인자와 집단 폭행범들의 심문을 맡아서 그들에게 영향을 미침으로써 자백을 끌어내는 것이었다. 보통은 곧 자백이 나올 것처럼 보이는 순간, 수사관이 가해자의 감정에 호소하기 위해 일부러 티슈 상자를 보란 듯이 밀어 준 다음이 그의 차례였다.

"범인이 경계선을 넘어가 양심을 털어놓도록 만들기 위한 신체적인 접촉은 점점 더 조직적으로 사용되었지요."라고 그는 이야기한다.

그건 더도 덜도 아닌 조작이었다고 그는 오늘날 확신한다. 그는 자신만의 작전을 가지고 있었고, 인상까지 좋았던 그는 이미 경찰 생활의 초기에 수사관으로서 널리 활약했다.

"별로 자랑스럽게 생각하진 않아요. 가장 부끄럽게 여기는 건 용의자에게 내가 다시 오겠지만 언제인지는 모른다고 소리를 쳤던 거예요."

이날 오후, 아스비에른 라클레프의 옆에는 그의 딸이 앉아서 다섯 살배기답게 꾸불꾸불하게 글씨를 쓰고 있다. 딸에게 어려운 단어의 철자를 가르쳐 주는 이 차분한 사람이 살인 용의자 앞에 서서 고함을 치는 모습을 상상하기는 쉽지 않다.

비르기테 사건과 관련된 중압감의 결과 아스비에른 라클레프는 노르웨이 경찰과 사법부를 영원히 바꾸어 놓을 결정을 내렸다. 그는 휴직을 하고 리버풀 대학의 수사 심리학과 범죄 심리학 과정을 밟으며 영국의 심문 방법을 연구하기로 했다. 오늘날 영국에서는 경찰이 '수사 인터뷰'라는 인터뷰 기술을 사용한다. 이전의 자백 위주의 인터뷰 형태에서는 어떤 값을 치르더라도 용의자가 자백하게 하는 게 목표였지만, 이 형태의 인터뷰의 목적은 용의자로 보는 게 누구이건 관계없이 가능한 데까지 정보를 얻어 내는 것이다. 용의자에서건 증인에게서건 중요한 증거를 확보하는 게 핵심이다.

"우리 식 방법은 햇빛을 못 보겠네!"라고 아스비에른 라클레프는 영국에서 공부하던 중 충격을 받았다.

박사 논문에서 그는 자신에게 큰 인상을 남겼던 사건 하나를 기록으로 남겼다. '그레프센 사건'이라고 불린 강간 사건이다. 강간의 피해자는 동시에 유일한 증인이었다. 어떻게 증거를 확보할 수 있겠는가? 여자는 이렇게 묘사했다.*

범인. 남자, 대략 45세, 신장 약 180센티미터. 키가 크고 건장한 체구, 배가 약간 나옴. 약간은 희끗희끗한 진밤색의 가늘고 짧은 머리가 앞이마 쪽으로는 좀 숱이 적고 머리가 빠짐. 상태가 아주 나쁜 치아, 아래턱에는 빠진 이가 좀 있는지도 모름. 특징. 피부가 아주 검지는 않지만, 그래도 남유럽인일 수도 있다. 터키 사람 같은(?) 외모. 노르웨이어가 미숙한데 노르웨이에 산 지 10년 되었다고 한다.

몽타주가 작성되어 전국에 유포되었다. 제보 전화들이 걸려왔다. 그림은 한 가정의 아버지인 보스니아 출신의 남자와 매우 유사했지만, 그는 그 강간 사건과의 관계를 부인했다. 사진을 놓고 하는 심문 중, 그 여자 앞에 그의 사진이 놓였다. 그는 몽타주에 그려진 남자와 매우 유사했으니, 그가 범인인 것 같았다. 그래도 자신이 없어서 여자는 용의자와 마주하게 되었다. 용의자는 경찰이거나 통역사이지만 용의자와 닮은 데가 있는 다른 여섯 명과 함께 나란히 섰다. 다들 자신이 고소되지 않으리라는 확신이 있었다. 그 보스니아 사람만 예외였고, 그는 초조한 나머지 팔을 내리고 약간 비스듬히 서라는 지시에 따르지 못했다. 그는 앞에서 심문에 사용된 사진과 닮았다. 그 사진은 몽타주 그림과 닮았다. 몽타주는 여자가 기억하는 범인과 닮았다. 그리고 기억은? 마치 기억이 귀엣말을 전달하는 놀이를 하는 것 같다. 범인에 대한 기억은 점차로 혐의자에 대한 기억으로 대치되었다. 여자가 기억을 제대로 못 했거나 트라우마 경험이 어떻게든 판단력을 흐리게 했던 게 아니다. 그저 기억이 원래 그렇게 작동할 뿐이다. 기억은 생물이고 유기적이며, 이미지를 살아나게 한다. 새로운 요소들이 들어오면 원래의 기억과 하나로 엮여 들어가는데, 어찌나 자연스러운지 그렇게 할 수 있는 건 우리의 상상력뿐이리라. 얼굴을 기억하는 우리의 능력은 서로 다 다르다. 사실 뇌의 한 부분은 하는 일이 얼굴 기억뿐이다. 그만큼 이 일이 중요하기 때문이다. 우리 중 일부는 사람을 여러 번 만나야 다음에 얼굴을 기억한다. 강간범의 얼굴은 피해자에게는 특별히 강렬하게 기억에 남는다. 하지만 트라우마적 경험의 기억이 아주 잘 저

장되는 경우가 많기는 해도, 그런 기억 또한 아드리안 프
라콘과의 대화에서 확인했듯이 예외 없이 새로운 구성의
대상이 된다.

현장에서 발견된 남자 속옷에서 그의 것이 아닌
DNA 증거가 나왔음에도, 보스니아 사람인 이 아버지는
1심에서 유죄 판결을 받았다. 증언에 무게를 많이 두었는
데 그녀가 이 사람이 범인이라고 했기 때문이다. 하지만
고등법원에서는 무죄 판결이 나왔다.

이 사건을 절망적으로 만든 것은 결국 그 사건이 해
결된 과정이었다. 실제 범인의 DNA가 새로운 큰 사건의
DNA 명부에서 나온 것이다. 그는 자신의 아내를 살해
했다.

"아버지가 살인자가 되자 한 아이는 부모를 잃었죠.
우리가 막을 수 있는 일이었는데요."라고 아스비에른 라
클레프는 말한다.

그가 공부를 마치고 노르웨이로 돌아온 후 시작한 대
작업은 관련된 모든 사람들에게 험난한 일이었다. 그가
영국에서 다른 방법을 가지고 돌아왔을 때, 동료들 중 일
부는 태도를 바꾸는 게 힘이 들었다. 몇 년 동안 그와 말을
하지 않고 복도에서 그를 피한 사람들도 있었다. 이제 그
는 그들 대부분과 관계가 좋고, 대개는 왜 옛날의 방식이
더 이상 계속될 수 없었는지를 이해한다. 라클레프의 리

버풀 유학은 노르웨이 경찰로서는 새로운 시대의 시작이었다. 영국식 방법을 기초로 그는 '창조적'이라고 부르는 새로운 형태의 심문을 위한 가이드라인을 작성했다. 이 방법을 오늘날 모든 범죄 수사관들이 사용하며, 그들을 양성할 때에는 단기 기억과 장기 기억이 어떻게 작동하고 허위 기억이 어떻게 생겨나는가에 대한 상세한 개괄도 포함한다.

"증인 심리학 지식이 없으면, 수사에 참여하는 사람들이 증인 증거를 적절한 행동 규범에 따라 다루지 못하게 되죠. 물증의 경우는 당연히 그렇게 하는데도 말이에요." 그의 설명이다.

살인 사건이 벌어진 전형적인 방송 추리극의 한 장면을 눈앞에 그려 보자. 범죄 장소에는 흰색이나 푸른색의 옷으로 전신을 덮고 마스크를 한 과학 수사 요원들이 다닌다. 이들은 조심스레 살살 걸어다니며 핀셋으로 증거물을 수집해서 표시가 된 지퍼 백에 넣어 정밀 분석을 위해 보낸다. 아스비에른 라클레프는 벨벳 같은 눈이 갓 내려 얇게 덮인 아름다운 오솔길의 사진을 보여 준다. 전면에는 흰색과 붉은색의 리본이 보인다.

"갓 내린 눈 밑에 증거가 있어요. 닥치는 대로 여기저기 밟으면 안 되죠. 한 걸음 걸을 때마다 그게 흔적을 남겨서 진실을 달라지게 만드니까요. 증인 증거도 마찬가지예요." 그는 이렇게 말한다.

우리가 증인과 자백과 수사에 대해 아는 것은 대부분 책과 TV 시리즈에서 배웠다. 그리고 범죄물 장르에서 나오는 기억의 모습은 대부분 완전히 잘못된 것이다.

"범죄 문학은 기억이 작동하는 방식에 대한 잘못된 이미지를 만드는 데 많이 기여했지요. 예를 들면 증인이 진실을 이야기하는지, 기억해 낸 게 옳은지 전혀 의심을 하지 않아요." 전에는 베스트폴주 경찰청의 수사 지휘관이었고 지금은 베스트셀러 추리소설 작가인 예른 리에르 호르스트는 이렇게 말한다. 그의 책들은 일본어와 영어를 포함하는 다수의 언어로 번역되었다. 2016년 4월에 그는 경찰 업무를 문학에서 사실적으로 묘사한 공로로 폴란드에서 명예상을 받았다.

증인 심리학은 범죄소설 『눈을 감고 걷기』*의 줄거리에서 중요한 부분이다. 이 소설에서는 줄거리가 진행되면서 (별로 소리는 많이 지르지 않는데) 기억이 허위였음이 밝혀진다. 증인 심리학을 아는 사람이라면 이 책에서 허위 기억의 방향을 알려 주는 실마리를 찾아볼 수 있다. 허위 기억은 줄거리의 진행에 결정적인 역할을 하게 된다. 라클레프의 강의를 들었던 호르스트의 책에서는 창조적 심문 방법도 한 역할을 한다.

"범죄 문학이나 영화에서 사용되는 심문 방법은 아

주 잘못 그려져 있어요. 거칠게 행동하며 남의 말을 중간에서 자르고 협박하는 건 경찰에서 진실을 찾기 위해 우리가 하는 그런 일들은 아니죠. 그리고 책에서는 실제로는 절대로 있을 수 없는 큰 오류를 저지릅니다. 우리가 증인 두 명을 한꺼번에 심문하는 일은 없어요. 텔레비전에서 보면 부부가 함께 심문을 받는 장면이 있어서, 수사관이 두 명과 동시에 이야기를 하지요. 그런 일은 없어요. 당연히 각자 독립적으로 증언을 하지요."라고 호르스트는 말한다.

그는 범죄 행위의 증인들이 오락성 문학에서 묘사되는 것보다 자신들이 얼마나 조금밖에 기억하지 못하는가에 스스로 놀란다고 믿는다.

"증인들을 그대로 믿기는 곤란해요. 잘못 기억할 때가 엄청나게 많죠. 처음 경찰이 되었을 때 저는 주요한 살인 사건 수사에 참여한 적이 있는데, 오토바이를 탄 살인자가 목격되었지요. 목격자 네 명이 오토바이에 탄 사람을 묘사했어요. 문제는 진술들이 서로 매우 달랐다는 거지요. 어떤 목격자들은 오토바이에 어떤 번호판이 달려 있었는지도 기억했어요. 그들 중 지금 유죄 선고를 받은 사람을 가장 정확하게 묘사한 건 색맹인 증인이었지요."

증인 심리학의 과학 수사는 어떤 모습일까? 여기에서는 아마도 스톡홀름에서 외교부 장관인 안나 린드가

NK 쇼핑센터의 에스컬레이터에서 칼에 찔려 살해되었을 때 경찰이 했던 것 같은 실수는 하지 않을 것이다. 증인들은 즉시 안쪽 공간에 '안전하게' 갇혀서 경찰이 심문을 시작하기를 기다렸다. 증인 중 다섯 명은 범인이 군복 재킷을 입었다고 묘사했고, 이 인상 착의 묘사는 매체를 통해 알려지고 모든 공항과 국경에 전달되었다. 후에 경찰이 감시 카메라를 확인해 보니, 어떤 곳에서도 군복 재킷을 입은 사람이라고는 없었다. 무슨 일이 일어난 것일까? 물론 고의는 아니지만 한 증인이 자신의 기억을 조작하여, 그리고 아마도 이것이 자연스러운 연상이었기 때문에 군복 재킷을 '본' 것이다. 그리고 그녀는 같은 공간에 있던 다른 증인들과 대화를 했고 '오류'가 퍼져 나간 것이다.

증인이 불려 들어가면, 경찰은 기억이 날 만한 조건을 형성한다. 그리고 증인의 진술에 오류가 섞여 들어가게 만드는 일은 피한다. 기억은 압력이 있으면 잘 작동하지 않는다.

"집안을 뛰어다니면서 지갑이 안 나와서 스트레스를 받을 때 지갑을 찾는 게 얼마나 힘든지 생각해 봐요!"

아스비에른 라클레프는 수사관이 개방적이고 솔직해야 성공적인 협력이 가능하고 공포감을 줄일 수 있다고 강조한다. 인터뷰 장소가 증인이 아는 곳이면 긴장을 더

풀 수 있다. 수사관을 신뢰할 수 있고 마음을 열 수 있어야 한다. 그렇게 하면 제일 중요한 부분, 자유로운 회상은 증인들이 스스로 한다. 방해를 받지 않으면서 사건을 가능한 한 많이 증인 자신의 말로 설명하고, 자신의 경험을 이야기하는 것이다. 유도 질문도 없고 사람을 조종하기 위해 티슈를 사용하지도 않는다. 휴식 시간을 미리 정해서 미리 예측이 가능한 틀을 만든다. 증인이 아무것도 기억하지 못하면, 수사관은 기억을 도와주는 기법을 사용할 수 있다. 그중 가장 중요한 것은 우리가 물속에서 단어를 외웠던 잠수사들의 실험을 통해서도 알게 된 것에 기초를 두고 있다. 무언가를 처음 경험했던 곳과 같은 환경에 처하는 것만으로도 기억이 더 많이 살아난다. 증인들에게 상황과 환경을 눈앞에 그려 보라고 하면 세부가 더 많이 떠오르기도 한다.

"그날의 뉴스와 일기예보를 확인해요. 혹시 증인이 그날과 연결 지을 수 있는 무슨 일이 있었는지도 모르지요. 올레 에이나르 비에른달렌이 이런저런 스키 경기에서 승리했다거나 아니면 날씨가 특별했다거나요."

후속 질문은 증인의 기억에 새로운 정보를 흘려 보내지 않도록 해야 한다. 심문 전체는 녹화를 해서 나중에 다른 사람이 볼 수 있어야 한다. 방법은 표준화되어야 하고, 전체가 공개될 수 있어야 한다.

거칠었고 사람을 조작하는 경찰관이었던 아스비에른 라클레프가 오늘 여기, 노르웨이 인권 센터의 사무실에 앉아 있는 이유는 그가 변명을 하고 싶지 않았기 때문이다. 그 대신 그는 경찰에 대한, 그러니까 동시에 자기 자신에 대한 비판을 호기심을 가지고 마주했다. 자신이 완벽하게 구사했지만 햇빛을 볼 수 없었던 방법은 개방과 과학에게 자리를 내주어야 했다. 엘리자베스 로프터스가 1970년대에 한 연구는 1990년대 말까지 노르웨이 경찰에게까지 도달하지 못했다. 하지만 오늘날 노르웨이는 인권 친화적인 수사 방법에 관한 한 아주 앞서 나가고 있으며, 거기에는 아스비에른 라클레프와 심리학 교수 스베인 망누센이 큰 역할을 했다. 심문 방법의 개혁은 인권의 문제이며, 무죄한 사람들이 유죄 선고를 받는 일을 피하는 문제이다. 하지만 증인들의 중요한 정보가 소실되어 살인자가 활개치지 않도록 확실히 막기 위한 일이기도 하다.

여러 해 동안 라클레프와 그의 친한 친구이며 동료인 올레 야코브 외글렌과 함께 강연 여행을 다녔다.* 죄 없는 혐의자 스테인 잉에 요한네센과 함께 이들은 한 살인 사건의 수사에서 무엇이 잘못되었으며 그 수사가 어떻게 진행되었어야 했는지를 이야기했다. 주 혐의자였던 그는 구식 방법으로 거친 심문을 받았고, 아홉 달 동안 구금되었다. 경찰이 뜻을 돌리지 않고 그에 대한 혐의를 계속 버리지 않았던 이유 중 하나는 잘못된 증언이었다. 재판이 시작하기 며칠 전에 진짜 살인범이 나타났다. (아스비에른 라클레프의 2014년 TED 강연도 이 내용이다. https://www.youtube.com/watch?v=1H8Mcku6adA. 『Errors of justice』라는 제목으로 검색할 수 있다. — 옮긴이 주) 이 강연들을 통해 세 사람이 도달하고자 하는 것은 사람들이 일이 어떻게 진행되었어야 했는지를 아는 것이다. 스테인 잉에는 세상을 떠났지만, 아스비에른 라클레프는 계속해서 학교를 돌아다니며 그가 어떻게 창조적 심문 방법을 만들었는지를 이야기하고 인권과 심문 방법에 대해서 이야기하고 있다. 또한 그는 7월 22일 테러의 배후에 있는 대량 살상범 아네르스 베링 브레이비크의 심문 때에도 전문가로서 자문을 했다.

　　최근에 아스비에른 라클레프는 제네바에서 어쩌면 그의 직업 경력에서 가장 중요할 수도 있는 강연을 했다. 그는 유엔에서 창조적 수사 방법과 그가 어떻게 새로운 방법을 도입했는지, 그리고 그 일이 왜 그렇게 중요했는지에 대해 이야기했다. 그의 말은 계속 헤드폰을 통해 통역되어, 영어를 모르는 사람들도 그의 강연을 따라갈 수 있었다. 이렇게 해서 기억이 어떻게 작용하는지, 또한 인권과 증인 심리학에 관한 메시지가 온 세상으로 퍼져 나갔다. 이는 또한 진실에 관한 메시지이기도 했다.

하지만 진실이라니, 어떻게 우리의 기억이 우리에게 진실을 제공한다고 신뢰할 수 있을까? 기억은 언제나 구성적이며, 우리 기억 안에는 오류와 결함이 있을 것이다. 기억과 허위 기억의 차이는 허위 기억은 오류를 포함하고 있다는 게 아니라, 얼마나 틀리냐는 것이다. 모든 기억에는 오류가 있을 수 있기 때문이다. 비틀스 판을 튼다고 생각해 보자. 그런데 「예스터데이」 대신 롤링 스톤스의 노래가 들린다. 또는 그들이 대신 「새티스팩션」을 부른다. 허위 기억은 레코드 판에 기어들어 온 잘못된 홈이다.

"어느 기억이 사실인지 허위인지 100퍼센트 확신할 날은 없을 거예요. 기억을 뒷받침해 주는 정보가 있지 않다면 더더욱 그렇죠. 우리는 영원한 불확실성을 가지고 살 수밖에 없고, 기억이 다른 영향을 받지 않도록 되는 데까지 노력할 뿐이죠. 우리는 언제까지나 증인들의 목격을 바탕으로 재판을 할 수밖에 없을 거예요. 목표는 기억이 최대한 진실에 가까워지게 하는 것이지요."라고 엘리자베스 로프터스는 말한다.

5장 대규모 택시 실험과 아주 특별한 체스 게임 _기억은 얼마만큼 좋아질 수 있을까?

"놀란 것처럼 보이는군." 그는 이렇게 말하고
내 표정을 보고 미소를 지었다. "그런 걸 알게 되면,
잊어버리려고 애를 쓰지."
"잊어버린다고?"
"그렇지. 보게나." 그는 설명했다. "인간의 뇌는
본질적으로 빈 다락 같은 거라고 생각한다네.
자기가 선택하는 가구로 채우는 거지."

아서 코넌 도일, 『주홍색 연구』*

우리는 런던의 하늘을 난다. 우리 아래로는 템스강이, 성질 급한 아이가 내던진 반짝이는 선물 리본처럼 굽이치고 있다. 이곳에는 2000년의 역사가 쌓여 있다. 기원후 50년부터 현재까지 도시는 별다른 전체적인 계획도 없이 점점 크게 자라났다. 이곳에는 구불구불한 길들과 각 세기의 기념물들, 교회와 탑과 감옥과 광장과 병원과 박물관들이 뒤죽박죽으로 섞여 있고, 바닥이 비스듬하고 바닥에 톱밥이 깔린 500년 된 펍들이 유리와 강철로 된 최신 디자이너 숍들과 나란히 있다. 런던은 사실 소도시 여럿이 합쳐진 것이며, 보통 관광객에게는 도심도 시시하게 보일 수도 있다. 도로들은 꺾어지거나 갑자기 끝나거나 평화로운 샛길에서 갑자기 넓은 대로로 변하기도 한다. 이 도시를 배경으로 하는 액션 영화에서 대부분의 자동차 경주가 담장과 콘크리트 덩어리들을 발로 뛰는 장면으로 끝나는 건 다 이유가 있다. 영국의 심장인 이 도시는 건축적인 걸작의 종합 선물 세트이지만, 골목길과 광장이 구조도 없이 뒤죽박죽이고 그 지도는 악몽이다. 그러니 어떻게 이 대도시의 도로를 다 외울 수 있을까?

엘리너 매과이어는 유니버시티 칼리지 런던의 교수이고 웰컴 트러스트 신경 영상 센터에 있으며, 기억에 관한 가장 앞선 연구자 중 한 사람이다. 그녀는 런던의 택시 기사들을 연구해서, 그들의 뇌와 '지식(놀리지)'이라는 이름의 시험을 위해 공부하지 않았던 일반인들의 뇌 사이에 눈에 보이는 큰 차이가 있음을 발견함으로써 유명해졌다.* 검은색 런던 택시를 운전하는 기사는 운전대를 잡기 전에 모두 이 시험을 통과해야 한다. 이 시험에서는 지도나 GPS의 도움 없이 2만 5000개의 도로와 320개의 루트를 기억해야 한다. 이 시험이 그들의 뇌를 눈에 보이게 바꾸어 놓을 수 있다는 건 택시 기사들에 대한 사람들의 생각을 뒤흔들었다.

"우리는 놀랍게도 택시 기사들의 경우에는 해마저도 달라졌다는 걸 발견했지요. 대부분의 사람들보다 뒤쪽이 훨씬 컸어요."라고 매과이어는 말한다.

런던은 단순히 오래된 도로와 새로운 도로, 큰길과 샛길의 미로일 뿐만 아니라, 공간 기억을 극한까지 훈련할 수 있는 아주 자연스러운 환경이기도 하다. 매과이어

가 사무실에 앉아 누구를 연구할까 궁리하는 동안, 그 도
시의 놀라운 기억의 장인 수천 명이 반짝거리는 차로 그
사무실을 지나갔다. 갑자기 그녀는 누구를 연구해야 할지
생각났다. 정신 없는 런던의 구조와 택시 기사들이 통과
해야 하는 엄격한 시험이 아니었더라면 그녀는 세계 최고
의 기억 연구자로 알려지지는 않았을 것이다. 그 분야에
서만이 아니라 기사라는 직업을 가진 수많은 사람들에게
까지.

　왜 하필 택시 기사들이 기억의 길로 가는 열쇠가 되
었을까? 영국 택시 기사들은 몇 년 동안의 연습과 시험을
거쳐 양성된다. 그중에는 런던에서 집값을 감당하기 위해
전업으로 다른 일을 하면서 여가 시간을 모두 바쳐 작은
오토바이로 돌아다니며 루트를 익힌다. L이라는 글자를
달고 오토바이의 계기판에 지도를 붙이고는 길거리의 모
습을 주의 깊게 살펴보는 이 사람들을 종종 만날 수 있다.

　"제가 17년 전에 시험을 볼 때는 루트가 400개였어
요."라고 말하는 택시 기사 주디 엘리엇의 목소리에는 자
부심이 묻어나는 동시에, 오늘날 그렇게 쉽게 시험을 치
르는 사람들에 대한 우월감이 분명 엿보인다. 그녀는 '지
식' 시험을 위해 2년 10개월 동안 공부했고, 이것은 힘든
싸움이었다.

　"여자 택시 기사는 몇 없었어요. 그 이유만으로도 저

에게는 이걸 해내는 게 중요했어요."라고 그녀는 말한다. 그래서 그녀는 포기하지 않았다. 가르치는 사람들은 택시 초보자들을 시험에서 힘들게 했지만, 세상에서 제일 큰 도시 중 하나에서 택시 기사로 성공하려면 어느 정도 스트레스는 견딜 수 있어야 한다.

택시 기사인 그녀는 시내의 모든 로터리를 알고 신호등도 어느 정도 알아야 했을 뿐만 아니라 주어진 주소에 도착했을 때 차에서 왼쪽으로 내릴 수 있도록 운전을 해야 했다. 그리고 주인이 계속 바뀌는 펍의 이름과 대도시에서 계속 생겨나는 트렌디한 장소들을 끊임없이 외우고, 교통 통제나 교통 체증 등에 대한 교통 정보도 늘 알고 있어야 한다. 만일 검은 택시가 길을 돌아서 간다면, 제일 빠른 것처럼 보이는 길이 바로 그날은 별로 빠르지 않기 때문일 수도 있다.

이제 우리는 그녀에게 어려운 과제를 제시했다고 생각한다. 우리는 블룸즈버리에 있고, 쇼트 스트리트로 가려고 한다. 쇼트 스트리트는 템스강 바로 옆에 있는 아주 짧은 도로이며 여기에서 4킬로미터 떨어져 있다. 처음에 그녀는 우리가 런던탑 근처에 있는 쇼터 스트리트에 가려고 하는 줄 알았다. "아, 잠깐만. 아, 알겠어요." 그녀는 말하고는 극장 하나, 펍 하나와 가게 하나, 그리고 이 가게들이 쇼트 스트리트까지 나란히 이어지는 모습을 묘사한다.

"그 길이 눈앞에 훤히 보여요."

그녀가 우리를 태우고 시내를 가로질러 그 짧은 길로 운전을 한다. 우리는 고개를 끄덕이고 미소를 짓고, 틀릴 수도 있을 거라고 생각한다. 어쨌건 방향은 맞는 방향이다.

"'관심 지점'이라고 하는 것들을 기억해야 해요. 저는 갈 곳을 기억할 때 이렇게 해요. 눈앞에 그 길을 그려 보는 거죠. 눈앞에 다 보여요." 그녀는 이렇게 말한다. 먼저 그녀는 기억 속에서 '관심 지점'을 찾아본다. 그리고 제대로 찾으면, 마치 그 지역의 지도가 눈앞에 펼쳐지는 것과도 같다. 그리고 내면의 눈으로 모든 골목을 볼 수 있다.

아까 이야기한 작은 극장을 지나서, 이제 우리는 도착했다. 그녀가 묘사했던 가게와 펍이 우리 앞에 있다.

"사람들은 인터넷이 기억을 대체한다고 생각하지만, 옛날에 책이란 게 새로 나왔을 때도 그렇게 말한 적이 있죠." 라고 엘리너 매과이어는 말한다. "우리는 미래에도 계속해서 기억력을 사용하게 될 거예요. GPS가 있어도 방향을 찾으려면 기억력을 사용해야죠. 예를 들면, 거의 똑같이 생긴 출입구가 여럿 있는 큰 병원 같은 곳에서 말이에요. 그리고 택시 기사는 GPS보다 훨씬 빠르게, 훨씬 잘 결정을 내리죠."

그녀는 자신의 공간 기억이 아주 부족하고, 큰 건물

에서 방향을 찾거나 회의장을 찾아가는 게 어렵다고 말한다. 이 나라의 수상만큼이나 새로운 곳에 많이 돌아다니고 충분히 연습을 했을 텐데도.

그녀의 연구 팀은 택시 기사들의 뇌를 여러 번에 나누어 연구하였다. 처음으로 연구했을 때, 이들은 무언가를 연습했을 때 뇌에 생길 수 있는 변화의 가시적인 증거를 찾음으로써 관심을 불러일으켰다. 그 연구는 "런던의 택시 기사는 다른 시민들보다 더 발달된 뇌를 가지고 있음을 입증한 공로로" 노벨상의 장난스러운 짝인 이그 노벨상을 받게 되었다.* 매과이어 교수는 하버드에 가서 상으로 1나노미터 길이의 금괴가 들어 있다고 하는 작은 유리 틀을 받았다. 그녀는 이 작은 트로피를 무릎에 얹고 비행기로 돌아왔지만, 결국은 얼마 지나지 않아 사무실 바닥에 떨어졌다. 나노 금괴는 아마 진공청소기에 먹혔을 것이다. 하지만 런던의 택시 기사들은 그들의 탁월한 뇌가 입증받은 것을 매우 자랑스럽게 생각했다. 안 그래도 이미 높았던 그들의 직업 자부심에 미친 영향은 대단했을 것이다.

하지만 매과이어의 연구는 질문에 대답하기보다는 더 많은 질문을 만들었다. 그녀는 장소 기억을 집중적으로 훈련한 택시 기사들의 경우 해마의 뒤쪽에 뇌를 구성하는 물질이 더 많다는 것을 보였다. 그런데 그것은 가소성의 증거, 뇌는 변화될 수 있다는 증거일까? 택시 기사 시험에 합격하는 사람들은 원래 소질이 있었을, 즉 처음부터 해마가 더 컸을 수도 있지 않을까? 최종적인 답을 얻기 위해 매과이어와 동료들은 더 큰 규모의 연구를 했다. 이번에는 택시 기사 지망생들을 첫날부터 과정을 마칠 때까지 추적 조사했다. 이들은 그 사람들의 뇌와 기억을 교육 과정이 시작할 때와 끝날 때 측정하였다. 그리고 이번에는 훈련이 해마를 변화시켰음을 증명할 수 있었다.* 훈련 전에 택시 기사 지망생들의 해마는 대부분의 사람들의 것과 같은 크기였다. 해마가 눈이 보이게 커진 것은 몇 년 몇 개월을 열심히 오토바이를 타고 다닌 이후였다. 이것은 뇌가 훈련될 수 있다는 증거이다. 하지만 한 가지가 더 있었다. 이 변화는 시험에 합격한 사람들에게만 나타났다는 것이다. 훈련의 양은 시험에 합격하는가 못하는가와 상관관계가 있는 것처럼 보이므로, 이것은 훈련의 결과에 대한 또 하나의 증거로 볼 수 있다. '놀리지' 시험을 통과하지 못하는 이유는 그동안 여러 가지가 있었다. 경제적인 이유로 몇 년이 걸리는 과정을 해내지 못한다거나, 가족에 대한 책임 때문에 충분히 연습을 못한다거나. 측정하기는 어렵지만, '놀리지' 시험에 합격하는 사람들은 못하는 사람들보다 달라질 가능성이 많은 뇌를 가지고 있었을 가능성도 있다. 그 차이를 만드는 것이 무엇인지, 유전자인지, 뇌에 있는 특별한 성장 물질인지, 영양이나 또 다른 무엇인지는 아직은 모른다.

"하지만 기억력은 우리가 그걸 무엇에 필요로 하는가에 따라 변화한다는 건 알지요. 나이를 먹어도 그래요."라고 매과이어는 말한다.

이렇게 함으로써 그녀는 뇌를 최대한 오랫동안 좋은 상태로 간직하고 싶은 우리 모두뿐만 아니라 상처나 뇌전증이나 노화로 기억력이 쇠퇴하는 사람들에게 희망을 주었다.

뇌의 한 부분을 그렇게 특정해서 훈련하는 데에는 딱 한 가지 문제가 있다. 머리 안에서의 성장 가능성은 무한하지 않기 때문에, 아무도 기억을 훈련한다고 거대한 뇌가 생기지는 않는다. 사실 기억 훈련은 다른 영역에서 대가를 치르는 것 같다. 적어도 런던의 택시 기사들의 경우는 그렇다. "해마의 뒷부분이 커짐과 동시에 앞쪽이 조금 작아지는 것을 볼 수 있었어요." 매과이어는 말한다. 훈련을 거치며 택시 기사들은 다른 형태의 기억력은 조금 잃었다. 형태의 기억이다. 매과이어는 일반 사람들과의 분명한 차이를 단순한 기억력 테스트에서 입증할 수 있었다. "뇌가 공간 기억에 우위를 주는 대신 다른 형태의 시각적 정보는 좀 포기해야 했던 것 같아요."라고 그녀는 말한다.

그럼 뇌를 어떻게 훈련할 수 있을까?

훈련을 거칠 때 뇌에서 무슨 일이 일어나는지는 아직 신비이다. 근육을 단련할 때는 근육 세포에 기억이 생기는 것으로 알려져 있다. 웨이트 트레이닝을 하는 사람들의 근육은 눈에 보이게 자란다. 하지만 뇌는 그렇게 단순하지 않다. 엘리너 매과이어가 택시 기사들의 뇌에서 큰 차이를 볼 수 있다고 말하면, 외부에서 볼 수 있는 차이를 말하는 것은 당연히 아니다. 뇌 전체와 비교해 보아도 아주 작은 변화이다. 더 보기 어려운 건 그 변화의 내용이다. 테르예 뢰모가 토끼의 뇌에서 보였듯이, 형성되는 기억 하나하나는 신경세포 사이에 수천 개의 작은 연결들을 생성한다. 이런 변화가 해마가 눈에 보이게 커지는 결과를 가져올까?

장기 강화가 일어나면 뇌세포에도 생물학적인 변화가 생기며, 동일한 신호가 더 많이 전달될 수 있도록 보장하기 위해 새롭게 성장한다. 신호를 받아들이는 세포에 더 많은 수용체 분자가 생겨나서, 신호를 보낸 쪽의 영향에 더 강력하게 반응할 수 있게 된다. 오랜 동안 이것이 사실의 전부라고 생각해 왔다. 최근까지 다들 뇌는 20대 때 성장이 끝난다는 의견에 동의했다. 뉴런은 태어났을 때부터 다 그 자리에 있다고 생각했다. 수천 억이 넘는 뉴런들이 모두! 태어나서 죽을 때까지 이 세포들은 하나씩 죽어 나간다. 뇌의 위축은 우리 모두에게 다가올 일로 보인다. 하지만 성장을 마친 후에도 뇌가 성장할 수 있는 명금들과 마찬가지로, 성인 인간의 뇌에서도 새로운 뉴런들이 발견되었다.

어떤 동물들의 뇌에서는 줄기세포가 새로운 뉴런을 '낳는' 곳이 여럿 발견되었다. 인간의 뇌에서는 단 두 곳이 발견되었다. 해마와 후각 영역(코를 통해 들어오는 감각 정보를 뇌에서 처리하는 곳)이다. 이제 우리는 해마에 있는 새로운 뉴런들에 관심을 돌린다. 새로운 연결과 더 많은 기억에 도움이 되기 위해서가 아니라면, 왜 다른 곳이 아닌 여기서 뉴런이 생겨날까?* 기억은 대뇌피질의 여러 곳에 저장되어 있지만, 서로 다른 경험들을 조정하고 온전한 기억으로 종합하는 중요한 역할을 하는 건 바로 해마이다. 해마의 새 뉴런들은 갓 태어난 뉴런으로 시작하여 기억의 저장고가 될 때까지 갈 길이 멀다. 다른 뉴런들의 네트워크 안으로 들어가야 하는데, 그 네트워크는 또다시 다른 네트워크들과 적절하게 엮여 있다. 그렇지 않다면 우주선에서 떨어져 나가 우주에 떠다니는 우주인처럼 고립되고 동떨어진다. 새로운 뉴런이 그런 운명을 겪지 않는다고 증명하기는 쉽지 않았다. 사람에게서 새로 만들어진 뉴런이 어떻게 발달하고 다른 뉴런과 결합하며 새로운 기억의 일부로서 활성화가 되는지를 추적하기란 불가능하다.

생쥐의 뇌에서도 이미 복잡하지만, 인간의 경우보다는 쉽다. 쥐가 미로를 익히려고 돌아다니는 동안 연구자들은 새로 태어난 뉴런의 활동을 측정할 수 있었다. 4주에 걸쳐 새 뉴런은 이전에 있던 뉴런들과 함께 반응하는 것을 학습했다. 이 말은 이 뉴런들이 기억의 네트워크에 연결되었다는 뜻이다. 어쩌면 새 뉴런들의 역할은 어떤 기억에 유일하고 새로운 표식을 남겨서 그것이 다른 유사한 기억들과 쉽게 구별되게 만드는 것인지도 모른다.[*]

런던의 택시 기사들은 직업에 대한 자부심이 높고 그 일을 좋아하기 때문에, 누군가가 이들을 들어서 차에서 꺼내 올 때까지 일을 잘 그만두지 않는다. 하지만 택시의 모험이 끝나고 나면 이들은 퇴직자로서의 편안한 노후를 기대할 수 있고, 이와 함께 해마가 정상으로 돌아오리라고 생각할 수 있다. 직업을 갖고 사는 내내 훈련하고 유지했던 그 결과는 이제 사라진다.[*]

"이에 관해 결론을 내리기에 충분할 정도로 일을 안 하는 택시 기사를 충분히 찾지 못했어요. 직업을 절대 그만두지 않으니까요." 매과이어는 한숨을 쉰다. "하지만 결과를 보면 뇌에 생긴 변화는 다시 복구가 되고 그 사람들의 뇌도 보통 사람들의 뇌처럼 되는 것 같아요."

미로의 생쥐와 마찬가지로 택시 기사들은 런던의 미로 같은 도로망을 이리저리 쏜살같이 돌아다닌다. 또한 쥐들과 똑같이 격자 세포와 장소 세포가 있어서 새로운 장소들을 기억에 고정시킨다. 마이브리트 모세르와 에드바르 모세르를 포함하여, 아무도 지금까지 택시 기사들이 운전을 하고 다니는 동안 그들의 뇌에 작은 전극들을 박은 적이 없다.

"런던처럼 먼 거리를 커버하는 격자 세포가 없으리라는 법도 없지요. 하지만 아직은 연구할 방법이 없어요."라고 에드바르 모세르는 말한다.

무언가를 지독하게 공부하면, 기억력도 지독해진다. 나아가 뇌가 가시적으로 변화할 수도 있다. 하지만 극단적인 전문 기술의 예는 택시 기사뿐이 아니다. 직업적인 체스 선수들은 체스 포지션을 외우기 위해 매일같이 공부를 한다. 그럼 기억력도 극단적으로 뛰어나다는 뜻일까?

체스 그랜드 마스터이며 현재 세계 최고의 체스 선수인 망누스 칼센을 가르쳤던 시멘 아그데스테인은 일생의 대부분을 세계적인 수준에서 체스 게임을 가르치며 보냈다. 노르웨이 엘리트 체육 고등학교(청소년들이 선수 생활과 함께 고등학교 학업을 마칠 수 있도록 운영되는 고등학교로, 예를 들면 충분한 수업 시수를 확보하기 위해 가을에 학기가 일찍 시작하고 겨울방학이 없다. — 옮긴이 주)에 있는 자신의 사무실에서 그는 어떻게 게임을 준비하는지를 보여 준다. 통계 프로그램을 이용하여 상대방의 일반적인 수와 일반적이지 않은 수를 확인하고 그에 대한 대응책을 짤수 있다. 게임이 시작하기도 전에 상대방의 약점을 기억해 내는 것이다.

"전에는 체스 게임이 기록된 연감을 앉아서 읽었지요."라고 말하며 그는 한 권을 책꽂이에서 꺼낸다. 바닷가에 누워서 읽을 책은 아니다. 카드를 펼치는 마술사처럼, 그가 별 생각 없다는 듯한 동작으로 책을 꺼내 펼친다. 무미건조한 숫자들이 끝없이 이어진다. "A57–1.d4 Nf6 2.c4 c5 3.d5 b5."

"지금은 하나도 기억이 안 나지만, 전에는 앉아서 이 책들을 읽었어요."라고 그는 말한다.

이제 그는 미래의 체스 영재들을 가르치고 있다.

젊은 체스 선수들이 연습하는 망누스 칼센 방은 세계 챔피언인 그를 위한 성전처럼 보인다. 어렸을 때의 사진부터 지금의 위치인 그랜드 마스터에 도달할 때까지 그의 사진들이 벽을 덮고 있다. 우리는 커튼 뒤에 체스 판 일곱 개를 마련했다. 그중 네 개에는 실제 토너먼트 중의 게임들에서 나온 포지션들이었다. 망누스 칼센과 비스와나탄 아난드의 게임, 칼센이 세계 1위가 되었던 결정적인 게임도 포함되어 있었다. 세 개의 체스 판에는 실제로 없는 배열을 했다. 실제로 없는 배열의 출발점은 잘 알려진 체스 게임이지만, 우리는 제비를 뽑아 말들을 뒤섞어 놓았다. 체스 판 하나에는 킹 두 개가 나란히 서 있었는데, 이것은 체스에서는 도저히 있을 수 없는 경우이다. 다른 판에는 폰이 상대방의 말들 사이를 뚫고 지나가 적군의 열 바로 뒤에 서 있다.

우리가 도전한 네 명의 그랜드 마스터들은 체스 판을 5초씩만 주시한 후 본 것을 그대로 재생해야 했다. 이들은 언제나 똑같이 잘 기억할 수 있을까? 아니면 분명한 논리를 따르는, 어쩌면 선수들은 희미하게나마 기억할 게임보다 넌센스 게임이 더 회상하기 어려울까? 어쨌건 겨우 5초이다. 우리가 집에서 대문을 여는 데 걸리는 시간, 물 한 잔을 들이키는 데 걸리는 시간이다.

우리가 제시한 체스 판에는 말들이 놓여 있다. 판마다 스무 개가 넘는다. 어떻게 그저 몇 개보다 더 많이 기억할 수 있을까? 이 실험은 1940년대에 처음으로 네덜란드 그랜드 마스터들을 대상으로 이루어졌는데, 체스 선수들이 체스에 대해 본능에 가까운 기억력을 발달시켰다는 것을 입증하기 위해 고안된 실험이었다.[*] 끝도 없는 체스 게임을 통해 이들은 포지션들을 익히고, 오프닝과 전형적인 행마법들을 익혔다. 넌센스 게임은 바로 알아보았고, 알려진 게임들은 처음부터 끝까지나 적어도 일부가 골수에 새겨져 있거나 아니면 대뇌피질에 새겨져 있을 것이다. 이들은 체스에 대해서는 전문가이기 때문에, 눈에 보이는 것을 더 빨리 읽고 이해할 것이며, 5초밖에 시간이 없어도 다른 사람들보다 쉽게 재생할 수 있을 것이다.

이 실험의 첫 피험자는 젊은 그랜드 마스터, 노르웨이 체스계의 최고 영재 중 한 명인 아리안 타리였다. 수줍어하는 열여섯 살 소년은 최근에 세계에서 네 번째로 어린 그랜드 마스터가 되었다. 첫 실험에서는 조금 주저한 그는 여섯 개의 말만 제자리에 놓을 수 있었지만, 그다음부터는 더 성공적이었다. 그가 최고점을 받은 것은 아난드와 칼센의 게임 21번째 수로, 16개의 말을 옳게 놓았다. 그는 이 게임을 꼼꼼하게 분석했고 각각의 수를 알고 있었다. 이 장면에서 망누스 칼센이 당시의 챔피언을 꺾고 세계 챔피언이 되리라는 게 결정되었으며, 노르웨이의 체스 영재는 이 게임을 아는 게 당연하다. 넌센스 게임에서 그는 많아야 일곱 개의 말을 기억했다.

1940년대의 실험에서 체스 플레이어들은 최고 24개까지를 기억했다. 1973년에 영국에서 이 실험을 반복했을 때는 한 플레이어는 실제 게임의 포지션에서 평균 16개를 맞혔다.*

그랜드 마스터인 올가 돌치코바와 시멘 아그데스테

인은 같은 과제에 도전했다. 말들을 체스 판에 펼쳐 놓을 때 올가는 16개까지 제자리에 놓았지만, 그 외에 여러 경우에 퀸이 있어야 할 자리에 검은 룩을, 나이트가 있어야 할 자리에 폰을 놓았다. 그녀의 기억에서는 그 자리에 희거나 검은 형체가 서 있었고, 그녀는 위치를 정확하게 알았지만 어느 말인지를 맞히지 못했다.

"D파일과 E파일을 먼저 봐요. 여기 가운데에서 모든 사건이 벌어지죠." 올가의 설명이다. 그녀는 여기에서 제일 많은 말을 맞혔다. 체스 판에서 구석으로 갈수록 기억은 희미하고 부정확해진다.

체스 교사인 시멘 아그데스테인은 자기 차례가 되자 집중해서 체스 판을 들여다본다. 그에게 허용된 5초 동안 눈길이 체스 게임을 훑어본다. 그는 아주 빨리 말들을 양손으로 잡고, 큰 캔버스에 그림을 기르는 사람처럼 양손을 체스 판 위에 휘두른다. 뒤로 물러나 결과를 바라보니, 잘못 놓인 말은 몇 개 없다. 그는 20개를 맞혔다. 하지만 두 번째 체스 판은 훨씬 어렵다. 그는 여섯 개만을 옳게 놓았다. 실제로 없는 체스 판이었다.

"이건 이도 저도 아니잖아." 그가 말한다. 그의 이마에 주름이 생기고, 폰으로 머리를 긁는데 별로 기분이 좋아 보이지 않는다.

이번에 그는 말들을 아무 데나 놓는다. 자신감은 완

전히 사라졌다. 하지만 다음에는 진짜 체스 판을 암기하니 성공이 이어졌다. 그도 당연히 칼센과 아난드의 게임을 안다. 그 경기 때 그는 해설가였고, 칼센을 가르쳤던 사람으로서 그 경기에 대해 미디어에서 발언을 했다. 그는 오래 멈추어서 퀸을 E1과 D1 사이에서 움직이더니 결국은 틀린 자리인 E1에 세워 놓는다. 이것이 이 체스 판에서 유일한 실수이다. 그는 총 23개의 말 중 22개를 제대로 기억했다.

"D1에 있어야 한다고 생각했어요. 하지만 그러면 비논리적으로 보였지요. 하지만 알겠어요. 그 바로 앞 단계였을 거예요." 그는 이렇게 말하며 손을 체스 판 오른쪽에서 흔든다. "그러니까 여기 있었어야지요."

최고 10개를 맞힌 올가는 넌센스 체스 판에서 제일 높은 점수를 받았다.

"이걸 기억하는 건 이게 너무나 비논리적이었기 때문이에요. 비논리적인 포지션들은 기억에 파고들죠. 체스를 하는 사람이라서 넌센스 체스 판이어도 유리한 거 같아요. 제 머릿속에서는 그게 가능하건 아니건 모두 똑같이 체스 포지션들이에요. 그리고 그 이유만으로도 기억이 되지요. 저는 교육학 박사 논문을 썼는데, 체스를 하는 사람들은 시각적인 단기 기억이 다른 사람들보다 우수하다는 걸 발견했고, 그건 내내 관계를 생각하고 모든 것을 서로

의 관계 속에서 파악하기 때문이라고 봐요." 그녀의 지적
이다.

취미로 체스를 하는 평범한 사람에게는 모든 체스 판
들이 다 비슷하게 보이지만, 전문가인 체스 플레이어들은
넌센스 체스 판을 바로 알아본다. 아그데스테인에게 비논
리적인 체스 판은 뒤죽박죽으로 보였다. 첫 번째 넌센스
체스 판을 마주했을 때 마음속으로 사진을 찍으려고 해
보았지만, 전혀 도움이 되지 않았고, 다음 번 전략은 몇 개
의 말만 기억해서 피해를 축소하는 것이었다.

올가나 시멘이나, 넌센스 체스 판과 제대로 된 게임
이 기억에 나타나는 방식 사이에 큰 차이가 있었다.

"제대로 된 게임은 마치 2초간 블랙아웃을 겪어서 아
무것도 기억이 안 나는 것하고 비슷해요. 하지만 체스 판
전체의 모양이 머릿속에 떠오르지요. 마치 안개가 걷히듯
이요. 넌센스 체스 판은 이도 저도 아니에요. 아무 형체가
없지요. 그냥 되는 데까지 기억하는 거예요."라고 올가 돌
치코바는 말하고, 시몬도 고개를 끄덕인다.

"하지만 우리를 다시 제대로 된 체스 판으로 테스트
하면, 우리는 다 완벽하게 맞힐 거예요!"라고 아그데스테
인은 말한다. "머릿속에서 설치고 돌아다니고 있어요. 오
늘 종일 그 생각을 할 거예요."

우리의 체스 실험에는 세계 최고의 체스 선수 중 한

사람이며 노르웨이에서 2인자인 그랜드 마스터 욘 루드비그 함메르만 남았다. 그리고 그를 테스트해 보고 나서 대전환이 일어났다. 실험을 하는 우리도 체스에 진 것이다.

하지만 먼저 사람이 얼마나 많은 것을 기억할 수 있는지, 그리고 아주 많은 것을 기억하는 사람들은 어떻게 외우는지를 알아보자. 기억력이 나쁘면 전혀 할 수 없는 직업들도 있으니까.

배우인 마리 블록후스는 노르웨이에서 가장 주요한 무대 중 하나인 국립극장에서 「햄릿」의 주인공 역할을 맡았다. 전통적인 성 역할을 뒤집은 각색이었다. 셰익스피어의 가장 유명한 비극은 독백이 많다. 연기해야 하는 텍스트가 많고, 주인공은 긴 대사를 맡아야 한다.

블록후스는 그 역할을 푸른 얼음 빛 나선으로 기억한다. 이게 그녀가 설명한 방식이다. 그녀는 솔로몬 셰레셰프스키처럼 공감각을 가지고 있다. 특히 소리는 그녀의 머릿속에 색깔과 형태를 만들어 낸다. 작품에 필요한 소품을 실은 수레가 덜컹거리며 지나가면, 블록후스는 몸을 감고 있는 뱀 같은 밤색 소리가 난다고 말한다. 갑자기 나는 소리는 노란색이나 초록색이고, 게시판의 못은 '우습고 뾰죽한 노란 소리'를 낸다.

음악이 복잡한 기하학적 형태가 되기도 하고, 연극

텍스트나 시 역시 모양과 색깔을 연상시킨다. 그리고 햄 릿이라는 작품 전체는 그녀에게 푸른 얼음 빛 나선인 것 이다. 그녀는 이런 식으로 자신의 역할을 기억한다.

"푸른빛은 바다와 하늘, 자연의 외로움에서 왔을 수 도 있지요. 모르겠어요. 어쨌건 그 작품의 대부분은 바로 그런 감정과 이어져 있고, 가끔 어떤 장면들에서는 다른 색깔과 이미지들이 겹쳐지기도 해요. 기본 바탕 색깔은 그거예요. 다른 건 다 거기에서 나오는 거예요. 하지만 역 할을 외우는 건 역할을 잊어야 한다는 걸 기억하기처럼 어렵지는 않아요."

저녁마다 그녀는 무대에 서서, 지금 일어나는 일을 전에 경험한 적이 없다고 생각하려고 애쓴다. 청중과 마 찬가지로 그녀에게도 새로워야 하고, 텍스트를 로봇처럼 읊는 건 피하려고 한다.

"저는 무대에서 벌어지는 일에 대해 완전히 열려 있 어야 해요. 그렇지 않으면 실감이 나지 않을 거예요. 저는 저 자신과 배역의 지독한 외로움은 다 드러내지요. 햄릿 이라는 인물이 약간 가릴 뿐이에요. 단어들은 몸 안에 있 어야 해요. 그래서 저는 대사를 읽을 때, 단어들이 몸 안으 로 들어가도록 앞뒤로 걷지요. 무대에 서면 저는 단어들 이 몸 안 어딘가에 있다고 확신할 수 있지요."라고 한다.

배우가 되기 위해 교육을 받는 동안 그녀는 텍스트와

인물 안으로 들어가 분석하는 여러 가지 기술을 배웠지만 단순한 기억술은 필요하지 않았다. 인물, 작품의 복합성, 텍스트가 궁극적으로 무엇을 다루는지 이해하기 위해서는 활용할 수 있는 기술이 여러 가지 있다. 그녀는 자신의 인물을 심리학자의 상담 소파에 눕히고 어린 시절의 추억들을 찾아내며, 은유와 텍스트 안의 관계를 관찰한다. 이론적으로만 말하면, 연극 작품을 연습하는 데에는 여러 가지 기술과 방법이 있다. 그중 하나는 이바나 처벅의 12단계 모델인데, 할리우드 배우들 간에 잘 알려져 있고 블록후스도 사용하는 기술이다. 이 모델에서는 작품 전체와 각 사건의 뒤에 있는 동기를 찾는 데서 출발한다. 이 방법은 기억 친화적인데, 자신이 이해하는 것을 기억하고 이를 자기 자신의 목적이나 희망과 일치하는 무언가에 연결 짓고자 하는 기억의 성향을 모방하기 때문이다. 배우는 자신이 맡은 인물을 꾸며 내야 하는데, 그러려면 그 인물에게 어울릴 내면의 독백을 만들어 내고 그 인물의 인생사를 만들어 내야 한다. 배우 중에는 자신의 역할과 더 잘 만남으로써 감정을 더 사실적으로 표현하기 위해 이렇게 하는 사람들이 있다. 신경심리학자는 이것을 부호화의 깊이 있는 형태라고 분류할 수 있다. 기억이 튼튼한 기억망에 단단하게 묶이는 것이다. 하지만 최종적으로 블록후스는 이 모든 것을 저장하기 위해 색깔과 모양을 필요로 하며, 그녀의 공감각은 배우로서의 그녀에게 놀라울 정도로 유용한 도구이다.

"제가 대사를 기억하는 건 제가 감정적인 장소에 가서 저 자신을 감정적으로 논리에, 저에게 무언가가 걸려 있는 실존적인 문제에 결합시키기 때문이죠. 색깔과 모양은 감정을 표현하고 제가 기억을 하는 데 도움이 되지요."라고 블록후스는 말한다.

사람이 이렇게 많은 양을, 연기하는 데 몇 시간이 걸리는 텍스트를 암기할 수 있다는 건 외부인에게는 놀라울 수도 있다. 하지만 더 어려운 것도 있을까? 몇 시간 동안 복잡한 음악에 맞추어 텍스트를 암송해야 한다면?

요하네스 바이세르는 오페라 가수이다. 직업상 세 시간까지 걸리는 오페라를 외워야 하는데, 심지어는 외국어이다.

"예술적, 성악적인 작업 외에 특별한 기술은 없어요. 노래하는 내용을 모두, 단어 하나하나까지 이해해야지요. 곡에서 어디에 쉬어야 하는지 기억해야 해요. 물론 음악과 지휘가 도움이 되죠. 보통은 성악적이고 예술적인 작업이 외우는 것보다 더 비중이 커요. 그리고 그 작업을 했으면 걸칠 곳이 많아서 이미 외울 수 있지요."라고 그는 이야기한다. 그는 때로는 가사를 애써 외워야 할 때가 있다는 걸 숨기지 않는다. 그럴 때면 그는 보면대에서 점점 멀리 가면서 가사를 읽거나 노래한다.

"악보가 안 보일 때쯤이면 곡을 외우죠."

그는 아무 때라도 「돈조반니」나 「코지 판 투테」를 부를 수 있다. 이 두 곡의 모차르트 오페라는 너무나 깊이 박혀 있어서, 악보를 넘기기만 해도 자신의 배역을 다시 새로 해낼 수 있다. 이것은 몇 시간이 걸리는 곡들이다.

"제일 어려운 건 저항이 거의 없는 음악이나 제가 흥미가 없는 음악을 외우는 거예요. 이해되지 않는 부분이나 도전이 되는 부분처럼 어려움이 있으면 오히려 도움이 되지요. 그런 것들이 기억을 위해 '걸칠 곳'들이 되거든요. 예를 들면 지금은 오페라 「오네긴」을 연습하고 있어요. 저에게 새로운 도전이 되리라는 걸 금세 알 수 있었고, 그래서 기뻤어요. 노력이 필요한 부분이 있으면 멈춰서 해결해야 하고, 그럼 거기서부터 기억을 할 수 있지요."

그러니 그는 가사를 애써 외우는 게 아니다. 배우 마리 블록후스와 마찬가지로, 그는 전체를 익히고, 오페라의 내용이 무엇이며 음악이 어떻게 짜여 있는지 이해해 본다. 이 모든 것은 그에게 의미가 있어야 한다.

바이세르의 경험은 기억의 작동 방식에 대해 우리가 아는 것과 잘 들어맞는다. 오페라 가수나 배우나 자신의 기억과 함께 작업한다. 자기가 노래하거나 말하는 내용을 이해하면, 기억이 더 잘 되고, 기억의 네트워크를 형성한다. 어떤 역할을 자신의 감정적인 삶과 연결 지으면 기억은 더욱 강화된다. 하지만 기억이 원래 작동하는 방식과 아주 반대되게, 그러니까 아무 맥락 없이 기억을 해야 하면 어떻게 될까? 아주 중요한 일이고 아주 많은 세부를 기억해야 하는데 하나로 묶어 줄 줄거리도 없고 강렬한 감정과 맺을 수도 없으면?

"제 생각에는 퀴즈라는 맥락에서는 기억술을 거의 사용하지 않거나 전혀 사용하지 않는 것 같아요. 퀴즈에 참여하는 신사는 애써 외우지 않는다고 누군가가 농담 삼아 말했지요. 그냥 원래 안다는 사실이 퀴즈를 할 때 자부심의 한 부분인 거죠. 하지만 퀴즈에 참가하는 사람들 중에는 신문을 읽을 때 메모지를 옆에 두고 적는 사람들도 있어요. 그리고 궁금한 게 나올 때면 저는 위키피디아에서 확인하고는 나중을 위해 기억하지요."라고 퀴즈 단체전에서 노르웨이 1위를 세 번 했으며 노르웨이 퀴즈 협회 회장이었던 잉그리드 산데 라르센은 말한다.

퀴즈에 참여하려고 애써 외우는 사람들이 겪는 문제는 이들은 정말 모든 것에 대해 알아야 한다는 점이다. 그러니 어디에서 시작해야 할까?

"관심이 없는 걸 외우기는 힘들죠. 퀴즈에는 평균보다 호기심이 많은 사람들, 온갖 것들에 다 관심이 있는 사

람들이 참여한다고 일반적으로 말할 수 있어요."라고 그
녀는 말한다.

"제가 제일 잘 기억하는 것들의 상당수는 십 대 시절
이나 고등학교 때의 것들이더라고요. 노래를 듣고, 그 노
래를 처음 들었을 때 수업을 마치고 어디에 있었는지, 그
때 누구를 좋아했는지, 어떤 냄새와 맛이었는지 정확하게
아는경우가 있어요. 그래서 1980년대와 1990년대의 히트
곡들은 지금 원하건 아니건 알겠어요."그녀는 말한다.

다른 말로 그녀는 자신의 개인적인 자서전에 쌓여 있
는 기억들에서 도움을 얻는다.

그리고 그녀는 이전의 퀴즈에서 질문이 나왔던 사건
들도 잘 기억한다.

"영국의 더비에서 2010년에 열렸던 유럽 선수권 대
회 직전에, 위키백과에서 누가 럭비를 시작했는지를 찾아
봤어요. 아주 잘한 일이죠. 그 질문을 받았거든요. 대답은
못에 박힌 것처럼 머리에 있었어요. 윌리엄 웹 엘리스지
요. 선수권 대회 때 앉아 있던 공간이 지금도 눈에 선해요.
인조 대리석으로 된 기둥, 천정에 달린 구리 램프까지 다
생각이 나요."

잠수사들의 경우처럼 무언가를 외운 장소도 맥락의
일부가 되어 기억을 도와준다.

새로운 것을 기억해야 하는 직업을 가진 사람들은 기
억술을 사용하지도 않고 애써 암기를 하지도 않는 것으로
보인다. 그들은 자신들이 하는 일에 엄청나게 관심이 있
을 뿐이다. 그렇다면 기억술이라는 게 정말로 필요하기나
할까?

"물론 기억력이 엄청 좋으면 기억술이 필요없죠." 오
드비에른 뷔는 말한다.*

그는 기억의 거장이며 기억술을 가르치는 사람으로
서 생계를 유지한다. 베스트셀러 여러 권을 썼으며 사람
들에게 기억을 더 잘하는 법을 가르친다. 노르웨이의 기
억 챔피언이고 세계 22위를 차지했으며, 10년이 넘는 기
간 동안 세계 선수권 대회에 참여했다. 대회에서 참여자
들은 미리 외워서 준비할 수 없는 테스트를 받는다. 예를
들면 끝없이 긴 수열을 순서대로 기억해 낸다거나 트럼프
카드들을 최대한 짧은 시간에 암기해서 순서대로 재생해
야 하는 등의 과제들이다.

"스키 선수인 페테르 노르트후그는 아름다운 자연을
보며 바깥에서 훈련할 수 있으니까 부러워요. 저는 여기
안에 앉아서 종이에 인쇄된 숫자를 외우는데 말이죠." 그
가 말한다. "경쟁에서도 아무 쓸모 없는 것들을 외워야 하
기 때문에 스스로에게 동기를 부여하기가 어렵죠. 트럼프
카드 같은 건 금방 질려요."

　　트럼프 카드 한 세트를 모두 순서대로 외우려면 52개의 카드 하나하나를 자유롭게 연상한 사람이나 특징적인 사물과 연관 지어야 한다. 그러고는 카드들을 둘씩 짝지어 어떤 시스템 안에 배치해야 한다. 카드는 수억 가지로 조합이 가능하기 때문에, 카드들을 서로 연결 짓는 이야기들은 말도 안 되고 황당무계할 수도 있다. 카드 뭉치에서 오드비에른 뷔가 스페이드 8을 뽑을 때마다, 이 카드는 사담 후세인이다. 스페이드 6은 노예이다. 그러고는 이들을 무언가 의미 있게 서로 연결해야 하는데, 되도록이면 이야기를 만들어야 한다.

　　"하지만 어떤 이야기가 생겨날지는 모르죠. 예를 들면 최근에는 사담 후세인이 아이를 낳았어요." 오드비에른 뷔의 이야기이다.

　　그의 기술은 대회만을 위해 발명된 것은 아니다. 무엇보다도 기억을 잘 못하는 사람들을 돕기 위해 만들어진 것이다. 그는 이 기술을 인공 기억이라고 부른다. 그는 자신이 특별히 기억력이 좋은 게 아니라, 그저 그 기술을 아주 잘 사용할 뿐이라고 생각한다.

　　"기억력이 약한 사람들은 자신들이 기억을 못 하는 건 모두 자신들을 방해하는 무엇, 예를 들면 질병이나 나이 탓이라고 생각하기 쉬워요. 그러면서 기억력이 나쁜 건 아주 일반적이라는 걸 잊기 쉽죠." 그의 말이다. 뇌가

젊고 빠릿빠릿해도 자연스레 잊힐 일들을 자신의 기억력
이 떨어지는 증거로 여긴다는 것이다.

그래서, 그 도움을 얻지 않고 기억을 해냄으로써 자
기 자신을 증명해 보이려고 하기 때문에 기억술을 사용하
지 않는 사람들이 많다.

오드비에른 뷔의 기술 중 어떤 것들은 놀라울 정도로
사소하다. 메모를 한다거나 사진을 찍거나 우산을 겉옷
에 걸쳐 놓는다는 등. 하지만 모든 것을 스스로 기억하려
고 에너지를 소모하는 게 최선은 아니다. 다른 기술들은
외적인 도움 없이 기억을 하기 위해 개발되었으며, 기억
술사들이 대회에서 사람들을 놀라게 하고 기억을 무슨 마
법처럼 보이게 하는 건 주로 이런 기술들 때문이다. 가장
잘 알려진 것은 2000년 전에 로마의 연사들이 만들어 낸
장소법이다. 오드비에른 뷔는 이를 여행 경로 방법이라고
부르고, 이 방법에서는 여행 경로의 특정한 장소에 이미
지들을 배치한다.

장소법을 더 알아보기 전에 잠깐 런던을 찾아가자.
우리는 택시 기사인 주디 엘리엇에게 새로운 과제를 제시
했다. 너무 쉬워서 눈 감고도 풀 수 있을 것 같은 과제이
다. 쇼트 스트리트에서 우리는 셰익스피어 글로브 극장으
로 간다. 템스 강가에 새로 지어진 이 극장 앞에서 그녀는

우리에게 왼쪽으로 문을 열어 준다. 주디 엘리엇은 처음에 몰랐지만, 사실 그녀는 자신의 놀라운 기억력으로 우리를 그 당시의 거대한 기억 기계, 즉 르네상스 시기의 극장에 데려다 주었다.*

우리는 네덜란드, 오스트레일리아, 미국, 또한 햄릿의 고향인 덴마크에서 온 관광객들과 함께 새로 지어진 극장에 서 있다. 비용을 부담했던 후원자(시카고 출신의 독지가인 샘 워너메이커)가 세상을 뜨고 4년 후인 1997년에 이 건물은 완공되었다.

나무로 지어진 이 극장은 거의 원형이며, 가운데에는 지붕이 뚫린 마당이 있어서 16세기 당시에는 1페니를 주고 무대 앞의 입석을 산 사람들의 뒷목에 런던의 비가 흘러내리기도 했다. 2페니를 내면 안전하고 뽀송뽀송한 위쪽 좌석에 앉을 수 있었다. 지붕은 이끼로 덮여 있고, 잘 보이는 곳에 스프링클러가 있다. 가이드는 우리에게, 화재의 위험이 큰 이 지붕은 런던의 소방 규정에서 예외 허가를 받아 지어졌다고 말해 준다. 화재를 괜히 걱정하는 게 아니다. 원래 있던 극장은 이미 1613년에 화재로 소실되었다.

그런데 왜 극장은 글로브, '지구'라고 불릴까? 그리고 왜 누군가가 황도 십이궁의 별자리(게자리, 쌍둥이자리, 물병자리 등등)를 배우들밖에는 못 보는 무대 위 지붕에 그려 놓았을까? 악마조차 그 모습을 드러내기도 하는 무대 위에서 일어나는 일들과 짝이 되는 이곳은 '하늘'이라고 불렸다.

차가운 이날, 무대 위에는 아이들이 한 그룹 서서 높은 목소리로 셰익스피어의 대사를 말하고 있다. 학교 학생들이 거장의 작품을 연습하는 것이다. 말을 마치자 하얀 입김이 약간 나오는가 하더니 다시 잿빛 하늘로 흩어진다. 아이들은 웃으면서 다시 사라진다.

아이들은 르네상스 사람들이 어떤 세계관을 가지고 살았는지는 잘 모른다.

셰익스피어의 글로브 무대 위에 서 있다고 상상해 보자. 원래의 글로브 극장에 서서 햄릿을 연기한다. 짧은 한순간 눈을 들어 무대 위의 지붕을 본다. 그러니 대본에서 어디를 연기할 차례인지를 알겠다. 머리 위에 기억술을 사용하기 위한 도구가 있기 때문이다. 푸른 바탕에 금색으로 그려져 있는 별들의 경로이다.

셰익스피어의 극장은 그 자체가 커다란 기억 기계로 지어졌다고 생각하는 사람들이 있다. 장소법은 고대의 뛰어난 웅변가들이 연단에서 할 말을 기억하기 위해 개발한 것으로, 기억해야 하는 내용을 극적인 이미지로 만들어서 머릿속에 원래 잘 아는 길, 예를 들면 원로원으로 가는 길을 따라 배치한다. 연설을 하는 동안에는 머릿속으로 그 길을 가며 다음에 이야기할 포인트를 주워 담는다. 르네상스 철학자인 줄리오 카밀로는 이 기술을 바탕으로 '기억의 극장'이라는 것을 소개했는데,* 그에게는 극장 무대가 '길'이 되었고, 르네상스 마술사인 로버트 플러드가 이를 더욱 정교하게 다듬었다. 그는 기억을 다시 꺼내 오는 마술의 장소로서 무대에 관심이 있었다. 그의 우주에서 인간은 우주의 모든 별과 연결되어 있었으므로, 기억을 돕기 위한 장치로 무대 전체 위에 황도 십이궁을 펼쳤다. 기억술을 잘 익히면 진짜 마술사가 되어 별을 관장할 수 있었다. 근대적인 르네상스 인간은 세계의 한가운데, 별 아래에 있었으며 기억의 마술로 세계를 움직일 수 있었다.*

"로미오를 돌려다오. 그리고 내가 죽거든."*

줄리엣은 글로브의 무대에서 탄식하며, 어쩌면 잠깐 별이 꾸미고 있는 지붕을 바라보았는지도 모른다.

> 그를 데려가 작은 별들로 흩뿌려 주오.
> 그럼 그는 하늘의 얼굴을 아름답게 만들 것이니,
> 온 세상이 밤과 사랑에 빠지고
> 더 이상 해를 찬미하지 않으리.

지구와 별, 글로브와 무대 위의 천장. 여기서는 세계

가 배우들이 공연하는 작품을 기억하는 걸 돕는 동시에 그들을 우주와, 우주의 마력과 연결시켜 준다.

오늘날 장소법은 마법으로 여겨지지 않는다. 그래도 장소법은 아주 유용한 기억법이며, 그 바탕이 되는 것은 두 가지 중요한 원칙이다. 하나는 원래 알고 있는 무엇, 즉 알려진 여행 경로를 사용한다는 점이고, 다른 하나는 눈에 확 들어오는 환상적인 이미지들을 사용하여 기억할 내용과 함께 연상되게 한다는 점이다. 원래 알고 있던 여행 경로를 사용하면 기억에서 공간을 절약할 수 있고, 기억할 것에 자연스러운 순서가 정해진다. 예를 들어 집에서 학교로 가는 길을 생각해 보자. (여러 해가 지났어도, 성인들도 학교에 가던 길을 잘 기억한다.) 길을 따라 자연스럽게 생겨나는 몇 지점을 선택한다. 십자로, 버스 정류장, 변전소, 길을 따라 가다 보면 나오는 노란색 집 등등. 그다음에는 기억할 내용들을 표제어로 그 각각의 지점에 배치한다. 그런데 그 표제어들은 아주 독특한 기억 흔적을 남기도록 매우 생생한 이미지로 바뀌어야 한다. 이런 방식으로 기억할 수 있는 대표적인 예는 주기율표의 원소들이다. (물의 중요한 구성 성분인) 수소가 길의 첫 번째 정류장이라고 하자. 버스 정류장에 홍수가 났다! 사람들은 버스 정류장 표지를 붙잡고 매달리고, 우산에 올라앉아 우산을 배로 사용한다. (별로 현실적이지는 않지만, 정말 눈에 확 들어온다!) 원래 그 자리에 있던 작은 물웅덩이가 수소의 힌트가 되리라고 생각하고 이것을 이미지로 사용할 유혹에는 빠지지 말기 바란다. 기억해야 하는 대상과 함께 연상이 될 수는 있지만 사용된 길의 일부로 이미 존재하던 것들은 이미지에서 배경으로 사라지고 잊힌다. 다음 정류장은 길에 있는 노란 집이다. 여기에는 헬륨이 있다. 거대한 풍선 한 다발이 집에 묶여 있어서, 집이 땅에서 떠오르려고 한다. 다음 정류장은 교차로인데, 거기에서 우리는 아주 거대한, 리터 눈금이 그려진 계량컵의 형태로 리튬을 만난다. (노르웨이어로 계량컵을 '리터몰'이라고 하기 때문에, '리튬'과 발음이 비슷하다. 여기에서는 리터 눈금으로 옮겼다. ─ 옮긴이 주) 납작한 리튬 건전지로 가득한 계량컵이 교차로 한가운데에 있기 때문에, 차들이 우회해야 한다. 길은 쇼핑 리스트, 역사 시험공부, 할 일 목록같이 이보다 더 유용한 것들을 기억하는 데도 사용할 수 있다.

"저는 100가지 길을 사용해요. 왜냐하면 서로 다른 것들을 아주 많이 기억해야 하니 서로 헷갈리지 않게 다양한 길들이 필요하기 때문이죠. 제가 제일 좋아하는 길은 제 형의 헛간이에요. 제가 잘 아는 곳이고 오밀조밀 변화도 많으니까요."라고 오드비에른 뷔는 말한다.

대학 시절에 그는 도발적인 기억 실험을 했다. 그는 종교사 수업 내용을 이틀 만에 암기해 버렸다. 그의 비법은 장소법이었다.

"친한 친구 한 명이 옛 종교들의 역사 시험을 쳐야 했고, 저는 잘 정리된 그의 노트를 빌릴 수 있었죠. 저는 이 노트의 내용을 여행 경로에 배치했고, 구두시험에서 읊을 수 있었어요."라고 그가 이야기한다. 그는 이 과목에서 B를 받았고, 이게 문제였다. 이게 그렇게 쉽다면 뭐 하러 몇 달 동안 앉아서 공부하겠는가? 하지만 오드비에른 뷔는 12년이 지난 지금 메소포타미아의 신들에 대해 기억하는 게 별로 없다고 스스로 밝힌다. 반면에 그가 1년 내내 꼼꼼히 공부했던 역사 과목의 내용은 비록 성적은 이만큼 좋지 않았지만 많은 것을 의미했다.

"한 과목을 그렇게 표면적으로 공부하라고 권하지는 않겠어요. 하지만 이런 기술은 다른 공부 방법과 함께 사용하고 내용을 더 깊이 이해하면서 쓸 수도 있지요."라고 그는 말한다. "그리고 어쩌다 이틀 정도 시간이 남고 그 시간에 할 일이 필요하다면 이 방법으로 뭔가 새로운 걸 공부하지 않을 이유도 없잖아요?"

이 기술은 처음에는 어려워 보일 수도 있지만, 시험 때나 무대나 춤을 추어야 할 때같이 스트레스를 받는 다양한 상황에서 사용할 수 있다.

"뭔가 의미 있는 일을 하면서 동시에 머릿속으로 길을 갈 수 있지요. 1000분의 1초면 되니까요. 배우나 오페라 가수라면 표제어 몇 개를 찾고 그 주위의 다른 텍스트들을 그룹으로 묶으면 돼요. 그다음에는 표제어들을 길에 배치하지요. 전문가일수록 내용을 다 기억하는 데 표제어가 적게 필요해요. 원래 잘 알던 거니까요. 외워야 하는 것을 이미 어느 정도 알고 있으면 기억술의 대부분은 더 잘 작동해요."

전문가들도 기억술의 도움이 필요할 수 있다. 아무것도 잊을 수 없었던 솔로몬 셰레셰프스키도 나중에는 점차로 암기를 위해 장소법을 사용했다.* 처음에는 자신이 스스로 만들어 낸 장소법을 사용하며 자신이 기억해야 하는 것들을 상트페테르부르크의 거리들을 따라 배치했다. 그는 이미 기억에 뛰어났기 때문에, 특별히 눈에 튀는 그림이 필요하지는 않았다. 때로는 무언가를 가로등 사이의 그림자에 두었기 때문에 잊어버린 적도 있다. 그는 너무 생생하다고 할 정도의 상상력을 소유했으므로, 기억해야 했을 작은 계란이 눈에 잘 안 뜨이고 배경으로 사라지면 모르고 지나치기도 했다. 그래서 자신의 기억을 확실한 길을 따라 구조화하고 상징을 사용해야겠다고 인정했다.

장소법 외에도, 외워야 하는 단어들의 첫 글자를 바탕으로 하는 기억 규칙이나 첫 글자 규칙을 사용할 수도 있다. 오렌지 규칙을 사용할 수도 있다. 무언가 중요한 게 생각나면 침대에 오렌지를 놓는다. 집에 오면 오렌지가 눈에 보이고, 그게 무슨 일이었는지 기억이 난다. 색인 카드 혹은 플래시 카드도 쓸 수 있다. 색인 카드는 카드의 양쪽에 한 가지 정보씩만 쓰인 작은 카드, 예를 들면 한쪽에는 나라 이름이, 다른 한쪽에는 수도가 쓰인 카드이다. 카드 뭉치를 공부하며, 기억하는 카드는 치우고 나머지는 제대로 기억하게 될 때까지 반복한다.

대부분의 방법들은 내용을 잘 알고 있을 것을 전제한다. 내용을 제대로 파악하고 이해하지 않고는 기억 규칙이나 암기 카드를 만들 수 없다. 사실 깊이 들여다보면, 방법들은 이런 작업을 더 쉽게 만들어 준다. 하지만 방법들은 동기도 부여해야 한다. 보다 기억 친화적으로 접근하면, 단순한 암기는 필요 없어진다. 하지만 어떤 것들은 외우기 위해 어느 정도는 투자를 해야 하는 건 피할 수 없는 사실이다. 주기율표, 의학에서는 해부학 용어, 식물학에서는 라틴어 학명, 수학에서는 공식, 언어에서는 문법 규칙. 이런 것들은 살갗 밑으로 뚫고 들어올 때까지 두드려 넣어야, 아니면 여행을 시켜서 넣어야 한다.

"기억이 잘 되면 기분이 좋죠. 특히 기억하는 데 어려움을 겪는 사람들의 경우에는 더 그럴 거예요."라고 오드비에른 뷔는 말한다.

그와 헤어지기 전에, 그는 우리에게 기술 하나를 보

여 준다. 아주 긴 수를 외우는 것이다. 한창때 그는 이 분야에서 세계 9위였다. 그는 우리에게 1초에 하나씩 무작위로 수 35개를, 최대한 일정한 목소리로 소리 내어 읽어 달라고 한다. 기억의 대가가 아닌 우리는 아마 기억하는 수들을 잊어버리기 전에 즉시 회상해 내려고 할 것이다. 우리는 아마 처음과 마지막의 몇 숫자밖에 맞히지 못했을 것이다. 보통의 기억력을 가진 사람은 예닐곱 개의 숫자를 기억할 것이다. 보통 우리의 뇌에는 그 정도의 자리가 있다. 하지만 우리가 숫자를 읽어 주고 나니 아주 조용해졌다.

노르웨이 기억 챔피언은 양손으로 입과 코를 가리고 앞으로 몸을 굽히고 앉아서 멀리를 바라본다. 벌써 숫자를 다 잊어버렸을까? 1분이 흐른다. 2분이 흐른다. 그러더니 그는 이제 숫자를 말하기 시작한다. 처음 숫자는 술술 나온다. 그는 숫자 몇 개를 뛰어넘었다가 나중에 해도 괜찮겠냐고 묻고, 모자에서 별 거 아니라는 듯이 토끼를 더 꺼내는 마술사처럼 기억에서 숫자를 꺼낸다. 너무 빨라서 따라가기가 힘들다. 그는 총 35개의 숫자 중 34개를 기억한다. 이건 진짜일 리 없는 마술 같은 일이다. 하지만 사실 그는 숫자를 유의미한 형체로 변형시켜서 길을 따라 배치하는 훈련을 아주 잘했을 뿐이다. 그는 숫자를 둘씩 짝지어서는, 길가에 있는 얼룩말이나 도깨비나 다른 사람이나 짐승으로 만든다. 원칙적으로는 누구나 배울 수 있다. 하지만 세계 최고가 되려면 목적 지향적으로 열심히 연습을 해야 하고, 다른 모든 스포츠나 마찬가지로 재능도 어느 정도 있어야 할 것이다. 우리 다른 사람들은 그저 행복하게 기억을 훈련하는 사람들이 될 뿐이다.

"기억을 가지고 작업하는 것은 저 자신을 바꾸는 일이었어요. 책을 읽을 때면 전보다 머릿속에 이미지가 많이 생겨요. 더 시각적이 된 거죠."라고 뷔는 말한다.

아네르스 피엘과 크리스티네 발호브드는 심리학 교수로, 함께 뇌와 인지의 수명 변화 센터를 이끌며 다양한 연구 프로젝트를 수행하고 있다. 그 목적은 기억이 평생에 걸쳐 어떻게 작용하는지를 밝히는 것이다.

대규모 프로젝트 중 하나는 기억력을 훈련하면 무슨 일이 일어나는가에 대한 연구이다.* 이들은 특출한 능력을 가진 택시 기사들을 연구하지는 않는다. 대신 200명의 자발적인 참여자들에게 기억력을 훈련시킨다. 나이 일흔이 된 사람들이 기억술을 익히면 어떻게 될까?

"10주간 기억 훈련을 하고 나면 70세 된 사람이 연습을 하지 않은 20대만큼 기억을 해요."라고 크리스티네 발호브드는 말한다. 나이가 많은 참가자들은 더 열심이고, 정말로 노력을 보일 때가 많다. 이들은 일반적으로 생각하는 것보다 더 많은 도움을 얻는 듯하다.

"이분들은 자신들이 노력하고 과제를 심각하게 여겨야 한다는 것을 젊은 사람들보다 더 잘 인식하고 있는지도 모르지요." 그녀의 생각이다.

기억은 뇌에서 눈에 보이는 형태를 취한다. 엘리너 매과이어와 마찬가지로, 발호브드와 그녀의 동료들은 자발적으로 기억을 연습하는 사람들의 뇌를 스캔하여 변화를 확인할 수 있었다. 하지만 그들의 뇌에 확실한 변화가 생긴다고 해도, 이게 기억을 위해 실제로 무슨 의미인지는 그저 추측을 할 뿐이다. 기억 연습이 일반적인 기억 능력에 영향을 미치는 것 같지는 않기 때문이다.

"단어 100개를 줄줄이 외우는 연습을 하면, 단어를 줄줄이 외우는 능력이 좋아지는 거죠." 크리스티네 발호브드의 말이다.*

그렇다면 뇌가 손상되어 기억력이 아주 약한 사람의 경우는 어떨까? 뇌 손상 이후에 기억력을 모두 온전하게 회복할 수 있다면 많은 사람들, 특히 해마에 손상을 입은 사람들이나 뇌에 전반적으로 크고 지속적인 손상을 입은 사람들에게는 희망이 될 것이다. 재활의 목적은 일상생활을 더 잘 영위할 수 있게 되는 것이다. 이는 때로는 알람 기능이 있는 스케줄러나 달력을 사용하고 일정하게 반복되는 생활 습관을 개발하며 쇼핑 리스트를 작성하고 메모

를 하는 것을 포함할 수도 있다. 기억하는 방식을 바꾸기
란 뇌가 손상된 사람에게는 흔히 긴 과정이며 감정적으로
도 힘들 수 있다. 기억력이 떨어지면 하는 일이나 학업에
추가로 시간과 노력이 들 수 있으며, 때로는 능동적인 기
억 연습 같은 재활도 자신의 한계를 드러내는 일이 될 수
있다. 하지만 기억술은 기억력이 떨어진 사람에게 도움이
될 수 있고, 생활을 다시 통제할 수 있다는 경험을 하게 해
주기도 한다.

엘리너 매과이어의 연구나 발호브드와 피엘의 연구
나, 기억의 연습이 기억 자체를 개선하는 건 아니지만 기
억술의 도움을 받아 기억을 더 잘하는 것이 당사자들에게
성취감을 주는 것을 증명한다.

아주 특정한 영역에서 장소 기억의 변화와 그에 따른
해마의 확대가 입증된 택시 기사들과 마찬가지로, 기억술
을 더 잘 사용하면 뇌는 기억술을 더 잘 사용하게 될 뿐이
다. 체스 그랜드 마스터는 체스 포지션을 잘 기억할 뿐 다
른 것은 별 차이가 없다.

욘 루드비그 함메르는 체스 판 위로 몸을 굽힌다. 그
러더니 갑자기 올려다본다.

"나 놀리는 거죠? 놀려요?" 그랜드 마스터는 이렇게
말하며 당황한 웃음을 짓는다. "다음 번에는 미리 말해

줘요!"

마치 우리가 상한 우유를 그의 코밑에 대기라도 한 것처럼 그의 반응은 직관적이다. 우리는 그에게 가짜 체스 판을 보여 주었다. 1초 만에 알아챈 그는 자기 앞에 놓인 뒤죽박죽을 보고 놀라고 당황하여 두 개만 제자리를 찾아서 놓고 나머지는 틀린 위치에 놓는다. 체스 판을 준비해 놓은 우리에게는 정상적인 체스 판과 전혀 다르게 보이지 않는데도 가짜 체스 판이 또 나오자 그는 전략을 개발했고, 각각의 말에 주의를 집중해서 결국 아홉 개를 옳게 놓는다.

제대로 된 체스 판에서 그는 네 개, 많아야 다섯 개를 틀리게 놓는다. 칼센과 아난드의 체스 판은 하나도 틀리지 않고 재생한다. 5초만 바라보고 23개를 옳게 기억한 것이다.

"비스와나탄 아난드, 히라쿠 나카무라, 개리 카스파로프"라고 말할 시간, 바다 밑에서 해마를 잠깐 볼 시간, 런던의 정신 없는 십자로에서 좌회전하기로 결정하는 시간, 오드비에른 뷔의 마음속 우리를 스칠 시간에 함메르는 체스 판의 모든 말들과 서 있는 위치를 파악하고 어느 게임에서 나온 포지션인지 기억한 것이다. 아주 자신 있게.

하지만 자리를 잘못 찾는 말들도 있다. 어쨌건 5초밖에 시간이 없었으니까.

함메르는 자리를 뜨려고 하지 않고 앉아 있다. 첫 번째에 모든 것을 맞히지 못한 게 마음에 걸리는 게 분명하고, 한번 더 기회를 달라고 한다.

"진짜 체스 판 네 개를 순서대로 놓겠어요. 그리고 이번에는 모두 다 맞힐 거예요. 당연히 체스 판을 다시 보지 않고 말이죠." 그가 말한다.

우리는 그를 말릴 수 없다는 생각이 든다.

이번에는 아주 잘 되고 있다. 첫 번째 체스 판이 끝나자 그는 멈추거나 체스 판의 말들을 치울 생각은 하지도 않는다. 그는 마치 킹과 퀸의 영을 전달하는 체스의 영매처럼, 뭔가에 홀린 사람처럼 계속한다. 그는 총 96개의 말을 모두 늘어놓는다. 단 하나의 말, 폰만 제외하고 모두 다 맞았다.

"폰은 골격이에요. 저는 모든 것을 폰 주위에 지어 나가요. 폰이 어디 있는가를 보고 논리적으로 체스 판을 만들어 나가지요." 그의 설명이다.

체스 판을 기억하는 그의 전략은 E파일이 가장 중요하다고 하는 올가의 전략과는 다르다.

함메르는 전업 체스 선수이다. 그는 하루에 10~12시간을 체스 오프닝을 분석하는 데 보내기도 한다. 그것이 그의 직업이다. 그는 시멘 아그데스테인이 우리에게 보여 주었던 책들을 모두 읽었고, 체스 토너먼트에 앉아서 경기를 해야 할 때면 기억해서 쓸 수 있도록 수들을 외웠다. 체스 토너먼트가 길어지고 그가 지치면, 기억력이 그를 저버릴 수도 있다.

"대안이 될 수 있는 전략에 대해 너무 깊이 생각하다 보면 아까 눈앞에 보고 있던 게 어떤 전략이었는지를 잊어버릴 때가 있어요. 그리고 작업 기억은 용량이 제한되기 때문에, 잠깐 화장실에만 가도 생각의 흐름을 완전히 놓칠 수 있지요."

욘 루드비그 함메르는 앉아서 마지막 체스 판을 바라본다. 그의 손이 흰 폰 위를 오락가락한다. 그는 폰을 잡지만 다시 내려놓는다.

"말 하나가 부족해요." 그가 말한다. "제가 처음 보았을 때는 이게 여기 있지 않았는데요. 여기는 나이트를 보호하기 위해 폰이 있어야 해요. 이쪽은 좀 이상하게 다 열려 있잖아요."

우리는 이중으로 확인을 하고 또 확인을 한다. 우리가 흰 폰을 C2에 놓는 걸 잊어버렸던 것이다. 게임은 분명 뒤집혔다. 우리는 체크메이트를 당했다.

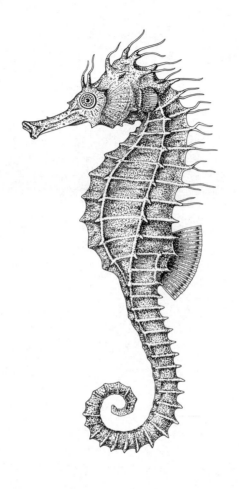

새끼들이 바다로 스스로 헤엄쳐 나갈 수 있을
때까지 배에 알을 품는 해마 수컷처럼, 뇌의 해마 역시
무언가를 품는다. 그건 바로 우리의 '기억'이다.
해마는 기억이 크고 강해져서 스스로 헤쳐 나갈 수
있을 때까지 꼭 붙잡아 둔다. 해마는 말하자면
기억을 위한 인큐베이터이다.

6장 코끼리 무덤
_망각에 대한 진실

파도가 몰아치는 해변,
으르렁 소리의 한가운데에 나는 서 있었다.
손에는 금빛 모래알을
몇 알 잡고 있었다.
얼마나 조금인지! 그런데 그 모래가
손가락 사이로 깊은 곳으로 흘러가 버리네.
아! 손을 더 꽉 쥐면
그 모래를 잡을 수 있을까?
아! 모래 한 알이라도
무자비한 파도에서 구할 수 없을까?
우리가 보거나 본다고 생각하는 것,
모두가 꿈속의 꿈일까?

에드거 앨런 포 *

　　1879년의 베를린. 슈프레강을 따라 도시의 상류층이 산책을 한다. 이들은 운터 덴 린덴의 길거리 카페에 앉아 새 잎이 나는 보리수 아래에서 봄을 즐긴다 ('운터 덴 린덴'은 베를린의 거리 이름인데, '보리수 아래'라는 뜻이다. — 옮긴이 주). 이들은 옷자락과 모자를 가다듬고, 봄바람과 말똥과 갓 구운 프레즐 냄새를 들이마신다.(독일의 프레즐은 구운 빵이다. — 옮긴이 주). 나뭇잎이 그늘을 길에 던진다.

　　'아름다운 한순간.' 산책하는 시민들은 베를린의 나무 아래에서 이렇게 생각할 수도 있다. '바로 이 순간이 나와 함께 계속 머물렀으면. 나는 바람을 그대로 기억하고 싶다. 일 년 후, 20년 후에 이 생각을 하면 보리수를 흔들리게 하는 산들바람이 기억날까? 얼마나 많은 것이 잊힐까?'

　　같은 시간, 베를린 대학의 실험실에서는 외로운 연구

자가 새로운 지평을 여는 실험을 한다.* 그는 전무후무한 일을 하고 있다. 산을 정복하지도 않을 것이고, 전등을 발명하거나 달을 여행하지도 않을 것이다. 아무도 유치원에서 역사 시간에 그가 지금 하고 있는 일 때문에 그에 대해 배우지 않을 것이다. 하지만 그는 심리학의 역사에 아무도 가지 않았던 길을 간 위인들 중 한 명으로 남게 된다. 헤르만 에빙하우스는 지극히 일상적인 것인 망각을 연구한 공로로 미래에 영원히 기억될 것이다. 베를린의 상류층이 봄빛을 받으며 강가에서 산책하는 동안 에빙하우스는 무의미한 단어들을 외우고 있다. 보스, 도트, 야크, 다트. 그는 단어들을 외우고 또 외우고, 계속 반복해서 최대 25개의 단어들을 모두 순서대로 재생할 수 있을 때까지 날이면 날마다 테스트를 한다. 대학 밖에서 삶이 펼쳐지는 동안 에빙하우스는 그의 음절들에 깊이 빠져 있다. 그는 감정이나 생각이나 자신의 삶으로 인해 결과를 변질시키지 않으면서도 기억과 망각을 연구하기 위해 유용한 도구를 고안하였다. 그렇게 그는 그 단어들 중 몇 개나 남아 있는지를 20분 뒤, 1시간 뒤, 9시간 뒤, 1일 뒤, 2일 뒤, 6일 뒤, 31일 뒤에 다시 테스트하였다.

그는 그저 망각이 얼마나 강력한지 알아보고 싶었다. 이 연습이 심리학의 범주를 넘어 일반적인 대중의 관심을 끌지 못했다고 하면 충분히 이해가 된다. 남극에 깃발을 꽂을 수는 있지만, 망각에는 그렇게 할 수가 없다. 그러니까 깃발을 꽂아 놓고 '여기 있다!' 하고 선언할 수가 없는 것이다. 솔로몬 셰레셰프스키는 보통 사람들보다 훨씬 많은 단어와 수를 기억함으로써 생활비를 벌고 박수를 받을 수 있었지만, 에빙하우스가 무대에 서서 무언가를 망각한다면 얇은 5실링 동전 하나 안 생길 것이다. 그는 별로 얻을 게 없는 일을 시작했다고 말해도 괜찮으리라. 그가 한 일은 표면적으로 보면 특별히 흥미를 끌지 않았지만, 그래도 큰 사건이었다. 이로써 심리학에 아주 새로운 연구 분야가 생겼으니. 그전에는 아무도 그런 방식으로 기억을 연구한 사람이 없었다. 생각의 측정은 그전에는 아무도 상상하지 못했다. 하지만 헤르만 에빙하우스는 너무나 대단하게 노력하였으므로, 학계는 이를 진지하게 받아들일 수밖에 없었다.

망각의 기록은 어려운 과제였고 에빙하우스는 아무것도 우연에 맡기려고 하지 않았으므로, 모든 실험을 자기 자신을 대상으로 했다. (그리고 누가 그 일을 하려고 했겠는가?). 그럼으로써 그는 모든 변수를 완전하게 통제한다는 확신을 가질 수 있었다. 거기에는 자신의 개인적인 생활에 대한 통제, 예를 들어 객관적이고 과학적인 기억의 토막들 사이에 큰 사건의 기억이 섞이지 않게 하는 일도 포함되었다. 여러 해에 걸친, 금욕 생활에 가까운 기억과 망각의 연구 결과, 그는 『기억에 관하여』라는 책을 썼다. 1885년까지 기억은 철학적 사고, 문학적 관찰, 연금술 모방의 대상이었지만, 망각은 과학인 적이 없었다. 하지만 기억은 대체 어떻게 측정할까?

에빙하우스가 음절의 목록을 회상하려고 했다면, 그리고 시간이 좀 흐른 후 (하루 뒤라고 하자.), 절반이 조금 넘는 정도만 기억이 난다면, 그 나머지는 잊힌 것일까? 그렇다. 그것들은 잊혔고, 그 차이는 측정하고 망각이라고 부를 수 있다. 하지만 이것은 에빙하우스에게 충분하지 않았다. 그 음절들은 아직 뇌 안에 저장되어 있지만 말하자면 접근 경로가 약해져서 의지만으로 도달하지 못하는 것일 수도 있다. 기억 흔적이 어딘가 깊은 곳에 저장되어 있어서 물수건처럼 짜낼 수 있을 것이다.

"기억이 의식의 밖에 있으면, 그 기억의 존재는 당연히 직접 측정할 수 없다. 하지만 그 기억들의 존재는 우리에게 미치는 영향을 통해 드러난다. 이 지식은 지평선 아래에 있는 별들도 실제로 존재한다고 알 수 있는 것과 마찬가지로 확실하다." 그가 분명하게 말한다.*

그는 다른 각도에서 망각에 접근하기로 했다. 만일 그가 무의미한 음절들의 목록을 잊어버렸다면, 시간이 어느 정도 흐른 후 다시 외우는 데는 시간이 얼마나 필요할까? 새로 외우려고 시도할 때마다 그는 리스트를 다시 완벽하게 회상할 수 있을 때까지 몇 번의 반복이, 혹은 몇 초가 필요한지를 측정했다. 리스트가 완전히 잊혀서 신경세포의 강화된 연결이 하나도 남아 있지 않다면, 맨 처음에 리스트를 암기할 때와 똑같은 양의 시간이 필요할 것이다. 그렇게 해서 그는 망각의 자연스러운 흐름을 측정하고, 망각의 대부분은 처음 몇 시간 사이에 일어남을 발견한다. 하루가 지난 후에는 잊힌 양이 더 많지만, 망각의 속도가 많이 늦어져서 한 달 후에는 한 주일 후보다 잊힌 것이 그렇게 많지 않다. 그의 연구는 오늘날 망각 곡선이라고 부르는 것의 근원이 되었다. 이것은 처음에는 급격하게 떨어지지만 나중에는 점점 더 천천히 떨어지는 그래프이다.

　연구자들이 인류를 위해서 에빙하우스처럼 헌신적으로 자신의 약점, 이 경우 자신의 망각을 공개하는 일은 이전에는 없었다. 그는 여러 해에 걸쳐 자신이 무엇을 잊어버렸는가를 적고 또 적었으며, 심리학의 과학성을 굳건히 하며 이를 표와 숫자를 통해 조사하였다. 그는 그보다는 베를린의 거리에서 새봄의 햇빛을 즐기고, 친구들과 커피 한 잔을 하며 강을 따라 천천히 산책하고 싶지 않았을까? 진행되고 있는 실험에서 그가 어떤 개인적인 기억들을 하게 되었는지에 대해서는 아무 기록이 없다. 그저 그가 이 기간 동안 개인적인 관심을 끌 일의 경험은 오직 과학을 위해서 최대한 피했다는 것밖에는.

에빙하우스는 기억은 우리 자신에 대해 특별한 의미가 없는 한 점차로 희미해짐을 증명하였다. 하지만 그는 우리의 뇌 안에서 정확하게 무엇이 희미해지는지를 파악할 수 있는 방법이 없었다. 앞에서 본 것처럼, 기억 흔적의 존재는 1960년대에야 테르예 뢰모가 증명했으니까. 기억 흔적은 시간이 흐르면서 희미해지는 것 같다. 기억을 서로 간의 연결점들의 형태로 붙잡아 두는 뉴런들이 점차 원래 상태로 돌아가는 것처럼 보인다. 완전히 못이 박힐 때까지 지식을 암기하고 유지하지 않는다면 말이다. 사실 이것은 현명한 일이다. 그럼으로써 뇌에는 공간이 생기고 새로운 기억들을 저장할 수 있기 때문이다. 또한 에빙하우스는 이런 정리 과정은 기억이 저장된 후에 상당히 빨리 진행된다는 것을 발견하였다. 이 또한 기억의 편리한 특징 한 가지이다. 당장 정리하는 게 미루는 것보다 낫다. 그리고 어떤 경험이 나중을 위해 저장할 만큼 중요한지 여부는 상당히 초기에 이미 드러날 것이다. 학습한 양의 측정을 통해 망각을 측정하면서 그는 망각과 기억은 함께 움직인다는 점에 지목하였다. 이 두 가지는 동전의 양면과 같다. 망각이 없다면 기억의 창고는 넘칠 것이다. 다른, 더 중요한 기억이 살 자리를 얻으려면 무언가는 비켜 주어야 한다.

"경험한 모든 것을 세세히 정확하게 기억한다면, 그 모든 것을 기억하는 일에도 경험하는 데만큼이나 시간이 걸릴 것이다."라고 윌리엄 제임스는 1890년에 말했다.*

그래도 우리는 망각을 두려워한다. 망각은 노화이며 부패, 무상함이다. '메멘토 모리', 죽음을 기억나게 하는 무엇이다. 우리가 기억을 못하는 채 하루하루가 지나면, 우리가 별로 남기는 것도 없이 삶의 끝에 한 걸음 더 다가 간다는 뜻이다.

바로 그 이유로 블로거이며 작가인 이다 잭슨은 12세 때부터 날마다 일기를 써 왔다. "도움이 되는 거 같아요. 그렇게 하면 잊어버리는 게 줄지요. 일기장을 펼쳐서 친 구들과 저녁식사를 했다는 걸 읽으면, 그 만찬에 대한 기 억들이 다시 살아나지요. 일기에 적지 않은 것들까지도 요." 이다는 기억을 수집하는 사람이고, 순간들이 영영 사 라져 버릴까 봐 두려워한다.

보다 일상적인 관점에서 보면, 망각은 우리가 모든 것을 통제하지 못함을 분명히 느끼게 해 준다. 약속이나 친구 생일이나 전화번호나 공통의 경험을 잊어버리면 어 쨌건 불편한 게 사실이니까. 이름을 잊어버리는 건 당황 스러운 일이다. 하지만 망각은 건강 염려증이 심한 사람 이 믿는 것보다 일상적이며, 치매나 초기 알츠하이머의 표징인 경우가 별로 없다. 수면 부족이나 일반적인 피로도 중요한 일을 깜빡하는 이유가 될 수 있다.

이런 명백한 방해 요인이 없더라도 우리는 대개 우리가 원하는 것보다 많이 잊어버린다. 우리는 이름과 그 이름의 주인 사이에 논리적 연결이 없기 때문에 잊어버린다. 삐딱하다는 뜻의 '스칼그'처럼 특별한 외모를 묘사하거나 '스미스', 즉 대장장이라는 이름처럼 사회에서의 역할을 뜻하는 이름을 붙이는 경우가 이전에는 드물지 않았다. 하지만 오늘날 이름은 우연히 붙은 딱지이며 우리가 연상과 반복을 통해 그 사람의 외모, 성격, 역할과의 연관점을 찾아야 한다.

우리가 얼굴을 잊어버리는 건 얼굴이 복잡하며 묘사하기 어렵기 때문이다. 대뇌피질에는 표정을 해석하고 기억하는 데 특화된 작은 영역이 있어서 우리가 얼굴을 우리에게 중요한 사회적인 맥락에 연결 지을 수 있다. 하지만 뇌가 맡는 다른 역할들과 마찬가지로 이 '어플'도 완벽하지는 않다. 그리고 우리가 얼굴을 재인한다고 해도, 그것이 누구의 얼굴인지를 기억하지는 못할 수도 있다. 우리는 어느 맥락에서 누구를 만났는지를 잊어버린다. 처음에 그 사람을 배치시켰던 기억 망을 찾지 못하기 때문이다.

얼굴과 이름과 약속과 전화번호, 언니의 생일이나 잊

헌 계산서. 이런 모든 일상적인 망각은 왜 생기는 것일까? 망각은 단순히 기억 흔적이 흐려지고 시드는 것만은 아니다. 망각은 부호화, 암기, 재생 같은 기억의 모든 부분에서 생겨날 수 있다. 가장 일반적인 경우는 기억이 아예 저장되지 않은 것이다. 기억이 저장되고 숙성하려면, 경험이 일단 필터를 거쳐야 한다.

첫 번째 장애물은 주의이다. 주의는 마술사와 소매치기의 친구이며, 모든 곳에 동시에 존재할 수 없다. 도둑이 길을 묻는 척하며 우리 눈앞에 펼쳐 놓은 지도를 바라보는 동안, 우리는 그가 동시에 손을 우리의 가방에 넣는 걸 보지 못한다.

1970년에 노르웨이 방송국의 기자 한 명은 지나가는 사람들을 멈춰 세우고 카메라 앞에서 별 의미 없는 질문을 했다. 인터뷰는 중간에 중단되었고, 사람들이 간판 하나를 들고 인터뷰어 앞을 지나갔다. 그가 잠시 안 보이는 사이, 인터뷰어 대신 코미디언인 트론 시르크보그가 송곳니나 왕관을 쓰고 나타났다. 인터뷰를 당했던 사람들 중 누구도 상대방이 바뀐 것을 몰랐던 것으로 보이며, 심지어 그중 한 사람은 상대방이 원래의 질문자가 아닌데도 질문의 오류를 지적하느라고 바빴다. 물론 이것은 텔레비전에서 방영된 코미디물이지만, 중대한 사실을 보여 주고 있다. 텔레비전에서 인터뷰를 당하게 되면, 주의는 온통 눈앞의 마이크에 집중하게 된다. 몸에서는 아드레날린이 발산되고, 인터뷰를 하고 있는 프로그램 진행자가 다른 사람으로 바뀌어도 모른다.

20년이 지나고, 대니얼 시몬스 교수는 실험에서 비슷한 시도를 해 보았고, 그 결과 심리학 분야에서 이름이 알려지고 이그 노벨상을 수상했다. 그는 할리우드의 관점에서 보면 세상에서 제일 지루할지도 모르는 영화를 만들었다. 여섯 명이 농구공을 서로 던지는 영화이다. 그 영화를 보는 사람들은 공이 몇 번 던져지는지를 세라는 과제를 받았다. 영화를 본 사람들의 반은 자랑스러워하며 16번이라고 말할 수 있었지만, 고릴라를 보았냐는 질문을 받자 절대 그럴 리가 없다고 끝까지 주장했다.* 영화에서는 고릴라 옷을 입은 사람이 농구대 기둥 사이를 돌아다니고 멈추어 서서 가슴을 두드리는고는 몸을 돌려 화면의 왼쪽으로 나가는 게 분명하게 보이는데도 말이다. 주의는 카메라 렌즈의 초점과도 같아서, 그 초점을 벗어난 것들은 무엇이건 또렷하지 않고 뒷배경이 된다. 이 단계에서는 망각이라고 부를 수도 없다. 경험과 뇌의 접촉은 한순간의 감각 자극뿐이었으며 뇌의 다른 부분들은 인지하지도 못했기 때문이다.

지속적으로 기억되기 위해 넘어야 하는, 주의 다음으로 오는 두 번째 장애물은 단기 기억이라고도 불리는 작업 기억이다. 이것은 아마 기억 중에서 가장 약하고 위태로운 부분일 것이다. 여기에는 공간이 매우 제한되어 있다. 기억은 20초 정도의 아주 짧은 시간 동안만 유지된다. 헨리 몰레이슨은 작업 기억이 있었고, 바로 앞에서 작업 기억에 남아 있던 정보와 관련이 있는 정보들이 유의미하게 계속 연결되는 동안은 대화를 이어나갈 수 있었다. 하지만 사고의 흐름이 새로운 아이디어로 틀어지면, 방금까지 참여했던 대화는 그에게는 더 이상 존재하지 않았다. 바꾸어 말하면 작업 기억은 헨리 몰레이슨의 기억 중 아직 건강한 부분이었다. 그러나 단기 기억에서 장기 기억으로 아무것도 넘어갈 수가 없었다. 우리가 원하는 것보다 많은 기억들이 헨리의 단기 기억과 같은 운명이 되고 더 이상 저장이 되지 못한다.

스코틀랜드의 해안에서 이제는 유명해진 잠수 실험을 하던 당시, 심리학 교수인 앨런 배들리는 이미 다른 연구 프로젝트를 진행하고 있었다.* 사실 그가 심리학에서 정말로 이름을 남기고 그 분야에 오늘날까지도 영향을 미친 것은 이 프로젝트, 순간적인 지금 이곳의 기억이 어떻게 되는지를 이해하기 위한 연구로 인해서였다. 그와 그의 동료인 그레이엄 히치는 단기 기억을 연구하기 위한 장학금을 받았다. 이전에 앨런 배들리는 영국 우정 공사에서 근무하며 기억하기에 더 쉬운 우편 번호를 만드는 일을 했었다. 그가 만든 시스템은 안타깝게도 실현되지 못했지만, 기억이 어떻게 우연한 숫자를 인식해서 그것을 편지 봉투에 쓰는 짧은 시간 동안 기억을 하는가는 앨런 배들리에게 여러 가지 질문을 던졌다.

'단기 기억'은 마치 이해하기 쉬울 것처럼 들린다. 기억은 짧게 하거나 길게 할 테니까. 1950년대에 연구자들은 단기 기억은 한번에 일곱 단위의 정보를 품을 수 있다고 밝혔다. 그리고 이것은 '마법의 수 7'이라고 불렸다. (이후에는 '마법의 수 7 +/- 2'라고 수정하여 개인의 단기 기억에 보통 있을 수 있는 차이를 반영하였다.) 하지만 배들리와 그의 동료는 단기 기억은 단순히 그것만은 아니라는 것을 발견하였다. 단기 기억은 능동적인 과정이며, 마법의 저장 용기가 아니다. 그리고 그들은 작업 기억은 서로 구별되는 여러 층위로 구분되어 있으며, 각 층은 고유한 영역이 있음을 알게 되었다. 언어적 정보, 이미지, 살면서 겪은 사건들, 그리고 후각, 미각, 촉각 같은 각각의 감각 양상과 결합되어 있는 층들로.

"우리가 했던 거의 맨 처음의 실험이 생생하게 기억납니다. 그 결과 그 후에 40년 동안 다루어 온 작업 기억의 모델에 도달했지요."라고 앨런 배들리가 말한다.

"자발적인 실험 참가자들에게 발음이 아주 비슷한 단

어들을 외우게 하고, 발음이 서로 다른 단어들을 외웠을
때와 비교했지요. 차이는 엄청났습니다. 발음이 비슷한
단어들은 10퍼센트의 사람들만 옳게 재생했지만, 서로 다
른 단어들은 90퍼센트가 제대로 재생했어요!"

이들이 발견한 것은 작업 기억이 언어의 음들을 기억
하는 층, 즉 유일한 과제가 언어적인 단위의 저장인 음운
루프(이것을 이 장이 끝날 때까지 기억해 보라!)로 구성되어
있다는 점이다.

새로운, 뜻을 알 수 없는 단어들은 우리의 귀로 인식
되고, 대뇌피질에서 언어의 음으로 해석되며 음운 루프
로 보내진다. 그러고는 계속 반복 재생이 되기 때문에 '루
프'라고 불린다. 충분히 오랫동안 반복을 하고 나면, 기억
의 다른 부분에 자리를 잡을 수도 있고, 새로운 학습이 이
루어진다. 교사나 배우자나 전화상의 고객이나 텔레비전
광고의 메시지들은 음운 루프로 들어가 서로 자리를 얻기
위해 경쟁한다. 메시지가 한쪽 귀로 들어가서 다른 쪽 귀
로 나간다는 말이 있는데, 작업 기억은 바로 그렇게 작동
한다. 작업 기억은 우리 의식의 흐름이 붙잡혀서 우리 내
면의 눈과 귀를 위해 잠시 멈추는 곳이다.

작업 기억의 다른 단위는 시각적 정보를 맡고 있으
며, 이 두 체계는 각각 독립적으로 작동할 수 있다.

"작업 기억 중에서 시각적인 부분은 제일 연구를 덜

했던 부분이에요." 배들리가 인정한다. "하지만 나중에는 이 분야도 충분히 빛을 보았죠."

그의 실험 중에는 시각적인 정보를 단어와 함께 제공하면 여러 단어를 한번에 제공하는 것만큼 단어를 위한 용량을 제한하지는 않음을 보여 준 것들이 여럿 있다. 바꾸어 말하면 우리가 여러 유형의 정보를 다루어도 이들은 서로 방해하지는 않는다. 그리고 이 모든 것은 주의를 필요한 곳으로 보내고 의식이 다른 곳으로 흘러가지 않도록 방해하며 필요 없는 정보를 작업 기억으로 들어오지 못하게 하는 '중앙 관리자'(앨런 배들리가 만든 개념)의 통제를 받는다.

앨런 배들리가 작업 기억을 연구한 40년 동안, 지금 이곳의 기억이 어떻게 작용하는가에 관한 모델은 새로운 발견들로 인해 수정을 겪었다. 모델에 마지막에 더해진 것들 중 하나는 "일화적 완충 장치"이다. 이렇게 불리는 까닭은 이것이 우리의 기억과 사고를 다루며 장기 기억에서 꺼내 우리의 의식 앞에 내놓기 때문이다.

"생각과 기억과 이미지들이 다 보여지는 텔레비전 화면을 상상해 봐요." 앨런 배들리가 말한다.

"수동적인 모니터예요. 뇌의 다른 부분들이 처리를 해 준 다차원의 공연을 보여 주죠."

무대 뒤에서는 이 모니터에 보여 줄 내용을 처리하기 위해 뇌가 능동적으로 활동하고 있다. 우리가 생각을 하고 과제를 풀고 수를 계산하는 것, 우리 삶의 기억들이 우리 내면의 눈앞에서 상영되는 것은 작업 기억 안에서이다.

작업 기억의 모델은 왜 어떤 것들은 아예 기억에 저장되지 않는지를 이해하는 데 도움이 된다. 작업 기억에서의 망각은 장기 기억에서의 망각과는 아주 다르다.

작업 기억은 정보를 아주 짧은 시간 동안 저장하기 위한 것이며, 임시 저장고일 뿐이다. 그날의 우편물들을 모아 놓았다가 누가 수집해 가면 다시 새 우편물을 위해 자리가 생기는 선반과도 같다. 누가 와서 제때에 가져가지 않으면 우편물은 쓰레기통에 던져진다. 이런 식으로 잊어버리는 것은 정상이다. 인간의 두뇌를 가지고 있는 한 이것은 자연스러운 일이다.

"망각은 기억의 아주 중요한 한 측면이지요. 중요한 걸 구분해 내도록 도와주니까요." 배들리가 우리에게 상기시킨다.

망각은 우리 기억의 아주 본질적인 부분이어서, 우리는 이를 당연하게 여긴다. 하지만 적지 않은 사람들은 지극히 정상적인 파악하고 저장하는 능력을 갖고 있는데도 스스로 기억력이 나쁘다고 말한다. 이들은 그저 자기 자신이 자연스레 작업 능력을 검토해 보고 거기에 희생되었을 뿐이다. 그보다 심한 상황을 겪는 것은 ADHD가 있는 사람들로, 이들은 주의를 기울이는 데 어려움을 겪기 때문에 저장을 할 만큼 오랫동안 무엇에 집중할 수가 없다.*

망각의 아주 일반적인 형태 중 하나는 공간을 필요로 하는 다른 생각들 때문에 작업 기억이 혼란해지는 경우이다. 대표적인 예는 걱정이다. 걱정은 우리에게 매우 중요한 생각들이다. 어쨌건 이유가 있어서 걱정을 하는 것이니까. 걱정은 주의를 기울여 달라고 요구하는 감정들로 가득하다. 그래서 작업 기억 속으로 급속히 달려 들어간다.*

좀 사소한 예를 들어 보자. 시험 공부를 하고 있다. 떨어질까 봐 걱정이 된다. 아주 많이. 조금만 걱정이 되면 우리의 작업 기억은 이 정도는 충분히 감당해 낼 수 있으니까. 집중해서 해양 생태계에 대해 읽어 본다. 플랑크톤의 생애 주기는 이런 생각들과 경쟁을 해야 한다. '시험에서 떨어지면 이 과목을 새로 공부해야 하는데. 그럼 한 학기를 놓치는 거지. 공부를 해야 하니까 여름에 그리스에도 못 갈 거야. 돈도 떨어질 테니 여름에 아르바이트를 해야 해. 나는 일을 절대 못 구할 거야. 부모님이 걱정하고 야단법석을 하겠지. 친구들은 내가 루저라고 생각할 거야. 그리고 나를 빼놓고 그리스에 가겠지!' 이런 걱정 때문에 플랑크톤이 몇백만 마리나 뒷전으로 밀려날까? 플랑크톤이 진다. 여러분이 플랑크톤에, 그리고 플랑크톤이 생태계와 기후 위기에 미치는 영향에 원칙적으로 관심이 아주 많다고 하더라도, 이제 플랑크톤은 생명 없이 바다에서 죽어 나가며, 여러분을 끌고 나가지도 못한다.

사람들과 처음 (또는 두 번째나 세 번째로) 인사를 나누고도 이름을 알아듣지 못한다면 작업 기억의 탓이다. 인사하기 위해 손을 내밀 때, 기억해야 하는 이름은 머릿속을 관통하는 다른 정보들, 나는 지금 어떻게 보이고 인사를 한 다음에 무슨 이야기를 해야 할 것인가, 지금 손을 너무 꽉 잡거나 너무 느슨하게 잡는 것은 아닌가 하는 걱정 등등과 경쟁을 한다. 첫 번째 시도에서 이름을 알아듣지 못해서 무례하게 보일까 봐 걱정하는 사람들이 많다. 하지만 이것은 반대로 상대방에 대한 관심의 표시일 수도 있다. 일차적으로 사람 자체와 그 사람이 대표하는 모든 것들이 중요하기 때문에, 처음 악수를 할 때와 그 후의 몇 분간 이름이 아니라 이런 것들이 작업 기억을 채운다.

작업 기억이 실패하면, 뛰어난 기억력을 가진 사람들도 망각을 한다. 노르웨이 기억 챔피언인 오드비에른 뷔는 일반인들과 기억의 기준이 다르다. 순서대로 정확하게 수열을 기억해 내야 하는데 하나라도 잊어버리면 어떻게 하나? 심각한 문제이다! 2009년 세계 선수권 대회 당시 그는 최고의 컨디션이었다. 하지만 그의 옆에 다른 참가자가 한 명 있었다. 목에 염증이 있는 중국의 기억 챔피언이었다. 그는 큰소리로 기침을 해 댔다. 오드비에른 뷔는 세계 챔피언을 준비할 때 시끄러운 카페에 앉아서 소음을 극복하는 연습을 했었다. 하지만 그도 감염이 되었는지도 모르겠고, 그가 38번째 숫자를 기억하지 못했을 때 실패는 이미 기정 사실이었다. 그는 100점 만점에서 37점을 받았고, 대회는 그의 평생 가장 실망스러운 등수로 끝났다.

　다른 형태의 망각은 우리가 기억에서 무언가를 찾아야 할 때 나타난다. 기억을 다시 꺼내려면 우리를 기억으로 이끌어 주는 실마리가 필요하다. 실마리는 기억의 그물인 기억의 네트워크를 찾아내어 잡은 물고기를 배로 싣게 해 준다. 때로 실마리들은 서로 뒤섞여 버린다. 새로 더해져야 하는 무엇이 비슷한 다른 것에 가서 얽혀 버리고, 가짜 실마리가 된다. 약간은 구글 검색과도 비슷하다. 기억 안에서 관련 있는 검색 결과를 얻으려면 정확한 검색어를 사용해야 한다. 검색 결과들이 나오면 수많은 다른 결과들 사이에서 하나를 선택해야 한다.

　기억 전문가인 솔로몬 셰레셰프스키는 무의미하게 이어지는 단어나 수를 외울 수 있었다. 하지만 그도 기억 문제가 있었다. 그는 무대에서 기억 쇼를 할 때 자신이 잊지 못한 것들이 다음 번 시범에 방해가 될까 봐 염려가 되었다. 바꾸어 말하면 그는 잘못된 단어 목록을 회상할까 봐 염려되었다. 청중 중 한 명이 단어들을 쓴 무대 위의 칠판은 시범을 보이고 나면 깨끗하게 지웠지만, 단어들은 솔로몬의 정신적인 칠판에 거의 영원히 새겨졌다. 그는 목록을 잊으려고 여러 가지를 해 보았지만, 잊으려고 애를 쓸수록 단어들은 더 깊이 기억에 남았다.* 결국 그의 해결책은 단어들이 쓰인 종이를 구겨서 쓰레기통에 내버린다고 상상하는 것이었다. 그렇게 한다고 잊어버려지는지는 확실하지 않지만, 어쨌건 그로서는 무대에 서서 모든 사람의 주목을 받는 순간에 아까의 목록에 표시되어 새 목록과 구별을 할 수 있었다. 그는 잊어버리기 위한 실마리를 만들 정도로 아이러니를 이해했다.

수많은 이름이나 메시지를 잊어버리는 것은 한 가지 문제이다. 하지만 우리가 했던 경험들이 모래처럼 손가락 사이로 사라지는 것은 또 다른 문제이다. 정말로 중요한 건 인생을 기억하는 것 아닌가? 휴가 여행에 많은 돈을 들이고 나중에 아무것도 기억하지 못하면 무슨 소용인가? 하지만 여기에서도 망각은 우리 편이어서, 기억의 진주목걸이의 진짜 진주 알이 될 하이라이트 몇 가지를 골라내도록 해 준다. 우리가 경험하는 것들은 대부분 사라진다. 매번 버스를 기다린 일, 매번 가게에 간 일, 매번 소파에서 오후를 보낸 일들. 이런 것들이 모두 기억에 저장될 필요

는 없으니까. 가장 빛나는 특별한 기억의 진주들도 망각
의 영향을 받은 것들이다. 제자리에 남는 건 중요한 요소
들과 바깥 틀뿐이며, 나머지는 우리가 재구성한다. 유연
하며 재구성을 하는 것은 우리 기억의 본성이다.

　하지만 가장 광범위한, 개인적인 기억의 범위를 뛰어
넘는 망각은 우리 모두가 어린 시절에 마주하는 망각이
다. 연구자들은 이를 유아 기억상실증이라고 한다.*

　대부분의 사람들에게 그 경계는 서너 살 때이다. 우
리가 기억하는 우리의 생애는 그때 시작한다. 그 이전, 두
살 때 정도까지 기억하는 사람들도 있고, 일곱 살이 되었
을 때까지도 기억나는 게 거의 없는 사람들도 있다. 이 시
점 이전은 완전한 백지이다. 생애의 처음 몇 년은 가까
운 식구들이 이야기를 해 주어서 알 뿐이다. 이런 망각은
어디에서 올까? 특정한 나이에 맞추어 나타나는 그런 기
억의 경계는 왜 생겨날까? 이것은 신비이고, 연구자들이
100년도 넘는 동안, 어쩌면 인간이 자신의 의식에 관해
철학적 사고를 한 동안 내내 싸워 온 수수께끼이다. 이것
은 기억의 너무나 독특한 특징이기 때문이다.

　이론은 여러 가지가 있다. 언어 발달과 관계가 있을
까? 1980년대, 1990년대에는 이런 망각이 생기는 것은 유
아는 아직 경험을 부모에게나 자기 자신에게 이야기할 언
어가 없기 때문이라는, 그 이유로 경험을 기억에 고정시

키지 못한다는 의견들이 있었다. 거기에는 언어가 필요하다. 충분히 성숙한 언어는 우리가 기억을 저장할 수 있도록 해 준다. 하지만 이제 갓 문장으로 발화하기 시작한 어린이들도 말을 시작하기 전의 일들에 대해 이야기할 수 있다는 것이 입증되었으므로 이 설명은 맞을 수가 없다. 혹시 언어가 어느 정도 성숙하면 기억이 아주 다른 방식으로 조직되는 것일까? 모두가 다시 정리되고 위치가 바뀌어 새로운, 그 언어의 논리에 맞는 선반과 서랍에 배치되는 것일까? 기억은 이야기이며, 좋은 이야기들은 개별 기억을 적절한 방식으로 저장하고? 하지만 이것도 아니다. 그렇다면 언어로 새로 조직되기 이전과 이후 사이가 분명하게 구분되어야 할 것이기 때문이다. 2000년대까지는 퍼즐에 중요한 조각이 하나 빠져 있었다. 유아기의 첫 기억은 언제 망각되고 유아 기억상실증이 시작되는가? 전에는 어린 시절의 기억에 대한 성인들의 회상에 대해 여러 가지 추정을 했었다. 하지만 신비를 풀 열쇠는 거기에서 찾을 수 없다. 기억이 너무나 많은 일을 겪었기 때문에, 성인의 관점은 유아의 기억을 이해하는 데에 유용한 출처가 되지 못한다.

심리학 교수인 퍼트리샤 바워는 애틀랜타의 에모리 대학에 있는, '에모리의 메모리'라고 그녀가 자랑스럽게 부르는 실험실에서 어린이들이 기억을 만들 수 있는 경험

센터를 꾸몄다. 바워는 어린이들이 가진 기억의 자연적인 경로를 추적하려고 한다. 인내와 노력이 필요한 일이다. 이를 위해 그녀는 어린이들의 기억을 나이별로 비교할 수 있도록 통제해야 한다. 어린이들은 실험실에 와서 (집에 없는) 특정한 장난감들을 받고 작동 방법을 배운다. 몇 달 후에 실험실에 돌아오면, 어린이들은 다시 같은 장난감들로, 지난번에 어떻게 했었는지를 기억하여 놀기 시작한다. 이렇게 함으로써 어린이들이 설명을 하지 않아도 그들이 기억하는지 아닌지 확인할 수 있다. 어린이들이 더 나이가 들면, 연구자에게 설명하는 것을 보고 기억을 측정할 수 있다.

퍼트리샤 바워는 여러 실험을 통해 어린이들의 기억을 시간의 흐름을 따라 추적하였다.* 발생하는 순간부터 기억의 발달을 관찰함으로써, 그녀는 기억의 운명을 유아 기억상실증의 저편으로부터 살펴볼 수 있었다. 기억은 네 살 때 갑자기 사라지지는 않는다. 생각해 보면 당연한 일이다. 세 살짜리가 반 년 전 휴가 때 가족이 무엇을 했는지 이야기하는 것도 볼 수 있으니까. 두 살짜리도 몇 달 전의 일을 짧게 말할 수 있다. 유아 기억상실증은 네 살짜리에게 갑자기 찾아오지 않아서, 네 살짜리도 일 년 전 일을 이야기할 수 있다. 퍼트리샤 바워가 발견한 것은, 나중에 유아 기억상실증의 결과로 잃어버리게 되는 기억들에 네 살이 넘은 어린이들이 아직은 접근할 수 있으며, 후에 점차로 사라진다는 것이다. 무슨 일이 일어나는지 이해하려면 두 살 때, 세 살 때, 네 살 때 등등에 형성되는 기억을 평생에 걸쳐 자세히 관찰해야 할 것이다. 두 살짜리의 경험은 세 살 때 생긴 기억보다 수명이 짧다. 아주 초기의 기억들은 마치 유통 기간이 있는 것 같다. 그리고 금방 상하는 물건들이어서 바로 못 쓰게 된다. 어린이가 나이를 먹으면서 기억은 점점 유통 기간이 길어져서, 통조림처럼 거의 제한이 없는 성숙한 보존성에 도달한다. 어린이가 '자신의' 유아 기억상실증의 경계에 도달하는 것은 기억이 이제 성인의 기억에서 기대할 수 있는 유통 기간에 이른 것이다. 그 나이 이전에 생겨나는 기억은 점점 약해져서, 대부분의 사람의 경우 아홉 살 정도까지는 모두 사라진다.*
따라서 언어의 도움을 받아 기억이 재조직된다고 하면, 여섯 살짜리의 언어는 접근할 수 있는 기억이 아홉 살이 된 다음에는 따라오지 않는다는 걸 설명할 수 없다. 하지만 언어도 영향이 있다. 퍼트리샤 바워는 부모가 어린이와 경험에 대해 이야기하는 방식과 기억이 얼마나 잘 정착하는지 사이에 분명히 상관관계가 있음을 확인하였다. 부모가 어린이들에게 경험에 대해 반복해서 이야기하면 어린이들이 자기 자신과 관련된 이야기에 흡수되며, 구성적인 기억의 도움으로 기억에는 생명이 생긴다.

"아이들이 기억을 했으면 싶은 일들에 대해서는 아이들하고 이야기를 해야 해요." 뇌 연구자인 크리스티네 발호브드의 말이다.

"아이들의 긍정적인 경험을 부모들이 강조할 때가 많아요."

그렇게 해서 부모는 아이들이 바람직한 인생사를 얻는 데 기여할 수 있다.

"행복한 어린 시절을 만들기에 너무 늦은 때란 없다고 말하죠. 아이들이 경험했던 일들에 어떻게 비중을 두는가는 중요해요."라고 크리스티네 발호브드 교수가 말한다.

유년기를 기억하는 정도는 사람에 따라 큰 차이가 있다. 초기 기억의 일부는 실제로 경험한 순간들이다. 짧고 생생한 순간들의 빛과 소리, 어쩌면 희미하게 분위기까지. 아주 분명하게 두 살 이전을 기억한다고 주장하는 사람들이 있다. 어떤 사람들은 사진이나 부모에게 들은 이야기로 거슬러 올라갈 수 있는 유년기의 기억을 갖고 있는 사람들도 꽤 있다. 기억의 구성 과정은 기억을 점령하고, 원래의 기억은 흔적 하나 없더라도 그 경험들을 살아나게 한다. 이렇게 함으로써 우리는 실제 경험의 '허위' 기억을 저장한다. 이런 구조는 아주 초기에 생겨날 수도 있고, 계속 살아남아 '진짜' 기억처럼 느껴진다. 경험에 대해 이야기를 들었다는 사실을 잊어버리는 건 별로 이상한 일이 아니다. 이런 추가 정보는 별로 생생한 경험은 아니니까. 우리가 두 살 때 갔던 휴가 여행에 대해 다섯 살 때 엄마가 이야기를 들려준다면, 그 여행을 눈앞에 상상할 수 있었고 그 상상을 기억했겠지만 엄마가 이야기를 했다는 건 잊어버릴 것이다. 엄마도 이야기했다는 것을 잊어버렸을 수 있다. 이렇게 해서 모르는 사이에 재구성이 유년기의 기억에 끼어든다. 사람들과 어린 시절의 기억에 대해 이야기하다 보면, 자신들이 하는 이야기가 다른 사람의 설명이나 사진에서 나왔을 리가 없다고 주장하는 사람들이 가끔 있다. 얼마나 어릴 때 일을 기억할 수 있는지는 아직도 수수께끼이다.

다시 대뇌피질 속으로 잠수해서 측두엽 뒤에 있는 해마를 찾아가 보자. 해마도 유아 기억상실증의 신비로 가는 열쇠가 될 수 있을까? 한 가지 이론은 아주 어린 유아의 경우 해마가 아직 성숙하지 않아서 기억들을 충분히 강화할 수 없다는 것이다. 해마는 자라고 발달해야 할 뿐만 아니라, 바깥쪽의 대뇌피질과 효과적인 네트워크를 이루어야 한다. 동시에 대뇌피질이 빠르게 성장한다. 이 모든 카오스 때문에 뇌 안에서 모든 것이 제자리를 찾은 다음 나중에 저장되는 기억처럼 잘 정착할 기회가 없는 기억 망이 생겨나는 것 같다.

좀 더 최근의, 더 주목을 받는 이론들은 해마 발달의 보다 극적인 다른 측면들에 주목한다. 기억을 장소라는 맥락에 배치하는 데 중요한 역할을 한다고 여겨지는 장소 세포나 격자 세포는 어린이가 좀 더 목적지를 가지고 자기 힘으로 움직이기 시작할 때까지는 환경을 파악할 준비가 되어 있지 않으며, 어린이가 몇 살 안 되었을 때에는 기억을 배치하기 위해 시스템을 조정하는 데 시간이 좀 더 걸린다는 것이다. 다른 사람들은 해답은 현미경으로나 볼 수 있는 얇은 단백질 층에 있다고 추측한다. 점차로 생겨나 뉴런과 연결점을 감싸는 이 층은 신경 외막이라고 불린다.* 이 촘촘한 단백질 망의 기능은 신경 간의 연결점을 보호하여 기억 흔적을 단단하게 고정시키는 것이다. 평생에 걸쳐 뇌에는 이런 네트워크가 점점 더 많아진다. 따라서 사람들의 생각이 굳어지는 것은 마치 신경 외막이 뉴런을 더 단단하게 붙들면서 생겨나는 일처럼 보일 수도 있다. 맨 처음의 기억들은 아주 안정적으로 자리를 잡지는 않는데, 신경 외막이 아직 감싸지 않았기 때문이다. 하지만 이 연구는 아직 대개 미래의 일이며, 쥐와 생쥐의 뇌를 대상으로 진행되고 있다.

유아기가 좀 더 지나고 나면 우리는 보통 개인적인 기억들이 많아져서, 우리를 떠나지 않고 개인적인 자서전

안에 남는 의미 있고 새롭고 흥미롭고 슬프고 결정적인 경험들을 수집한다는 축복을 누린다. 기억력은 놀랍지만, 그래도 망각과 짝이 되어 움직인다. 때로는 하루하루가 지나면 일상이 블랙홀로 빠져 버리는 느낌이 든다. 이걸 멈출 수는 없을까? 망각이 자잘한 기억들을 잡아먹는 것을 막을 수는 없을까? 지난 반년을 기억해 보자. 먼저 어느 정도는 손꼽아 볼 수 있을 것이다. 부활절, 헌법 기념일(노르웨이에서 5월 17일인데, 중요한 축제이다. — 옮긴이 주), 생일. 그다음에는 특별한 사건들이 조금 이어진다. 이 모든 것들이 축소되고 압축된다. 인생에 메고 가는 여행 가방에 넣어야 하는 옷처럼, 추가 비용이 발생하지 않도록 공기를 빼고 잘 만다.

자연스러운 망각에 저항하고, 우리의 일생을 만드는 특별한 순간들을 기억에 남기려고 싸우면 어떻게 될까? 인생의 중요한 사건들을 회상하기 위해 기억술을 사용하면 망각의 블랙홀이 멈출까?

이 생각은 너무나 황당해서 우리는 실험을 해 보지 않을 수 없었다. 아니면, 우리 중 한 명은 망각과 싸워 보아야 했다. 우리는 몇 달 동안 기억 연구자와 배우와 체스 선수들을 인터뷰했지만, 우리 각자는 그 기억을 저장하는 방식을 갖고 있었다. 한 명은 유기적인 망각이 일어나도록 그냥 내버려두었고, 다른 한 명은 100일 동안 하루하루를 순서대로 기억하는 시도를 해 보았다.

이 책의 저자들이 하루저녁 여러분을 기억의 극장으로 초대하게 하자. 토크쇼에 초대한다.

힐데는 토크쇼 사회자의 역할을 하고, 약간은 스카블란(노르웨이 저널리스트 ─ 옮긴이 주)처럼 뒤로 기대고 머리를 긁는다. 월바는 주빈이고, 어떻게 100일 동안 에빙하우스 역할을 해 보며 자신을 대상으로 실험을 했는지를 이야기한다.

불이 들어온다. 박수 소리.

힐데: 자, 월바, 당신은 자기 자신을 대상으로 실험을 했다고 들었어요. 100일 동안 매일같이 그날그날 일어나는 일을 순서대로 기억하려고 해 본 건 무엇을 위해서죠?

월바: 이 100일 동안 제 인생에 대해 저장고 같은 걸 만들 수 있을 거라고 생각했어요. 하지만 무엇보다도 신비로운 일상의 순간들을 보존하고 싶었지요. 보너스처럼 따라올 테니까요.

힐데: 하지만 100일이라고요? 그럼 일상의 순간들이 엄청나게 많겠어요! 기억에 성공하기 위해 어떻게 했나요?

월바: 처음에는 일기를 쓰기 시작했지만, 전혀 도움이 되지 않았어요. 이다 잭슨의 경우에는 도움이 되었는데, 그 사람은 기억력이 아주 좋았는지도 모르지요. 저는 그렇지 않아

요. 지난 주말에 뭘 했는지를 적어 놓았는데도 기억이 날 때가 적으니까요. 그래서 저는 오드비에른 뷔처럼 해서 각각의 날짜에 생생한 이미지를 덧붙이기로 했어요. 오드비에른 뷔는 우리에게, 기억 챔피언이 카드 뭉치를 암기할 때는 각각의 카드를 분명히 구별되는 그림, 총 52개의 모양으로 기억한다고 말했었지요. 저는 하루에 하나씩, 그러니까 31개면 되었어요. 그걸 생각해 내려면 시간이 조금 걸리기는 했지요. 기억 연구에서는 이때까지 한 사람이 없었거든요. 사람들은 카드 뭉치나 주기율표를 암기했지만, 자신의 일생에서 100일을 기억하지는 않았으니까요.

힐데: 하지만 어떤 연구자들은 우울증이 있는 사람들은 좋은 순간들을 외워야 한다고 하잖아요? 우울증이 있는 사람들은 삶의 즐거운 순간들을 기억하는 데 문제가 있으니까, 기억술을 이용해서 기억을 해야 한다고요. 그런가요?

윌바: 맞아요. 하지만 거기서는 오래된 즐거운 기억을 다시 꺼내어 장소법으로 외우라는, 그러니까 길을 따라 배치하라는 이야기예요. 하지만 저는 어디에 가는 길을 이용하지는 않았어요. 날짜에 따라 순서는 이미 정해져 있으니까요. 그래서 각각의 날짜에 분명한 그림을 짝짓고는 제 기억 안에 배치를 해요. 기억을 그냥 조작해 버리는 거예요. 허위 기억을 만드는 거나 마찬가지예요! 예를 들어, 1일은 가로등이에요. 숫자 1처럼 생겼고 눈에 확 들어오는 사물이니까요. 그

러고는 사실 그 자리에는 가로등이 없었더라도 그 가로등을
기억에 박아요.

힐데: 그 가로등 근처에는 사람과 사건이 많이 왔다 갔
다 하지요? 매달 1일이 있고 100일 사이에는 기억해야 하는
1일이 여러 번 있잖아요? 그걸 어떻게 서로 구별하죠?

윌바: 자연적인 기억도 이용하지요. 그리고 사건의 흐름
도 도움이 돼요. 우리는 둘 다 아스비에른 라클레프를 3월
에 인터뷰한 걸 기억하잖아요? 그 일과 같은 달에 있었던 다
른 사건들은 서로 엮여 있어요. 그리고 회의실 안에는 코끼
리가 있어서 11일을 표시해요.(노르웨이어에서 11이라는 단어
('elleve')와 코끼리라는 단어('elefant')가 비슷하게 시작하는 데
착안했을 수도 있겠다. — 옮긴이 주). 하지만 3월에 있었던 다른
일들도 기억을 하니까, 코끼리를 두 마리 더 통제해야 한다
고 하더라도 그 일들을 기준으로 찾아 나갈 수도 있지요. 네
번째 코끼리도 있는데, 코끼리 생각을 하지 말아야 하는데도
바로 그 이유 때문에 자꾸 뛰어들어 와요. 5월 11일에는 사
실 실험은 끝났지만, 에케베르그에서 조깅을 하다가 오슬로
위에 해가 지는 아름다운 모습을 보고 마음이 사로잡혔는데,
말로 표현하기도 전에 산 위에 코끼리를 얹어 놓더라고요.
그러니까, 코끼리 생각을 안 하려고 해 보세요. 불가능하다
니까요!

힐데: 일상적인 순간들이 생각처럼 시적이고 아름답지는

않을 수도 있지요. 그러니까 하루하루는 강력한 시각적 이미지를 기억에 포함시킴으로써 기억할 수 있다는 거지요. 백조, 레아 공주와 사자 같은 것들……. 바로 이해가 되는 건 아니네요?

윌바: 저한테는 숫자와 이미지 사이에 논리적인 연관성이 존재해요. 5월 4일은 「스타워즈」의 레아 공주예요. 저는 「스타워즈」를 좋아하고, "포스가 그대와 함께하길"이라는 「스타워즈」의 문장을 가지고 "5월 4일이 그대와 함께하길!"이라는 말장난을 할 수 있으니까요 (두 문장에 들어 있는 '4일'(fourth)이라는 단어와 '포스'(force)라는 단어는 발음이 매우 유사하다. 그 외에 두 문장은 똑같이 들린다. ─ 옮긴이 주). 레아 공주는 제가 좋아하고 「스타워즈」 영화에 등장하니까 고른 거예요.

힐데: 이미지들이 기억에 방해가 되지 않아요?

윌바: 하지만 재구성을 하는 건 기억의 본질이잖아요. 돌이켜 생각하면 여러 층이 다시 나타나요. 한 층은 기억 자체예요. 다른 층은 백조나 코끼리가 들어 있는 다른, 평행 세계예요. 그리고 기억에는 눈앞에 우리가 인터뷰를 할 때 책상 맞은편에 앉아 있던 아스비에른 라클레프와 그의 딸이 보인다는 것 외에도 과거의 사건에 관한 이야기 등의 의미적인 요소도 포함되지요. 그리고 이런 요소는 가는 길에 제가 친구인 그로를 만났던 것 같은 다른 일화들과도 연결되어요.

그런데 우리는 왜 지난 100일에 관해 무엇을 기억하는지를 이야기하고 있죠? 망각에 대해 이야기하기로 했잖아요?

힐데: 제 생각에는 이런 모든 기억술들은…… 기억보다는 망각에 대해 많은 걸 말해 주는 것 같아요.

월바: 어떻게요?

힐데: 그러니까, 이 모든 걸 다 기억하다 보면 그 모든 게 지겨워지지 않아요? 보통 그러듯이, 그중에서 상당한 부분을 잊어버리고 싶어지지 않아요?

월바: 음, 네, 그렇죠. 주머니를 만져 보니 지갑이 없어졌을 때처럼 '아니! 3월 3일, 그날은 생각이 안 나네! 3월 3일을 놓쳤어!'라고 생각하는 건 정상이 아니죠. 이렇게 많은 걸 기억하면 기억을 통제할 수 있을 줄 알았는데, 거꾸로인지도 모르겠어요. 기억이 저를 통제하는 거예요. 그리고 하루하루를 다 기억하면 망각도 더 분명해지죠. 보통 때라면 어느 하루를 기억하는지 신경을 안 쓸 텐데, 이렇게 하면 갑자기 중요해지니까요.

힐데: 그렇게 많은 것을 기억하게 되면서, 시간에 대한 감각이 달라졌나요?

월바: 지나간 삶에 구조가 좀 더 생겼어요. 순서대로 100일이라는 건 제 삶에서 한 토막을 고른 것처럼 말하자면 무상성에서 구해 준 거예요. 기억은 플러스, 망각은 마이너스로 인생을 정산하는 거하고 비슷하죠.

278

힐데: 하지만 그건 숲에서 나무가 죽는데 아무도 그 소리를 못 듣는 것과 비슷하잖아요! 하루가 지나갔는데 아무도 기억을 못 한다고 해도, 그래도 그날은 있었던 거잖아요.

월바: 예를 들면 작년 가을에 뭘 했는지 기억이 안 나는 게 그렇게 속상한 건 그렇게 자주 있는 일은 아니에요. 갑자기 '가을 휴가! 그때 뭘 했더라?' 하고 생각을 하는데 그냥 백지인 거예요. 전 기억력이 아주 정상이지만, 그래도 어떻게 보면 걱정되는 일이에요.

힐데: 대부분의 경우 망각은 환상이에요. 만일 우리가 같이 이야기를 하다가 어떤 특정한 주제, 예를 들어 달리기 이야기가 나오면, 작년 가을에 하프마라톤을 뛴 게 기억이 나겠지요!

월바: 맞아요. 전 그런 건 그렇게 쉽게 잊지 않으니까요. 쉽게 잊히지는 않지만 찾는다고 바로 나오지는 않는 사건들이 많거든요. 기억은 사건들을 곱씹고 처리해서는 인생 대본에 배치함으로써 맥락 의존적으로 만들지요.

힐데: 그 100일을 반복 암기하지 않고 1년이 지나면 무슨 일이 벌어질까요?

월바: 바로 그게 흥미로운 거죠. 저는 '에빙하우스'가 있잖아요! 1년 후에는 무엇이 아직도 기억에 남아 있을까요? 망각 곡선을 극복할 수 있을까요? 알게 되겠죠. 그런데 힐데는 지난 100일간 있었던 일들을 얼마나 기억해요?

힐데: 흠…… 아주 많이 기억하는 거 같아요. 아주 중요하고 감정적으로 가치가 많은 일들은 제일 잘, 바로 기억이 나요. 윌바가 일부러 애써서 한 것처럼 순서대로 생각나는 건 아니에요. 그래도 중요한 것들은 기억이 나죠. 그냥 잊히는 것도 아주 많긴 해요. 어느 우울한 2월 아침에 빵에 버터를 발랐다, 이런 건 기억 안 할 거 아니에요?

윌바: 별 한 일 없이 지낸 날들은 아마 잊힐 거예요. 우리 경험의 상당 부분은 삶에 대한 일반적인 느낌 안에 포함이 되죠. 100일을 순서대로 기억해 보면, 기억술을 사용해도 실제로 잊어버리는 게 얼마나 많은지 드러나요.

힐데: 그리고 모든 세부를 다 기억하려고 했으면 100일을 기억하는 데 100일이 걸렸을 거예요. 그게 무슨 소용이겠어요?

윌바: 다시 돌아가서 그 100일을 그대로 다시 경험하고 싶은 마음은 없어요. 그냥 집에 있었고 아팠던 날이나 특별히 하는 일 없이 집에 있던 일요일을 기억하는 건 아주 어려운 일이에요. 우리 단골 카페에 앉아 있던 것과 그전에 여러 번 했듯이 책을 쓰던 일도 마찬가지죠. 기억의 법칙대로라면 이 순간들은 하나의 공통된 기억으로 통합될 거예요. 앉아서 글을 썼다거나, 아팠다거나, 아무것도 하지 않았다는 기억으로요. 하지만 제 생각에는 기억술이 일상에 마술을 부린 것 같아요. 매달 7일은 금색 날로 하려고 했어요. 4월 7일에는 비

가 왔는데, 흐리고 우울한 날이었겠지만 제 기억에서는 금비가 내렸어요!

힐데: 기억의 연금술사가 되어 그날을 금으로 바꾼 거네요!

월바: 사실 마법 같아요. 그날이 더 좋은 날이 되죠. 하지만 금 조각이 없는 날들도 기억한다는 값을 치러야 하죠. 그게 바로 일상의 마법이에요. 살아 있음을 느끼고, 비가 내리게 두는 거예요. 하지만 분명한 건 이렇게 함으로써 기억을 찾아가는 실마리를 인공적으로 만든다는 거예요. 보통의 경우라면 무언가에 대해 이야기를 하거나 음악을 들으면 자연스러운 연상을 통해 절로 기억이 나겠지요.

힐데: 이제 다 끝났는데, 기분이 어때요?

월바: 사건에 기억을 위해 표지를 붙이기를 그만두고 현재를 사니까 좋아요. 그만두기가 쉽지는 않지만 말이에요. 오늘은 5월 15일이고, 15는 아직도 해마예요. 아까 들어올 때, 여기 문 앞의 아름다운 체리나무에 온통 해마들이 꼬리를 걸고 있더라고요.

힐데: 아! 상징적이네요!

월바: 네, 하지만…… 잊어버리면 해방되는 느낌일 거예요.

(청중은 박수를 친다. 제작진의 이름이 자막으로 나온다. 힐데는 질문이 쓰여 있는 수첩을 어깨 뒤로 던지고 보란 듯이 카메라를 쳐

다본다.)

100일을 기억하는 작은 실험은 망각에 관한 재미난 게임이었다. 하지만 망각이 게임이 아닌 사람들이 많다. 무수한 사람들이 인생의 여러 시기에서 수많은 다양한 이유로 기억 문제와 싸우고 있다.

우리 시대의 주요 질병 중 하나는 우울증이다. 놀랍게도 우울증은 기억에도 영향을 미친다. 우울증에 걸린 사람 중에는 기억력 감퇴를 염려하는 사람들이 많다. 걱정은 우울증의 자연스러운 한 부분이다. 마음이 슬플 때 사람은 온갖 걱정을 하게 된다. 그리고 자신의 능력을 의심한다. 알다시피 기억의 특징은 무수한 망각이며, 매일같이 오류를 저지르는 건 지극히 정상적이다. 우울한 사람은 부정적인 쪽에 더 주의를 기울인다. 잔은 반이 비었다고 생각하며, 잊어버리는 모든 것들에 명랑하고 낙관적인 사람들보다 훨씬 신경을 쓴다. 반대로 낙관적인 이들은 스스로 생각하기에는 절대 틀릴 리 없는 자신들의 기억력을 맹목적으로 신뢰한다. 작업 기억을 걱정으로 채우면, 다른 일에 필요한 공간도 제한되어 버린다. '아무것도 기억이 안 나.'라는 생각이 '잊지 말고 게르다에게 전화해야지.'의 자리를 빼앗는 것이다.

베르겐 대학의 심리학 교수 오사 함마르는 우울증이

어떻게 기억력에 영향을 미치는지를 잘 안다.* 다수의 우울증 환자를 대상으로 한 실험에서, 단어를 회상해 낼 기회를 여러 번 주면 이들의 암기 능력이 정상임을 볼 수 있었다. 하지만 이들은 목록을 한 번만 듣고 바로 회상하는 데에는 어려움을 겪었다. 여러 번 반복을 한 다음에는 정상적으로 회상할 수 있었다. 그저 첫 번째로 목록을 보았을 때만 압도당하는 것 같았다. 우울증 환자의 기억력 감소에 대한 설명은 기억의 저장이 아니라 주의와 작업 기억에도 일부 있다.

"일상에서 기억해야 하는 대부분의 일들이 이 경우에 속하죠."라고 오사 함마르는 말한다. "어떤 메시지를 알아들을 기회는 한 번밖에 없는 게 보통이에요." 친구들은 휴가에 무엇을 했는지 한 번만 들려준다. 이를 장기 기억에 저장할 기회는 단 한 번뿐이다. 우울증 환자들은 반복이 필요하기 때문에 흔히 망각을 경험하게 된다.

"우울증이 있던 환자들은 보통 우울증을 극복한 다음에도 시간이 흐르면서 기억이 힘들어져요. 메시지를 기억하지 못하고, 가게에서 무엇을 사려고 했는지 잊어버리고, 대화에서 중요한 부분들을 놓치죠. 자신들의 뇌가 손상되었다고 걱정하고 두려워하는 사람이 많고요. 그렇지만 제 연구들에서는 시간을 더 주고, 다시 보고 기억할 기회를 주면 우울증 환자들도 다른 사람들만큼 기억할 수 있다는 게 입증되었어요."

그 연구 팀은 또한 미국의 예일대와 함께 수행한 실험에서 우울증이 작업 기억에 미치는 다른 영향을 발견했다.* 이들은 우울증을 앓았던 사람들에게 얼굴 사진 여러 장을 순서대로 보여 주고, 나중에 한 장을 다시 보여 주었다. 그러고는 그 한 장의 사진이 순서상 어디에 있었냐고 물었다. 비교적 단순한 과제였다. 하지만 우울증 환자들은 사진이 미소를 짓는 얼굴인 경우 비정상적으로 어려워했다. 마치 미소 짓는 얼굴을 안 '본' 것 같았다. 오사 함마르는 우울증이 있는 사람들은 슬픈 것에 더 집중하고 긍정적인 것은 제대로 보지 못하는 경향이 있다는 것으로 이를 설명한다. 하지만 과제가 조금 어려워져서 이들이 사진이 순서상 어디에 있었는지 말하는 동시에 사진들의 순서를 뒤집어 놓아야 했을 때, 반대되는 현상이 일어났다. 부정적인 얼굴들이 더 나쁜 결과를 가져온 것이다. "이들은 슬픈 일에 집중하기 때문에, 슬픈 얼굴들이 작업 기억에서 공간을 차지했고 따라서 순서를 뒤집는 과제를 해낼 수 없었지요."라고 오사 함마르는 설명한다. 이런 효과는 과제가 인지적으로 어려울 때 나타난다. 특별히 관심을 끄는 점은 이 결과가 누가 다시 재발성 우울증에 걸릴 위험이 있는지를 예측하는 데 도움을 줄 수 있다는 것이다. 이런 효과가 더 큰 환자일수록 재발성 우울증의 위험이 높다. 이는 또한 작업 기억의 악화는 안타깝게도 우울증 환자가 갖고 있는 위험 중 하나이며, 우울증 예방을 더 어렵게 한다.

놀라울 정도로 많은 사람들, 많게는 인구의 12퍼센트 까지가 우울증에 시달리고 있으며, 우울증은 이들의 기억력도 제한한다. 한편 인구의 1퍼센트는 뇌전증에 걸리는데, 1퍼센트라면 신경 질환 중 가장 흔한 것 중 하나가 된다. 헨리 몰레이슨은 뇌전증이 있었지만, 그의 기억이 그렇게 약했던 것은 그에게 심각한 기억상실증을 남긴 수술 때문이었다. 하지만 뇌전증은 어린이들에게나 성인들에게나 어느 정도의 기억력 감소를 가져올 수 있다.* 뇌전증은 뇌 기능의 장애이다. 발작이 생기는 것은 뇌 안의 통제되지 않은 전기 방출로 인해 뇌 속에서 일종의 전류가 생겨나기 때문이다. 발작은 팔과 다리의 심한 경련이라는 형태를 취하며, 환자는 의식을 잃는다. 발작은 몇 분 만에 끝날 때도 많다. 하지만 뇌전증의 종류에 따라서는 다른 유형의 발작도 있다. 어떤 사람들은 너무나 짧아서 거의 느끼지 못하는, 눈빛이 몇 초간 멀어질 뿐인 발작을 겪기도 한다. 잠깐씩 의식이 없어지는 이런 경우를 결신 발작이라고 한다. 아마 헨리 몰레이슨은 이런 종류의 뇌전증을 앓았을 것이다. 때로 발작은 20초를 넘지 않지만, 이것도 주의를 방해하는 데는 충분하기 때문에 이야기를 따라오지 못하고 따라서 기억을 잘 하지 못할 수도 있다. 결신 발작의 경향이 있는 사람들은 발작이 없을 때에도 주의력이 떨어지는 경우가 많아서, 학교 생활에 장애를 겪기도 한다. 전신 발작이나 결신 발작이나 모두 뇌에서 광범위하게 일어나는 활동의 영향이다.

하지만 뇌전증은 뇌의 제한적인 부분에서 일어날 수도 있다. 이런 유형의 뇌전증 중 하나는 측두엽 뇌전증이다. 이름 그대로 측두엽에서 시작하는데, 앞에서 말했듯 해마도 그곳에 있다. 이 경우에는 '연결 오류' 혹은 손상이 부분 발작을 가져온다. 이런 발작을 겪으면, 위장이 수축되는 느낌이나 기시감, 즉 지금 경험하는 게 전에 이미 경험한 일의 정확한 반복이라는 느낌이 생긴다. 이런 느낌은 우리 모두 다 알지만, 뇌전증 환자의 경우에는 빈도와 강도가 더 높으며, 몇 분간 의식을 잃고 손이 불안정해진다. 해마에 생긴 손상이나 장애는 뇌전증을 가져오는 경우가 흔하기 때문에, 일상적인 기억력 감퇴도 뒤따를 수 있다. 발작 자체도 잊힐 수 있고 때로는 그 전후의 일들도 잊힐 수 있다. 전이나 지금이나, 이 사람들 중 일부는 해마를 (한쪽만!) 제거하는 수술을 제안 받는다. 해마 하나를 유지하는 한 경과는 괜찮다.

이런 수술을 겪었던 사람들 중 한 명은 테레세 투에

룬이다. 의료적인 도움 없이 여러 해 동안 뇌전증을 앓던 그녀에게 한 가지 가능성으로 뇌 수술이 제시되었다. 2015년 12월에 외과 의사들은 뇌전증 발작이 사라지기를 기대하며 해마의 상당 부분을 포함하는 측두엽 3센티미터를 제거하였다.

모르는 사람은 그녀가 지극히 평범하다고 생각할 것이다. 우리는 오슬로 동쪽 외곽에 있는 그녀의 집에서 그녀를 만난다. 그녀는 상냥하고 잘 웃으며 우리를 따뜻하게 맞아 준다. 거실은 모범적이라고 할 정도로 정리되어 있으며, 식탁에는 직접 만든 머핀이 놓여 있다. 지금은 결혼식을 계획하고 있고, 어떻게 하고 싶은지를 이야기한다. 기억할 게 많지만, 너무 뻣뻣하고 형식적으로 되지는 않았으면 좋겠다고 한다.

"제가 잊어버리는 건 저도 느끼죠. 그래서 약속 같은 건 다 적어요." 그녀가 이야기를 시작한다.

"하지만 그건 누구나 하는 거잖아요?"

"저는 적어도 하루에 세 번은 수첩을 봐야 해요. 그래도 약속들을 다 기억하지 못해요. 버스를 타면 내릴 정류장이 기억이 안 나요. 만난 사람도 기억하는 적이 없어요. 특별한 옷을 입었거나 머리 색깔이 아주 독특하지 않으면 말이에요. 사람들이 늘 같은 옷을 입고 다니면 좋겠죠!"

"우리는 기억이 나요?"

"길에서 만나면 그냥 못 알아보고 지나칠지도 몰라요. 월바를 못 알아봤지만, 수술 전에 아주 즐거운 대화를 나눴던 건 기억해요. 병원에 있는 하얀 건물이었죠?"

"그 하얀 건물에 제 사무실은 없는데요. 거기 재활 치료사와 사회 복지사가 있는데, 혹시 사회 복지사와 이야기한 거 아닐까요?"

"아, 맞아요! 미안해요. 그럼 우리가 만나서 얘기했던 게 아니네요. 어쨌건 제가 기억하는 대화는 그게 아니네요."

테레세는 자신의 기억력 감퇴에 대해 많이 웃고 유머를 발휘하지만, 그래도 상황은 분명 어렵다.

"제일 어려운 건 다른 사람들이 우리가 함께 경험한 일들을 기억할 때예요. 대부분의 사람들은 제가 어떤 처지인지 알지만, 그래도 함께 무엇을 했는지 기억을 못하면 상처를 받죠. 제 결혼식 증인을 설 친구는 우리가 함께 갔던 파티를 모두 세세하게 기억해요. 그런데 저는 즐거웠다는 건 알아도 아무 기억이 안 나는 거예요!"

테레세는 남편과의 첫 데이트를 기억하지 못한다. 그와 함께 작년이나 재작년 휴가에 여행을 갔던 것도 기억하지 못한다. 그와 함께 보낸 달콤하고 낭만적인 순간을 이야기할 수 없으니, 그녀는 결혼식 연설에서 무슨 이야기를 해야 할지 약간 걱정을 한다. 그녀는 2015년 12월에 수술을 받았고, 크리스마스에는 쉬면서 회복하고 있었다. 그 일은 기억을 한다.

"수술 후에는 마치 안개가 좀 걷힌 것 같았어요. 시댁에서 보낸 크리스마스를 생생하게 기억하죠. 식구들이 방으로 머리를 들이밀고, 날씨가 아주 나쁘다고 했어요. 저는 신이 났지요! 식구들은 저를 차에 태우고 바다로 갔어요. 거기 서서 폭삭 젖었어요! 거기 서서 이 모든 걸 들이쉬었어요. 살아 있다는 느낌이 강렬하게 들었죠. 비를 느끼고 얼굴이 차가워졌고, 약간 추웠어요. 정말 최고였죠!"

테레세는 바람을 좋아한다. 강풍을 좋아한다는 뜻이다. 들이치는 폭풍, 고향인 보되의 제방을 넘어오는 바다. 그녀는 휴가 여행에서 애인과 남쪽에서 무엇을 했는지는 기억하지 못하지만, 둘이 한겨울에 텐트를 치고 얼어 죽을 뻔했던 일은 기억한다.

"매번 뭔가가 엄청나게 불편해야 기억하는 거 아녜요? 불편할수록 기억에 남는 거예요? 그런 것처럼 보이는데요?"

테레세는 크게 웃는다. 우리 모두는 오직 고통과 불편을 바탕으로 하는 기억 요법을 상상하면 재미있다고 생각한다.

하지만 그녀의 기억은 심각하게 손상되었고, 우리도 그 사실을 안다. 우리 세 사람은 그녀의 커피 테이블에 둘

러앉아 있는데, 테이블 유리 아래에 그녀는 자신의 인생에서 가장 중요한 것들의 사진을 두었다. 자기 자신과 남편, 북부 노르웨이, 만화, 개의 사진. 그나마 갖고 있는 얼마 안 되는 기억을 잃어버릴지도 모르는 뇌 수술을 받는 일은 쉽지 않았다. 몇 년 동안 검사와 테스트들이 이어졌고 머리 안팎에 전극을 붙여 뇌전증 발작을 측정했으며, MRI 검사와 기억력 검사를 했다. 불필요하게 많은 기억을 잃어버리지 않으리라고 확신을 하게 된 다음에야 외과 의사는 그녀의 측두엽에 칼을 댔고 해마와 그 주변의 뇌 조직을 떼어냈다.

테레세는 읽는 내용을 다 잊어버리기 때문에 학업을 계속할 수 없었다. 그녀는 병가를 내었고, 하루하루를 그녀에게 의미가 있도록 조직해 본다. 연습을 하고, 개를 데리고 산책을 하고, 결혼식을 계획하고, 친구들을 만난다. 2008년에 그녀는 뇌전증 진단을 받았다. 의사들은 그녀가 어릴 때부터 뇌전증이 있었고, 밤에 발작이 있었지만 발견되지 않았다고 본다.

"할 수 없는 게 많지만, 그래도 저는 잘살 수 있어요. 미래가 있고, 남편과 아이들과 친구와 가족이 있죠."라고 말하며 테레세는 프루던스라는 개를 다정하게 토닥인다.

수술이 성공적이었는지 확인하려면 그녀는 아직 몇 년을 기다려야 한다. 발작이 사라지면 차츰 약을 끊을 수 있다. 뇌전증 약물은 기억력을 떨어뜨릴 수 있는데, 뇌를 약간 둔하게 하는 작용이 있기 때문에 더욱 그런 것 같다. 발작을 막기 위해서는 여러 가지 약물을 섭취하면서 부작용을 감내할 수밖에 없는 사람들도 꽤 있다. 하지만 반대로 약을 먹지 않는 것 역시 기억력에 해로울 수 있다. 발작이 강하고 잦을 경우 특히 그렇다.

뇌전증, ADHD, 우울증은 젊은 사람들의 기억력을 내부에서부터 손상시키는 제일 흔한 질병들이다. 뇌의 외상은 뇌에 일어날 수 있는 가장 심각한 사건에 속하는데, 주로 젊은 사람들에게 생긴다. 추락이나 사고는 모든 나이의 사람들에게 생기지만, 나이가 많은 사람들은 뇌졸중이나 치매를 뇌가 약해지면서 일어나는 자연적인 결과로 받아들이는 반면, 젊은 사람들은 '그저' 외상만을 걱정하면 된다. 뇌의 외상은 흔히 기억력 감퇴의 원인이 된다.* ADHD는 주의력 감소로 인해 기억력에 영향을 미치고 측두엽 뇌전증은 해마의 손상 때문에 기억력을 떨어뜨리지만, 뇌의 손상은 기억이 여러 방향에서 침해를 받게 만든다. 주의력, 작업 기억, 저장 기능, 회상 모두 정도의 차이는 있어도 피해를 입을 수 있다. 게다가 뇌 외상은 피로를 동반할 때가 많다. 환자들은 지치고 피곤하기 때문에 주의력을 유지하기가 힘들다. 외상은 한 번의 사건이고 많은 경우 처음 몇 년 사이에 회복되지만, 손상된 기억력을 가지고 남은 평생을 살아가는 사람들도 많다. 그래서 외상은 처음에는 비록 매우 급성이라고 볼 수 있는 사건의 결과이지만, 사실 만성적인 질병이다.

젊은 사람들의 기억이 피해를 입는 경우, 이는 아주 뜻밖의 일인 경우가 많다. 사람들은 기억력을 당연한 것으로 여기는 경향이 있기 때문이다. 하지만 어느 새 나이를 먹게 되고, 망각은 점점 흔해진다. 성인기 내내 대뇌피질은 해마다 아주 조금씩 줄어들지만, 노년기가 되면 그 속도가 더욱 빨라진다. 흰색 물질도 점차로 사라지고, 이와 함께 뇌 안의 빈 공간은 더 커진다. 대부분의 사람은 이것이 전부이다. 학습이 좀 느려지고 이름이 생각 안 나는 등의 흔한 형태의 망각은 우리를 점점 더 자주 괴롭힌다. 하지만 나이가 들어 기억력이 떨어져도 그때까지 평생 모은 지혜는 앗아 가지 못한다. 모든 지식과 인생 경험들은, 비록 이들이 자리잡는 데 점차로 시간이 더 많이 걸리기는 하지만 커다란 지식 저장고가 된다. 젊은 사람들은 더 빨리 사고하고 학습하며 보다 효율적인 기억력을 갖고 있지만, 나이가 많은 사람들의 강점은 경험이다. 나이를 먹는다는 것은 몰락이 아니라 변화이다.

뇌에 영향을 주는 질병에 걸릴 가능성도 나이가 들면서 커진다. 망각의 여러 형태 중 가장 공포의 대상이 되는 것은 알츠하이머이다.* 연구 분야에서 작은 진보가 생겨서 1년에 몇 번씩 주요 신문의 1면을 장식하는데, 이것은 알츠하이머가 우리 시대가 마주하고 있는 가장 큰 도전의 하나이며 그 해결책을 찾기 위한 사냥은 마치 암이라는 수수께끼를 푸는 과정과도 견줄 만하기 때문이다. 배우 줄리앤 무어는 2014년에 「스틸 앨리스」*라는 영화에서 초기 알츠하이머에 걸린 여자 주인공 역할로 오스카 여우 주연상을 받았다. 세계적인 언어학자인 주인공이 자신의 아이들을 잊어버릴 수도 있다는 것을 질병 초기에 알았을 때의 절망은 몸으로 느껴질 정도이다. 우리는 이 주제만 으로 책 한 권을 채울 수도 있다. 뇌에서 무슨 일이 일어나 며, 당사자와 주변 사람들은 이 병을 어떻게 경험하는지. 병원에서 어떻게 노인들이 젊을 때 듣던 음악을 들려줌으 로써 그들의 기억을 다시 불러일으키는지. 다른 많은 것 들도 다루어야 하는 이 책에서 우리는 알츠하이머를 충분 하게 다룰 수 없으며, 그저 단편적인 것만 몇 가지 언급하 려고 한다.

우리의 수명이 늘어나면서 신체 기관들을 유지하는 문제도 표면으로 드러난다. 기관이라고 했는데 이 경우에 는 일차적으로 뇌이다. 피부의 주름, 검버섯, 보행기, 휘는 허리와 사라져 가는 근육, 이 모든 것은 그래도 견딜 만하 다. 하지만 기억을 상실하고 따라서 일상생활을 통제하지 못하는 것은 두려운 일이다. 이런 일은 점진적으로 일어난다. 처음에는 이름이나 메시지나 어제 한 일이 기억이 안 난다. 하지만 이것은 나이를 먹으면서 점차로 우리 모두가 하는 경험과 놀라울 정도로 유사하다. 나이가 들면 기억력이 떨어진다. 나이가 들어 '정신이 약간 없어진' 사람 때문에 어쩔 수 없다는 듯이 피시식 웃는 건 쉬운 일이다. 하지만 어느 시점에서는 일이 더 심각해진다. 질병이 뇌 전체로 퍼지고 모든 일에 도움이 필요해지며, 점차로 정신이 다른 곳에 가 있게 된다. 그렇게까지 되기 전에 이미 여러 단계를 거치며 기억력이 약해진다. 해마가 제일 먼저 손상되고, 따라서 새로운 기억의 저장이 힘들어진다. 알츠하이머 환자들은 어린 시절과 젊었을 때의 이야기를 자세하게 할 수 있지만, 지난주에 당신이 방문한 것은 기억하지 못한다. 이것은 약간 헨리 몰레이슨의 기억 상실증과도 유형이 비슷하지만 정도가 약할 뿐이다. 처음에는 그렇다. 헨리와 같은 정도의 단계에 이르기 전에, 알츠하이머에 걸린 사람들은 그 외에 뇌가 보다 광범위하게 피해를 입고 언어 장애와 감정 문제로 어려움을 겪으며, 성격이 변하고 자신의 생활을 조직하는 게 어려워진다.

이 병의 정확한 원인은 아무도 모른다. 답을 찾았다고 믿는 사람들이 있는데, 다른 연구자들은 의견이 다르다. 지금까지 가장 널리 퍼진 설명은, 신경세포 주위에 이른바 아밀로이드 반점이라는, 말하자면 뇌의 치석 같은 노폐물이 축적되어 신경을 방해하고 뉴런이 스스로 자살을 하게 한다는 것이다. (그러니까 신경세포 자살이다.) 이것은 당연히 뇌에 좋지 않다. 물론 우리는 날마다 많은 뉴런을 잃지만, 알츠하이머의 경우에는 뉴런의 상실이 급속하게 일어난다. 기억을 저장하는 능력과 대뇌피질에 퍼져 있는 기억 모두가 해체된다. 알츠하이머에 걸린 뇌에서 뉴런 안에 있는 단백질의 변화가 생기고 그 결과 세포 내에 노폐물이 축적된다고 알려져 있다. 이 단백질은 타우라고 불린다. 이 질병을 처음 가져오는 것이 아밀로이드 반점인지 타우 단백질인지에 대해서는 의견이 갈린다.* 아니면 아직까지 아무도 찾지 못한 다른 것일까? 그런데 아밀로이드 반점과 타우 단백질은 어디에서 오는 것일까? 그리고 이런 것이 뇌에 쌓이는 걸 막기 위해 무언가를 할 수 있을까? 이 질문에 대한 대답은 지금으로는 없다. 하지만 알츠하이머로 이어지는 과정들은 질병이 드러나기 몇십 년 전에 이미 시작한다고 알려졌다. 미래에 이 질병을 멈추게 하려면, 아마도 일찌감치, 아예 알츠하이머에 걸렸다고 알기 한참 전에 개입을 해야 할 것이다. 알츠하이머를 너무 늦기 전에 멈추는 치료법을 찾으려면 일어나는 과정을 이해하는 것이 중요하다. 여기에는 앞으로도 전 세계에서 수백 명의 연구자가 노력을 들여야 할 것이다.

스스로 무언가를 기억하지 못한다는 걸 어떻게 알 수 있을까? 극단적으로 망각에 시달리는 건 어떤 것일까? 기억상실증은 기억을 못 하는 것이다. 그 자체가 하나의 병명이지만, 이 증상을 진단 받는 사람은 아주 적다.

1장에 나왔던 우리 친구 헨리 몰레이슨은 기억상실증이 있었다. 아마 가장 심각한 형태의 기억상실증이었을 것이다. 그는 한순간의 기억을 다음 순간까지 저장할 수 없었으므로, 수술 후에 그에게 일어난 일들은 모두 현재에 고립되어 갇혀 있는 하나하나의 순간들이었다. 그도 그의 인생사가 있었지만, 25세가 된 후에 일어났던 일들은 (함께 사라져 버린 수술 전의 2년도 포함된다.) 더 이상 그에게 남아 있지 않았다. 그는 '선행성 기억상실증'이라고 불리는 것이 있었다. 이 형태의 건망증은 양쪽 해마가 심각하게 손상되었을 때 나타날 수 있으며, 뇌에서 해마와 아주 밀접한 다른 영역이 손상되어도 이런 망각증이 올 수 있다. 뇌졸중, 뇌염, 그리고 때로는 심각한 심장마비도 양쪽 해마를 약해지게 만들 수 있다.

출생 시부터 평생 망각에 시달리는 사람도 수는 아주 적지만 분명 있다. 이들은 아주 드문 형태의 선천성 해마 손상이 있어서, 모든 성장 과정과 남은 인생 전체가 그 영향을 받는다. 이는 성장 과정 내내 나타나기 때문에, 성장 기억상실증이라고 한다. 원인을 언제나 알 수 있는 건 아니지만, 때로는 출산 과정 중의 사고 혹은 조산과 함께 나타난 호흡 곤란에서 비롯된다. 해마는 아주 약하고 여린 부분이어서, 산소 부족은 해마에 특히 심각한 결과를 가져올 수 있다.* 이 형태의 기억상실증의 특징은 기억이 헨리처럼 완전히 불가능하지는 않다는 것이다. 이들은 학교에서도 어느 정도 무엇을 배울 수 있지만, 도움이 많이 필요하다. 영국 환자인 존은 이런 경우이다. (가상의 이름이다.) 그는 IQ가 114였으니 평균보다 약간 높았고 영리했지만, 아무 기억도 없었다. 그는 결혼을 했고 되는 데까지 정상적인 삶을 살았다. 그는 반복과 유의미한 맥락을 통해 사실에 대한 지식을 천천히 쌓아 나갔지만, 학교에 다녔다거나 학교에서 무엇을 배웠다는 기억은 전혀 없었다. 그는 자신이 결혼했다는 사실을 알기는 했지만, 결혼식이나 첫 만남, 첫 키스 등등의 생생한 기억은 전혀 없었다. 날때부터 앞을 못 보는 사람이 본다는 게 무엇인지 모르듯이, 그는 기억한다는 게 무엇인지 몰랐다.

정도의 차이는 있어도 기억상실증에 걸리는 사람들은 대부분 인생의 초기에서 일어났던 일들에 대한 기억을 간직하고 있지만 새로운 경험을 저장하는 데 어려움을 겪는다. 그저 아주 적은 수의 사람만이 다른 형태의 망각, 역행성 기억상실증을 겪는다.* 이는 이전에 뇌에 저장했던 기억들이 갑자기 사라지는, 말하자면 하드디스크에서

삭제되는 것이다. 망각에 관한 가장 큰 신비 중 하나가 이 것이다. 기억이 뇌 전역에 분산되어 저장되어 있다면 어떻게 한번에 모두 사라질 수 있겠는가? 평생의 모든 기억이 날아가 버린다는 건 이해하기 힘들다. 어떻게 뇌 손상의 결과 이런 일이 일어날 수 있는지도 아무도 증명할 수 없었다. 어딘가에서 어떤 사람이 발견되는데, 자기가 누군지도 모른다. 이런 사건은 노르웨이에서도 일어난 적이 있었다. 2013년 12월에 오슬로의 카를 베르네르스 플라스 근처의 헤케바이엔에서 한 남자가 발견되었다. 그는 자신이 누구인지 기억하지 못했지만, 동유럽 언어를 여럿 알아들었고, 동유럽 말투였지만 영어를 꽤 했다. 그는 멍이 들었고 자상이 여러 군데 있었지만 경찰은 그에게 무슨 일이 있었는지 알아낼 수 없었다. 무언가 범죄 사건의 피해를 입은 것 같았다. 그는 나중에 체코에 있던 가족을 다시 만났고, 가족 관계는 DNA 검사로 입증되었다.

영국에서 기억이 없이 발견되어서, 온 세상에서 그가 누구인가를 찾았던 사람이 있었다. 그가 어떤 사람인지 알 수 있던 단서는 그가 피아노를 잘 연주했다는 점뿐이었으므로 (자전거 타기와 마찬가지로, 피아노도 역행성 기억상실증의 영향을 받지 않는다.), 그가 길을 잃은 콘서트 피아니스트라는 추측들이 있었다. 그에 대한 신화가 매체를 통해 퍼졌다. 그는 미쳐 버린 천재 음악가였을까? 매체의 압박은 점차 줄어들었고 친척들이 나타났는데, 알고 보니 그는 전혀 음악가가 아니었고 그저 취미로 피아노를 잘 칠 뿐이었다. 이런 사람들 중 일부는 심각한 심리적 반응이 원인이 되었을 수도 있다. 한 사람의 인간성 전체가 어느 순간에 사라져 버리고, 완전히 새로 시작한 것이다. 이런 일은 목적도 의도도 없이 ─ 보통은 신분증도 안 가지고 ─ 여행을 떠나 버리는, 의식이 희미해진 상태에 뒤따르는 경우가 흔하다. 어떤 사람들은 치료를 통해 기억을 되찾는다. 다른 사람들은 모든 개인적인 기억에 붙어 있었던 '나'라는 딱지를 영원히 잃어버린 듯한 상황이 된다. 어떤 사람들은 뇌의 외상이 원인으로 보이지만, 그래도 기억 연구자들에게는 어떻게 한 인생 전체의 기억이 단박에 지워질 수 있는지가 신비이다. 어쩌면 여기에서도 열쇠를 품고 있는 건 해마일 수도 있다. 우리 자신을 한 인간으로 만드는 모든 경험과 장소와 감정을 연결하는 곳은 해마이다.

2000년 11월 28일, 오이빈 오모트*가 중국에서 어머니에게 이메일을 보냈다. 이것이 그가 가족과 친구들에게 보낸 마지막 인사였고, 3주 후에 그는 신분증과 비행기표를 지닌 채로 한 지방 도시에서 발견되었다. 그 자신은 그때까지의 27년, 자신의 전 생애를 전혀 기억하지 못했다.

그는 자신이 누구인지, 어디에서 왔으며, 그때까지 무엇을 경험했는지, 3분의 1을 살았던 인생을 몰랐다. 우리 대부분에게 가장 초기의 기억은 초기 유년기의 기억이지만, 오이빈에게는 어떨까?

"사람들의 생각과는 달라요. 사람들은 흔히 제가 중국에서 기차에서 깨어나 아무것도 기억하지 못했다는 말을 듣고 싶어 해요. 그건 그들이 알고 이해하는 틀에 맞으니까요. 하지만 저는 그런 식으로 깨어나지 않았어요. 그리고, 제가 경험한 일을 직선적인 이야기로 설명하기는 힘들 것 같아요."라고, 윈드라는 이름을 더 좋아하는 오이빈 오모트는 말한다.

우리가 아는 것은 이것이다. 윈드는 27세였다. 그는 중국에 있었다. 그는 취미로 기자 생활을 했고, 사회인류학을 공부하기 시작했었다. 사실 그는 친구들과 세계 일주 항해를 하는 중이었고, 산에 올라가 소수민족인 기마유목민을 연구할 생각이라고 했었다. 한 달 후에는 아무도 그의 소식을 몰랐다.

그는 기차를 탄 일을 기억하고 있었다. 그는 사람들이 의식이 없는 그를 발견하여 자동차로 병원에 보낸 것을 알고 있었다. 하지만 그가 언제 기차를 탔고 언제 병원에 갔는지는 확인이 어렵다. 그는 두 번 의식이 없는 채로 발견되어 후난주 지방 도시 사람들의 도움을 받았다. 이런 일들이 그 사건과 관련이 있을 수도 있고, 세계 일주 항해 중의 잠수 사고도 원인이 되었을 수 있다. 어쩌면 그가 어릴 때 뇌막염을 앓았다는 사실도 함께 작용했는지도 모른다. 의사들은 일종의 중독이 기억상실증을 가져왔으리라고 추측했다. 또는 아주 다른 일이 있었을 수도 있다. 열 명의 심리학자들이 답을 찾기 위해 후에 윈드를 조사했다. 그가 자기 자신과 그가 처한 상황에 대한 의식을 되찾기까지는 시간이 많이 걸렸다. 그는 그저 다른 사람들을 따라 했고, 수동적인 상태가 되었다. 누가 무엇을 물으면 대답하지 않았고, 누구에게도 연락을 하지 않았으며, 자신이 무엇을 해야 하는지도 몰랐다. 여러 사람이 줄줄이 서 있으면 그도 그들과 함께 섰다. 그들이 주머니에 손을 넣어 무엇을 꺼내어 주면, 그도 같은 식탁에 앉아서 그렇게 했다. 그렇게 해서 줄이 무엇인지, 돈이나 가게가 무엇인지를 이해하지 못하면서도 식사를 했다. 그는 기억이 없는 사람, 역행성 기억상실증 환자가 되었다.

이것은 아주 드문 상황이다. 생애의 모든 기억을 잃어버리지만, 언어나 자전거 타기나 피아노 연주 같은 운동 기억은 유지하는 경험을 하는 사람은 전 세계에 몇백 명밖에 없을 것이다.

헨리 몰레이슨과는 반대로 역행성 기억상실증이 있는 사람들은 새로운 기억을 저장할 수 있다. 공교롭게도 헨리 몰레이슨은 새로운 기억을 형성하는 능력을 27세에 잃었고, 윈드 오모트는 27세에 영점에서 새로운 인생을 시작했다. 27세까지의 헨리에게 일어난 사건들과 윈드의 미래에 놓여 있었던 사건들 — 이들을 더하면 한 개의 온전한 인생에 대한 두 사람의 기억이 된다.

"처음에는 많은 사람들의 도움을 받았지요. 그렇지만 '도움'이라는 개념을 이해하지 못했어요. 그게 무슨 의미인지 이해하는 데 오래 걸렸고, 마침내 이해했을 때에는 고마운 마음이 가득했어요. 그때 많이 울었고, 그게 위안이 되었어요. 마찬가지로 저는 친구가 뭔지도 몰랐지만, 제 주위에서는 그 표현을 내내 사용했어요. 그래서 그 단어에 주목해서 기억했지요. 그건 늘 이런저런 좋은 자극이나 진동이 느껴지는 상황들이었어요……. 저는 저에게 손을 내밀거나 친절한 눈빛을 보내는 사람들을 친구로 간주하기 시작했지요." 윈드는 오늘날 이렇게 말한다.

그는 인생의 처음 27년이 없는 채로 사는 것을 익혔다. 그는 새로 친구와 가족들을 사귀었다. 40이 넘은, 웃어서 생긴 주름이 40년의 인생을 증명하는 이 사람은 무슨 일로 웃었는지, 15년에 관해서밖에 기억하지 못한다. 이렇게 말하면 지나친 단순화인지도 모르겠다.

"기억나지 않는 일들을 그리워하냐고요?"라고 말하고 그가 웃는다. "어떻게 그리워할 수 있겠어요?"

"다른 사람들과 마찬가지로 저도 기억에 구멍이 있어서 채워야 해요. 다만 제 구멍은 훨씬 클 뿐이죠. 제가 전에 경험한 일 이야기를 누가 들려주면, 저는 그 일의 이미지를 만들 수 있고 느낌도 생겨요. 저는 이런 걸 감정적인 기억이라고 불러요. 기억을 잃어버린 직후에는 이런 기억과의 연결점들이 다 단절되었지요."

윈드는 자신에 대한 이야기들을 수용해서 자신이 의식하지는 못하지만 그가 누구이며 어떤 감정들을 갖고 있는지를 기억시켜 주는 부분들에 연결시켰다. 옛날 친구가 그가 학교에서 얇게 썬 갈색 치즈를 친구 얼굴에 던진 이야기를 하자, 윈드는 그 장면을 상상할 수 있었고 그들 사이의 감정적인 반응과 유머를 이해할 수 있었다. 이런 식으로 그는 자신의 과거를 상당 부분 재구성했다. 과거는 더 이상 망각의 검고 큰 심연이 아니었고, 그는 기억을 잊기 전의 자기 자신과의 연속성을 다시 찾았다. 그의 눈이 반짝인다.

망각이 원래의 사건에 대한 기억을 삼켜 버리면, 진실은 무엇인가? 윈드 오모트는 그가 경험한 일들을 재구성하여 자신의 과거를 채웠다. 어떻게 보면 전에 진짜 기억이었던 것들에 관한 허위 기억들이다. 하지만 그것은 윈드에게 문제가 아니다. 27세 때까지의 삶이 남들이 해준 이야기와 망각의 커다란 구멍들로 되어 있어도 그는

연속성, 정체성, 진실성을 느낄 수 있다. 윈드의 인격에 관
련된 모든 것은 감정적인 일체와 연결되어 있다.

　　우리가 기억하는 것 중 무엇이 사실이고 아닌지는 아
무도 대답하지 못할지도 모른다. 하지만 그렇다고 우리가
누구인지가 달라지지는 않는다. 망각에 대한 진실은 우리
모두 망각과 함께, 망각을 끼고 살아야 한다는 것이며, 그
러다 보면 우리가 기억하고 싶은 일들을 잊게 되더라도
제일 중요한 일들이 우리 기억에서 분명한 형체로 드러나
도록 조각해 내는 일을 망각이 하도록 둘 수밖에 없다는
것이다.

7장 스발바르 제도의 씨앗들
_기억의 일부, 미래를 상상하는 능력

우리의 잔치는 끝났다.
배우들은 내가 생각했던 것처럼
그저 유령들이었고 이제 공중으로,
옅은 공기 속으로 사라져 버렸다.
기반도 없는 환상의 구조물과도 같은
구름에 싸인 탑과 높은 성,
거룩한 성전과 우리의 지구 모두,
지구가 물려받은 모든 것과 함께 녹아 버리고,
그리고 우리의 헛된 가장행렬들도 흔적도 없이
허무로 사라진다. 우리는 꿈들이 만들어진 것과
같은 재료로 되어 있다. 우리의 짧은 삶은
잠으로 감싸여 있다.

윌리엄 셰익스피어,
『템페스트』*

마치 공상 과학 영화의 세트 한 구석처럼, 눈 쌓인 스발바르의 평원에 건물 하나가 우뚝 서 있다. 가늘고 높은 콘크리트 구조는 낮에는 눈의 결정처럼, 밤에는 오로라처럼 빛나는 유리로 덮여 있다. 그 외에는 누구의 흔적도 없고, 거의 1년 내내 이 건물은 장엄한 풍경의 한가운데에 홀로 서 있다. 문 안쪽에는 복도가 있고, 더 안쪽에는 콘크리트로 된 방이 셋 있다. 그 안에 세계 식량 연구의 미래가 씨앗이 담긴 작은 플라스틱 시험관의 형태로 들어 있다. 검은색, 노란색, 길쭉한 것, 둥근 것, 줄무늬가 있는 것, 털이 달린 것 모두 여기 나란히 있다. 스발바르의 국제 종자 저장고는 2008년에 문을 열었다.* 그 안에서 영구 동토층은 1년 내내 기온이 영하 18도로 유지되도록 해 준다. 씨앗들은 지구상의 온갖 나라들이 노르웨이 정부가 세계 작물 다양성 재단과 함께 운영하는 국제적인 씨앗 창고에 맡긴 것이다. 이 '저금'은 각 나라의 소유이며, 아무 때라도 찾아갈 수 있다. 수백 종류의 쌀과 밀, 각 나라의 농업 유산이 이곳에 있다. 계절이 바뀌고, 겨울에는 폭풍이 치고, 지구 반대편에서는 전쟁이 벌어지고, 기온이 상승하는 동안 씨앗들은 춥고 고요한 콘크리트 안에서 미래를 기다리고 있다.

이곳을 최후 심판 날의 박스라고도 부른다. 지구가 어느 날 핵폭탄으로 파괴되거나 남극과 북극이 녹아내리거나 대륙들이 화성처럼 황량해지면, 이 씨앗들을 꺼내어 거기에 새로운 희망을 걸 수 있다. 누군가는 이 과정을 통해 기후 변화와 핵전쟁, 한발과 전염병을 생각하며 지구의 미래를 대비하고 씨앗들을 깊은 건물 속에 보관하였다. 건조하기 때문에 싹이 트지 않고 해충의 피해도 없는 땅을 발견한 것이다. 사실 시리아의 씨앗 은행은 내전으로 파괴되었을 때 씨앗을 이미 인출했다. 씨앗 박스는 심판 날까지 아껴 두려고 만든 것은 아니고, 저축을 한 모든 나라가 지구 전체를 위해 계속해서 백업을 해 두려는 의도이다. 심판의 날은 먼 미래에서 기다리고 있는 것이 아니다. 이상 기후와 전쟁이라는 형태로 계속해서 일어나고 있다. 하지만 점진적으로 진행되기 때문에 우리가 거의 느끼지도 못한다. 기후 변화와 난민의 물결은 끊임없이 지구를 조금씩 변화시킨다.

그런데 기억은 어디에서 시작할까? 미래에 대한 새로운 생각의 싹들은 어디에 있을까? 우리 자신의 작은 종자 저장고인 기억 안에 있다. 우리 모두는 지나간 일을 회상하고, 나이가 많아질수록 더 많이 한다. 어쩌면 초등학교에서 쓴 작문을 20대에 허리 굽혀 들여다보면서 시작하고, 양로원 뜰의 안락의자에서 앨범을 품고 있는 순간까지 계속하는지도 모른다. 하지만 회상 자체는 진화 과정에서 기능이 없다. 조형되고 형태를 취할 수 있으며 신뢰할 수 없는 우리의 기억이 그렇게 유연한 데에는 이유가 있다. 기억은 사용되기 위한 것이지 박물관의 유물이 아니다. 기억은 미래의 비전과 계획과 꿈과 환상을 위한 전제 조건이다. 삶에 꼭 필요한 데 쓸 게 아니라면, 자연이 무엇을 위해 이렇게 방대하면서도 변덕스러운 기억에 투자를 하겠는가? 여기에서 기억과 미래가 만난다. 이 둘은 서로 떨어져서 존재할 수 없으며, 우리 내면의 타임머신에 달린 스위치 눈금의 양쪽 끝이다. 스위치를 왼쪽으로 돌리면 과거로, 오른쪽으로 돌리면 시간 축에서 앞으로 여행을 한다. 우리가 영원한, 아니면 적어도 긴 삶을 자주 꿈꾸는 건 꾸준히 쌓여 가는 기억의 산더미 때문은 아니며, 언제나 앞날을 바라볼 수 있다는 느낌 때문이다. 미래에 대한 상상은 기억의 자연스러운 한 부분이다. 이는 과거가 우리에게 미래를 바라볼 수 있도록 도움이 되는 지식을 주기 때문만은 아니라, 생생한 기억을 하게 해 주는 과정과 미래를 상상하게 해 주는 과정이 동일하기 때문이다.

하지만 미래에 대한 상상을 기억의 일부로 여겨야 한다고 언제나 다들 생각했던 건 아니다. 미래 연구자 중 누구도 2000년대가 되고도 이에 별로 딱히 관심을 가지지 않았다. 우리의 기억에서 이 기능을 밝히는 데 일생을 바친 한 사람은 호주 퀸즐랜드 대학의 토머스 서든도프다.* 그는 지구 반대편에서 인터넷으로 우리와 이야기를 해야 하기 때문에, 아침 8시인 오슬로에서 오스트레일리아의 오후 4시를 만나는 일 또한 어떻게 보면 시간 여행이다. 차이는 그저 여덟 시간뿐이지만, 어쨌건 토머스는 미래에서 와서 우리와 이야기하는 셈이다.

"여러 해에 걸쳐 기억 연구자들은 우리가 어떻게 옳게 기억을 해내는가에 관심이 있었어요. 기억이라는 것을 왜 가지고 있는가는 묻지 않았죠."라고 그는 말한다.

1994년에 그와 코벌리스 교수는 미래를 사고하는 인간의 능력에 대한 논문을 여러 심리학 학술지에 보냈지만, 아무도 관심을 가지지 않았다.

"결국 읽는 사람도 거의 없는 작은 학술지에 싣게 됐죠." 그가 이야기한다. 게다가 그 학술지는 그 사이에 폐간되었다.

"전통적으로 기억 연구는 사람이 무엇을 기억하는가를 측정하는 데 관심이 있었어요. 미래는 그런 식으로 측정할 수 없지요." 왜 관심이 처음에 약했는지를 그는 이렇게 설명한다.

하지만 10년이 지나면서 이 분야에 변화가 있었다. 《사이언스》는 정신적인 시간 여행과 미래 사고에 관한 이 연구를 2007년의 학술적 주요 성과 중 하나로 꼽았다. 이전, 1997년에 발표된 「정신적인 시간 여행과 인간 정신의 진화」라는 논문은 미래에 대한 생각에 관한 연구의 가장 중요한 주춧돌 중 하나가 되었다.*

"뒤로만 돌아갈 수 있는 기억은 나쁜 기억이지!"라고 아동 문학의 고전인 루이스 캐럴의 『거울 나라의 앨리스』*에서 여왕이 말한다. 이 독재자 여왕의 말은 알고 보니 옳았다. 좋은 기억은 양쪽 방향으로 움직인다.

토머스 서든도프는 기억 체계가 어떻게 작용하는가 하는 질문의 답은 바로 진화에 있다고 말한다. 600만 년의 인류 역사를 통해 환경은 바뀌어 왔고, 그러면서 우리에게는 달라진 유전 물질이 필요해졌다. 자연 선택은 다른 손가락들과 마주 닿을 수 있는 엄지나 직립 보행 같은 외적인 특징에만 관련된 것은 아니다. 이들은 이전의 인류 종의 생존과 재생산에 긍정적인 영향을 미쳤던 요소 중 일부일 뿐, 인간의 정신 역시 진화를 거쳐 형성되었다.

진화심리학적인 측면에서는 정신적 기능이 생존과 재생
산에 어떤 역할을 하는지를 물어야 한다. 이런 기능은 지
역적, 문화적 변이가 아니라 보편적인 현상이기 때문이
다. 그리고 기억도 보편적이라고 충분히 말할 수 있다.

"과거의 정확한 복제물을 보존하는 게 생존을 위해
중요했다면 아마 우리는 그런 기억을 갖고 있었겠죠. 하
지만 과거의 정확한 복제물을 가지고 뭘 하겠어요? 의미
가 있는 건 미래죠. 잠재적 위험과 파트너가 우리를 기다
리고 있는 건 미래잖아요. 사람들은 대부분 자신의 성공
을 실패보다 더 잘 기억하는 경향이 있어요. 우리의 기억
에는 언제나 오류가 포함되어 있어서, 우리의 자아상을
편향되게 하죠. 하지만 파트너가 될 수 있는 존재를 만났
을 때, 자신에 대해 이런 관점을 가지는 게 자신의 성과,
더욱이 자신의 실패를 사실대로 정확하게 전달하는 능력
보다 유리해요."

토머스 서든도프의 말에 따르면 미래에 대한 생각이
뇌의 기억 체계에 포함될 가장 중요한 이유는 진화적 이
점이다. 혹은 이것이 우리가 미래를 보기 시작한 결과로
우리의 기억이 생겨났다고 하는 게 나을지도 모르겠다.
생존에 관해서라면 과거는 미래를 예측하는 데 도움이 되
는 한 유용할 뿐이다. 오류투성이이고 유연하지만 살아
있는 우리의 기억은 살아 있고 유연한 미래의 비전을 만

드는 기능을 가지기 위해서가 아니었더라면 인간에게 생
겨나지 않았을 것이다.

"사실 기억의 모든 기능에 해당되는 말이에요. 파블
로프의 개를 예로 들어 봐요. 개는 먹이가 생기리라고 기
대하면 위산을 분비하고 침을 흘리고, 음식을 주기 전에
파블로프가 종을 치면 종소리만 들어도 침을 흘리고 위산
을 분비하기 시작하죠. 이건 기억의 대표적인 예로 사용
되었지만, 사실은 개가 침을 흘리는 건 미래에 생길 음식
을 기대하면서 아닌가요?"

이 예에서 개는 자신의 미래를 미리 들여다볼 필요
가 없다. 개는 사실 감각 인상과 사건이 연결되는 한 가지
방식의 수동적인 경험자일 뿐이며, 이는 어떤 형식으로도
의식함이 없이 일어나는 학습의 한 형태이다. 이런 유형
의 학습은 아메바에서 인간에 이르기까지 동물 세계에서
는 어디에서나 찾을 수 있다. 하지만 이런 원시적인 형태
의 기억 역시 모든 생물이 미래를 엿보고 생존을 보장하
고자 하는 필요의 결과물이다.

"미래의 시나리오를 만들고 생생한 기억을 불러내는
인간의 능력은 정말 엄청난 진화적 이점을 주었지요. 기
억 체계는 개방되고 유연한 체계로, 의식이 거의 무제한
으로 시나리오를 만들고 이를 지속적으로 평가할 수 있게
해 주지요."

『갭. 우리를 다른 동물들과 구별하는 것의 과학』*이라는 책에서 그는 우리를 시간을 거슬러 인간과 비슷한 이전의 종들이 지구에서 살고 있던 시대까지 돌아가는 여행에 초대한다. 오스트랄로피테쿠스, 호모 에렉투스, 네안데르탈인, 그리고 시간이 흐르면서 호모 사피엔스까지. 이들이 남긴 흔적은 이들이 어떻게 생각했는가에 대한 힌트를 준다. 석기 시대의 정교한 도구들이 발견되었고, 이 도구들을 보면 이들이 식량을 찾고 자기 자신을 방어하는 능력뿐만 아니라 지금까지 없었던, 미래를 준비하는 능력까지 발달시켰다는 것이 보인다.

"180만 년 전부터 2만 7000년 전까지 살았던 호모 에렉투스를 보면, 고기를 자르는 데도 쓸 수 있는 손도끼의 형태를 개발했어요. 상대적으로 보면 이런 건 쓰고 버리는 게 아니라 정교한 도구예요. 이들은 이런 도구를 갖고 있었으니 한마디로 무장을 하고 있었던 거죠."라고 서든도프는 말한다.

호모 에렉투스는 미래에는 식량을 구하고 맹수에게서 자신을 보호할 필요가 있으리라는 것을 알았다. 처음에 인간은 시체를 먹었기 때문에, 사냥을 위해 무장할 필요는 없었던 것으로 보인다. 에렉투스에게 무장은 미래의 위험에서 자신을 지키기 위한 것이었으며, 여기에는 그 위험을 상상할 수 있는 능력이 전제된다. 인류가 육식동물이 되어 가면서 점차로 식량 저장을 계획할 줄 알게 되었다.

"사바나에서 사냥감이 되는 동물은 배가 불뚝한 사자를 두려워할 필요는 없어요. 하지만 배가 부른 인간은 배가 고픈 인간만큼이나 위협이 되지요."

우리의 가까운 친척인 호모 에렉투스가 유난히 미래 지향적이었다고 볼 수 있는 더 훌륭한 근거가 하나 더 있다. 작업장의 흔적이 있는 것이다. 작업장의 발견은 먼 옛날 미래를 어떻게 생각했는가에 대한 결정적인 실마리라고 토머스 서든도프는 생각한다.

"돌도끼의 유물이 많이 나온 곳들이 있어요. 마치 거기 앉아서 만드는 법을 연습하고 서로 가르쳐 준 것처럼 말이에요. 기술을 의식적으로 연습하는 건 우리 인간이 미래를 어떻게 다룰까를 유연하게 생각하게 해 주었지요. 도끼 만드는 법을 익힘으로써 호모 에렉투스는 지금 가지고 있는 도끼가 없어져도 보장이 된 거죠."

그렇게 해서 호모 에렉투스는 다른 일들이 벌어져도 더 잘 준비하고 미래를 맞을 수 있게 되었다. 위험을 상상하고 그 위험에서 자신을 방어할 도끼를 만드는 능력은 비전을 만들어 내는 인류의 놀라운 능력의 첫걸음이 되었다. 전화와 기차, 잠수함과 비행기. 이 모든 것은 우리가 먼저 꿈을 꾸기 시작하지 않았더라면 존재하지 않을 것이다.

이 능력은 신대륙으로까지, 대규모의 산업혁명을 거쳐 화성 탐사 계획에 이르기까지 인간과 함께했다. 예술가, 철학자와 과학자들은 헬리콥터(르네상스의 천재 레오나르도 다빈치), 로봇(작가 카렐 차페크), 미래 도시(영화 감독 프리츠 랑)를 눈앞에 그릴 수 있었고, 오늘날 기억 연구자들이 현대적인 기능적 MRI로 하듯이 인간이 자신의 뇌와 그 안에서 벌어지는 일을 들여다보는 것을 상상할 수 있었다(「세상의 끝」을 제작한 영화 감독 빔 벤더스).

꿈은 기술보다 수백 년 먼저, 때로는 수천 년 먼저 왔다. 심지어 고대 이집트에서도 달나라 여행의 꿈을 꾸었다.

인간은 근본적으로 꿈을 꾸는 존재이며, 꿈의 뿌리는 기억에 있다. 기억은 환상의 재료이다. 그리고 환상은 기억을 불러일으키는 에너지이다. 기억한다는 것은 사실 일어난 일을 상상하는 것이다. 세부의 기억은 부분적으로는 사실이 어땠는지를 바탕으로 하고 있기는 하다. 하지만 기억이 경험의 물결처럼 의식으로 밀려들어 올 때는 이미 재구된 것, 서로 이어지는 이미지와 이야기로 새로 엮인 것이다. 그렇게 보면 이미 일어난 일의 재구와 지금까지 일어난 적이 없는 일의, 또는 아직까지 일어나지 않은 일의 새로운 구성 사이의 거리는 그리 멀지 않다. 기억을 할 때와 마찬가지로, 어떤 세부들이 타임머신에 입력

되어 미래에 대한 생각이 되는지는 아주 자의적이지는 않
다. 미래의 시나리오는 먼 미래에 관한 것일수록 덜 세부
적이고 덜 생생하다. 2030년대의 화성 탐사를 계획하는
오늘날의 나사 연구자들은 화성 표면의 사진을 보고 나면
화성에 관련된 시나리오를 보다 현실적으로 상상할 수 있
다. 그래서 이들은 화성 탐사의 사진들을 자신의 비전에
포함시킬 수 있다. 그들의 개인적인 등산 여행도 하나쯤
포함시킬지도 모른다. 18~19세기에는 화성의 비전이 아
주 달랐다. 화성인과 화성 표면에 대한 환상이 부족했던
게 아니다. 화성이 어떻게 생겼는지를 몇 개 되지도 않고
때로는 잘못된 망원경 사진에 의존할 수밖에 없었던 것이
다. 그리고 사람들의 기억 중 어떤 단편들이 초록색 화성
인을 만들었는지는 모른다.

　이런 자연적인 타임머신의 가장 큰 장점은 이것이 운
좋은 몇 사람에게만 한정되지 않았다는 것이다. 우리 모
두가 이런 타임머신을 가지고 있다. 그저 어쩌면 지금까
지 깨닫지 못했을 뿐인지도 모른다. 하루를 지나면서 얼
마나 자주 미래에 머무르는지 생각해 보기 바란다. 이따
가 점심에 무엇을 먹을지 생각하는지? 두 달 후의 휴가를
생각하며 신나지 않는지? 비행기 여행, 덮쳐 오는 알리칸
테(지중해 해안의 스페인 항구 도시. ─옮긴이 주)의 더위, 해

변과 파도, 이런 것들을 몇 초 동안 짧게 눈앞에 그린다.

더 분명한 상황들도 있다. 예를 들어 첫 데이트에 나갈 때를 생각해 보자. 두 사람이 처음으로 만나기 전날만큼 미래에 사로잡히는 상황은 없을 것이다. 무슨 옷을 입을지를 상상하고, 만날 장소, 어떻게 인사를 할지 (볼에 키스를 할까 말까), 무슨 이야기를 하고 무엇을 할지 그려 본다. 미래의 당신과 어쩌면 미래의 연인이 될 사람 사이의 대화를 마음속으로 해 본다. 때로는 이 상상이 너무나 생생하여 마치 진짜인 듯 감정을 불러일으키기도 한다. 공감각이 뛰어났던 솔로몬 셰레셰프스키, 아무것도 잊을 수 없던 이 사람에게 미래의 비전은 때로 너무나 강렬해서, 그는 상상을 현실과 구분할 수 없었다.* 학생이었을 때, 그는 어느 날 자신이 학교에 가는 게 너무나 생생하게 눈앞에 보여서 학교에 갈 필요도 없이 침대에 누워 있을 수 있었다! 그날이 지나갔을 때, 그는 자신이 학교에 갔었다고 확신했다. 대부분의 사람들에게 이것은 그저 일상적으로 여기저기 돌아다니는 생각의 한 단편, 우리를 시간의 앞뒤로 데리고 다니는 사고의 흐름 일부일 뿐이다. 우리는 모두 시간 여행자이다. 하루 종일.

뇌로서는 과거나 미래나 거의 마찬가지이다. 정신적인 타임머신이 우리에게 어떤 시간 여행을 시켜 주는지 볼 때에야 기억의 본질을 그 오류와 거짓까지 정말로 이해할 수 있다.

그럼 기억과 미래 상상의 연결 지점을 연구하는 일은 어떻게 진행될까? 보통의 기억 테스트를 사용하는 것은 소용이 없다. 단어 목록을 이용하는 측정 도구는 미래에 대한 생각을 측정할 수 없다. 오랫동안 이 관계는 처리가 곤란하고 너무나 주관적이라고 여겨졌다. 시나 문학의 주제로는 적절하고, 온갖 공상 과학 장르에서도 훌륭한 재료가 된다. 심리학이 높은 수준의 기술 혁명을 겪고 기능적 뇌 스캔(fMRI)을 도입하면서 정신적인 미래 여행은 연구자들에게 정말로 관심의 대상이 되었다. 뇌의 영상이 개인적인 기억을 '눈에 보이게' 만든 것과 마찬가지로, 이제는 우리가 시간적으로 앞을 생각할 때 뇌에서 일어나는 일들을 눈으로 볼 수 있게 된 것이다.

fMRI가 품고 있는 가능성은 하버드 연구자인 대니얼 샥터와 도나 로즈 애디스도 이 연구에 뛰어들게 했다. 이들은 2007년에 《네이처》에 「구성적 기억. 과거와 미래의 유령」*이라는 논문을 발표했고, 이 논문은 그 이후로 누구나 참고하는 문헌이 되었다. 그들은 사람들이 지나간 일을 기억할 때와 미래의 시나리오를 생각할 때의 두뇌 활동에 놀라운 공통점이 있음을 발견하였다. 여러 연구에서는 자발적인 피험자들에게 기억을 되살리고 또 그럴듯한 미래의 경험을 상상하는 과제를 주고 이들의 뇌를 조사했다. 연구자들은 기억을 할 때나 미래를 생각할 때나 공통된 일련의 뇌 영역이 두드러져 나타나는 것을 발견했다.* 실험은 예를 들면 이런 식으로 진행된다. MRI 기계에 하늘을 보고 눕고, 양손에 누를 수 있는 버튼을 받는다. 머리 위에는 거울이 있어서 MRI 관 밖에 있는, 무엇을 해야 하는지 메시지가 제시되는 모니터를 볼 수 있다. MRI 기계가 쿵쾅거리는 동안 (아주 시끄러운 기계로, 이상한 딱딱 소리와 두드리는 소리를 낸다.), 모니터에 '모래사장' 같은 단어가 하나씩 보이고, 그럼 그와 관련된 기억을 하나씩 꺼낸다. 그러고 나면 새 단어가 나타나고, 그럼 다시 특정한 사건을 생각하게 된다. 하지만 이번에는 사건이 아직 일어나지 않은 사건이다. 다음 여름 휴가에 하려고 계획한 여행일까? 크고 시끄러운 MRI 기계는 몇 분 동안 타임머신이 되어 우리를 미래로 데려간다. 우리는 갑자기 여름 별장의 거실에 서서 가방을 바닥에 내려놓고, 땀에 젖은 장화와 냄새 나는 양말을 벗어던지고, 커튼을 걷고, 테라스로 나가는 문을 열고는 방으로 들어오는 서늘한 바닷바람을 느낀다.

과거와 미래로 이런 시간 여행을 몇 번 더 하고 나면, 연구자들은 시간 여행을 여러분의 뇌에서 찾아보기 시작한다. 이 타임머신의 기술을 결정하는 건 무엇일까? 해마도 관련되어 있지만, 해마만은 아니다. 뇌의 앞쪽, 가운데 안쪽, 중앙선 부분이 중요하다. 역시 중앙선을 따라 훨씬 뒤쪽의 영역 하나도 활발하며, 네트워크의 연결점 같은 역할을 한다. 다른 영역들도 여럿이 여기에 관련되어 있다. 시간 여행은 뇌에서 독특한 모습을 보이며, 이를 보면 아주 특별한 기능을 가진 네트워크가 있는 것 같다. 연구자들을 가장 놀라게 한 것은 이 네트워크가 휴식 네트워크라고 불리는, 사람들이 '아무 특정한 것도 생각하지 말라고' 요청을 받았을 때 활발해지는 네트워크와 이상할 정도로 닮았다는 것이다. 개인적인 기억에 관한 장에서 휴식 네트워크를 다룬 것을 기억하는지? 아마 기억이 안 날 것이므로 다시 한번 이야기를 하자. 언어 이해로부터 작업 기억에 이르기까지 대부분의 fMRI 연구에서는 이런 휴식 기간을 통제된 비교 대상으로, 과제 활동과 비교하는 활성화된 상태로 삼았다. 이렇게 함으로써 아무 특별한 것도 생각하지 않을 때와 비교했을 때, 작업 기억이 필요한 복잡한 과제를 풀 때 뇌의 앞쪽과 뒤쪽 깊은 곳에서 외부가 더 많이 활성화되었음을 확인할 수 있었다. 그러니까 비교적 그렇다는 말이다. 뇌는 어쨌건 전 영역이 계속 활동을 하고 있는데, 활동에 따라 차이가 있어서 뇌의 서로 다른 부분들이 얼마나 사용되는가를 결정한다.

하지만 휴식 모드는 그저 그렇고 그런 여러 상태 중

하나가 아니다. 특별히 무엇에 대해 생각하지 않고 어떤 과제에 집중할 필요가 없을 때 사람들은 일반적으로 무엇을 하는가? 생각을 돌아다니게 둔다. 다음 과제를 기다리는 동안, 과거와 미래의 심포니가 사람들의 머릿속에서, 그러니까 여러분의 머릿속에서도 울려 퍼진다. 실험이 끝나면 무엇을 할까, 이따가 오후에는 무엇을 할까, 지난 주말에 한 일, 테스트를 받으러 오던 길에 본 재미있는 것을 생각한다. 영어로는 이런 휴식 모드를 '디폴트 모드 네트워크'라고 한다. 이 '디폴트', 기본 상태라는 것은 자유로운 기억과 미래 상상의 흐름들로 되어 있다고 생각하게 해 주는 것들이 많다. 계산을 해 보니, 사람들은 깨어 있는 시간의 반 정도를 기억과 미래 상상에 보낸다. 일어난 일과 일어날 수 있는 일 생각이다.

"생각해 보세요." 토머스 서든도프가 말한다. "기억과 미래 상상은 우리 머릿속에서 거의 비슷하게 경험이 됩니다. 현상학적으로는, 그러니까 경험은 질적으로 같아요."

미래 상상의 생물학적 흔적을 보면, 이 생각들이 측정 가능한 현상이라는 데 의심의 여지가 없다. 하지만 이들을 측정하는 데에도 여러 가지 방법이 있다. 미래 상상의 내용은 아주 세부까지 연구하고 해부할 수 있다. 어떤 사람은 응답자들이 그들의 미래에 대한 생각을 세부의 풍부함, 감각 경험, 실제로 경험되는 정도(뉴스 기사처럼 밋밋할 수도 있고 거의 진짜처럼 느껴질 만큼 생생할 수도 있다.), 일관성 있고 순차적이라고 느껴지는 정도를 척도에서 평가하는 설문지를 사용한다.

기억과 미래 상상에 공통되는 흥미로운 특징 하나는 이들이 우리가 그 사건에서 어디에 위치하는가에 따라 다양할 수 있다는 점이다. 여러분은 1인칭 주인공인가, 아니면 외부 관찰자인가? 때로 우리는 사건을 대략 우리가 보는 방식대로, 그러니까 우리 자신의 눈으로 본다. 데이트 때 우리 앞에 놓인 커피 테이블을 보고, 어쩌면 우리의 애인이 될 수 있는 사람을 맞은편에 본다. 다른 때는 미래의 시나리오에서, 여러분 자신과 데이트 상대를 테이블 양편에서 보고, 더 큰 간격, 거리를 두고 바라본다.

미래 상상을 측정하는 다른 방법은 사람들에게 눈앞에 무엇이 보이는지 묘사해 달라고 하고는 세부가 얼마나 많이, 그리고 어떤 종류의 세부들이 나타나는가 보는 것이다. 그중 어떤 것들은 이야기로 들려줄 수 있고, 사건을 다룬다. 반면에 다른 생각들은 어떤 사람이 감정이나 감각 경험에 대해 이야기하는 경우처럼 개인적인 경험의 측면을 드러낸다. 기억과 마찬가지로 미래 상상도 의미적일 수 있고 사건적일 수 있으며 이야기일 수도 있고 경험일 수도 있다. 우리는 생생한 상황으로 만들지 않더라도 미래에 무슨 일이 일어날 법한지를 잘 안다.

"진화의 각도에서 보면, 의미 기억은 아주 오래된 형태의 기억이에요." 토머스 서든도프의 주장이다.

식량을 저장하는 동물은 이를 사건이 아니라 의미로 기억한다고 그는 생각한다. 일정한 시간이 지나고 나면 새가 전에 벌레를 묻은 곳을 피해서 다른 곳을 선택하고, 전에 견과류를 묻은 곳은 시간이 많이 흘렀어도 찾을 수 있다는 사실은 놀랍다. 새에게 어느 시점에 벌레를 묻었다는 사건 기억이 있으며, 시간이 많이 흘렀으니 벌레가 썩었다고 안다는 증거로 해석하는 사람들도 있다. 토머스 서든도프에 따르면, 새는 기억이 희미해졌는지 아닌지를 알고, 이를 바탕으로, 그리고 묻었던 게 벌레였는지 견과류였는지에 관한 지식도 함께 발휘하여 식량을 저장한 곳으로 갈지를 결정하는지도 모른다.

한 인간의 생애라는 범위 내에서도 의미 기억은 사건 기억보다 먼저 사라진다.

"제 연구에서는 어린이들이 사건 기억과 미래 상상을 발달시키는 과정에서 분명한 공통점을 찾았어요."[*]

아이들은 네 살 때부터 생생하고 일관성 있게 자신이 겪은 일을 이야기하고 미래를 생각한다. 그래서 미래의 계획을 이야기하고, 지금 당장 필요한 것이 아닌, 미래에 필요할 수 있는 물건을 가지고 옴으로써 이들이 가능한 미래의 시나리오를 이해한다는 것을 드러낸다. 예를 들어 여행을 갈 때 반창고를 가지고 온다거나 '내가 무섭고 위로가 필요해질까 봐' 인형을 가지고 온다는 것이다.

"과거와 미래가 하나의 시스템으로 엮여 있다는 근거들은 뇌 영상, 기억과 미래 상상 내의 경험의 성격에서만 나오는 것만은 아니에요. 두 능력이 아이들에게서 나란히 발달한다는 것도 있지요."

더 분명한 증거는 기억상실증이 있는 환자들에게서 찾을 수 있다. 선행성 기억상실증이 있는 사람들(새로운 기억을 저장할 수 없는 헨리 몰레이슨 같은 사람들)은 손상을 입기 전의 일은 기억을 하지만 그들의 미래에 대해서는 아주 무미건조한 상상만 가지고 있다. 이들은 과거를 알지만, 미래를 눈앞에 그리기 위해 과거를 사용하지 않는다. 이를 보면 미래는 과거에서 꺼내 와서 새로운 상황에서 사용하는 지식 이상이라는 것을 분명하게 알 수 있다. 기억상실증 환자의 경우, 미래 기계를 위해 과거에서 가져온 연료는 있지만 그래도 모터는 작동하지 않는다.

캐나다의 심리학 교수인 엔들 털빙은 이미 1985년에 기억상실증 환자, 기억도 미래 상상도 생생하게 불러올 수 없었던 무명씨의 경우를 기술했다.* 그가 환자에게 다음 날에 대해 묻는다.

"다시 미래에 대한 질문을 해 봅시다. 내일 뭐 하실 거예요?"

15초간 흐름이 흐른다. 무명씨는 모호한 미소를 짓는다.

"모르겠어요."

"질문이 뭐였는지 기억하세요?"

"내일 무엇을 할 거냐는 거요?"

"네. 어떨지를 생각해 보면, 그걸 어떻게 묘사하겠어요?"

다시 침묵. 5초.

"텅 빈 것 같아요. 저는 물건이 아무것도 없는 방에 있고, 의자를 찾으라는 말이 들리는데 실제로 아무것도 없는 그런 거죠."

하지만 예외가 있다. 미래 상상은 언제나 해마에 의존하지는 않으며, 언제나 사건 기억과 동일한 기제의 한 부분도 아니다. 발달 기억상실증이 있는 사람들, 즉 사건 기억을 만들 능력이 없이 태어난 사람들도 미래를 상상할 수는 있다.* 작가이며 음악가인 우리 친구, 어릴 때의 생생한 기억이 거의 없던 아르네를 기억하시는지? 그래도 그는 그 자신에게나 그의 아이에게나 일어날 수 있는 일에 대한 공포스러운 환상을 갖고 있으며, 그것으로 보아 그에게 미래는 분명히 존재한다.

엘리너 매과이어와 패러네 바가 카뎀은 그 이유가 뇌

가 기억의 부족에 발달로 대응하며 미래 상상에 도움이 되도록 네트워크를 변화시킨 데 있다고 상상했다. 뇌의 언어 영역에 영향을 미치는 뇌 손상을 갖고 태어나는 아이의 경우, 뇌가 언어 영역을 건강한 반구로 옮기기 때문에 결국 말하기를 배울 수 있는 것과 마찬가지로. 성인이 된 다음에 기억상실증에 걸리면 뇌를 그렇게 극적으로 변경시키지 못하는 것으로 보아, 이는 유년기의 발달 가능성만이 허락하는 유연성인 것 같다. 반면에 손상된 해마를 가지고 태어난 이들은 뇌에 새로운 네트워크를 발달시키고, 미래를 상상한다는, 생존에 중요한 능력을 대치할 수 있다. 하지만 왜 성장 기억상실증의 경우 뇌 네트워크의 다른 부분들은 사건 기억에 필요한 기능을 넘겨받을 수 없을까? 답은 경험을 경험이 생겨난 시간, 공간과 연결시킨다는 해마의 중요한 역할에 있는 것 같다. 미래는 아직 일어나지 않았으므로, 따라서 해마에 부호화될 수도 없다. 우울증이 있는 사람은 미래를 그려 보는 데 어려움을 겪는다.* 미래가 어두울 뿐만 아니라 불분명하다. 마크 윌리엄스는 1996년에 우울증이 있는 한 그룹의 사람들을 조사하여 기억과 미래 상상 모두가 아주 모호하고 일반적임을 발견하였다. 거기에는 건강한 사람들만큼 구체적인 세부가 많지 않았다. 이는 우울증이 있을 때 미치는 영향이 크다. 미래를 그려 볼 수 있다면 문제의 답도 보일 수 있다. 구체적인 예를 들어, 친구들과 함께 지내는 즐거운 상황을 상상한다면 실제로 친구들을 찾아가고 또한 그럼으로써 우울증을 악화시키는 고립을 박차고 나갈 수 있다.

우울증이 어떻게 정신적인 타임머신에 영향을 미치는지 이해하기 위한 연구는 별로 없었다. 윌리엄스의 1996년 연구 이후, 2000년대에 유사한 연구가 몇 있었을 뿐이다. 한편 윌리엄스는 우울증에 걸린 사람들이 갖고 있는 훨씬 위험한 미래 비전, 즉 자살에 관한 비전을 연구했다.* 이 생각은 우울증 환자들의 경우 전혀 모호하지 않기 때문이다. 오히려 이들은 때로 PTSD 환자들이 '플래시백'(고통스러운 과거 기억의 재생.—옮긴이 주)을 경험하는 것과 대비되게 미래의 장면들을 경험한다. 그는 이것을 '플래시포워즈'(플래시백이 뒤로 돌아가는 데 비해 앞으로 나아간다는 뜻.—옮긴이 주)라고 부른다. 그와 연구 팀은 과거에 우울증이 있었고 자살 경향이 있었던 사람들을 인터뷰하고, 자신들의 죽음을 어떻게 상상했는지에 대해 들었다. 이들이 가장 절망적이었을 때, 자살의 상상은 아주 강하고 생생했다. 자살 생각이 얼마나 진지했는지, 즉 자살의 가능성이 얼마나 가까이 있었는지를 측정하는 설문지로 조사하여 비교해 보니, 자살 환상의 생생함과 분명한 상관 관계가 있었다. 자살에 대한 상상이 생생할수록 자살 위험도 더 심각했다. 윌리엄스와 그의 팀은 전문가들이 환자들의 자살 위험을 가늠할 때, 혹시 환자들이 갖고 있을 수 있는 죽음에 관한 미래 상상의 의미에 관심을 불러일으켰다. 병리심리학이나 신경정신과에서는 기억 분야에서와 마찬가지로 경험이라는 측면을 간과했다.

어쩌면 이것은 우리가 환상이 사람들의 행동에 미치는 영향을 과소평가하기 때문일까? 미래를 생생하게 눈앞에 그리는 건 사실 쓸데없는 수고가 아니다. 이건 대안을 안다는 뜻이 아닌가? 미래는 또한 의미적이다. 미래는 주말에 무엇을 할까, (대학 공부를 시작했다면) 우리는 어떤 교육을 받게 될까, 기후가 어떻게 바뀌게 될까 등에 관한, 정도의 차이는 있어도 그럴듯한 사실이나 예측을 바탕으로 하고 있다. 미래를 아는 것은 당연 도움이 되지만, 미래를 느끼는 건 어떨까? 거기에도 어떤 기능이 있을까, 아니면 그저 우리가 가진 기억의 부산물일까? 토머스 서든도프는 미래의 생생한 시나리오는 분명히 활용 영역이 있다고 생각한다.

"시나리오를 상상하고 시연함으로써 우리는 이들이 우리에게 어떻게 와닿는지를 느껴 볼 수 있지요. 그래서 그 결과를 평가할 수 있어요. 예를 들어 만일 제가 개에게서 다리를 빼내려고 한다면, 개가 어떻게 반응하는지에 대한 과거의 지식을 근거로 삼을 수 있어요. 저는 물리지는 않으려고 다양한 여러 시나리오를 그려 보죠. 개의 주의를 돌리기 위해 고양이를 한 마리 던질까, 아니면 개에게 총을 쏠까, 아니면 일단 진정을 시켜 볼까? 이런 모든 해결책들에는 가능한 결과들이 따르지요. 이 불쌍한 개에게 총을 쏘는 것은 별로 적절한 방법은 아니에요. 그런 생각 자체도 비윤리적이지요. 하지만 미래의 시뮬레이션에서는 다양한 시나리오들을 평가해 볼 수 있고, 그럼 작은 세부들이 분명하게 겉으로 드러나서, 평가를 할 수 있게 되지요."

그는 미래 상상을 '사건 예지'라고 부르는 것을 더 선호하는데, 사건 기억과 더 직접적으로 대비시키기 위해서이다.

사건 예지가 미래의 행동을 형성하는 데 얼마나 중요한지에 대해서는 별로 연구가 이루어지지 않았다. 미래의 사고에 대한 관심이 2007년 무렵에야 제대로 시작되었다는 것을 기억하자. 하지만 몇몇 연구는 사건 체계가 문제해결과 창조성에 직접적으로 영향을 미칠 수도 있다는 것을 보여 주었다. 앞에서 언급한 하버드 교수 대니얼 샥터는 피험자를 사건의 세부로 이끌어 나갈수록 훨씬 세부적으로 미래를 상상했을 뿐 아니라 일상적인 사물을 위해 훨씬 많은 사용 영역을 생각해 냄을 발견했다.

이들은 피험자들을 두 그룹으로 나누었고, 각각의

그룹에게 영화 한 편을 보게 했다. 둘 중 한 그룹은 그 후에 아스비에른 라클레프가 노르웨이에 도입하던, 그가 창조적이라고 부르던 것과 같은 기술을 이용하여 인터뷰했다.

다른 그룹은 다음에 이어지는 실제로 중요한 과제, 창조적인 문제 해결 과제에 앞서 수학 문제를 받았다.

창조적인 과제에서는 두 피험자 그룹 모두 아주 일반적인 사물, 예를 들면 연필의 다양한 사용 영역을 최대한 많이 묘사해야 했다. (스스로 한번 해 보기 바란다. 연필은 얼마나 다양한 일에 사용될 수 있을까?) 영화를 본 기억에 대해 자세한 인터뷰를 받은 사람들은 수학 문제를 풀어서 영화의 기억을 중립화시킨 사람들보다 연필을 사용할 수 있는 창조적인 사용 영역을 훨씬 많이 말할 수 있었다.* 이 실험에서는 체계 내에서 기억(이 경우, 영화에 관한)이라는 한 가지 요소의 작용을 통해 기억, 미래 상상과 창조적 문제 해결이 서로 결합되었다. 이는 기억과 미래 상상을 같은 일의 양면이라고 생각하면 의미가 있다. 영화의 세부에 대해 이야기하는 것이 사건 기계를 움직이게 하여 문제 해결 능력도 향상되었다는 것이다.

미래 상상이 가지는 또 다른 매우 유용한 기능은 미래가 현재의 성취에 대한 보상을 포함한다는 것이다. 지금 트레이닝을 했다고 상상해 보자. 땀이 나고 숨이 차고 몸이 노곤한데, 마음 편하게 소파로 몸을 던진다. 이전의 경험을 바탕으로 하는 이 느낌은 여러분이 자신에게 주는 보상이다. 그 상상을 함으로써 보상을 미리, 적어도 맛보기라도 받는 것이다. 그리고 그렇게 하면 실제로 트레이닝을 하도록 동기 부여가 된다. 이런 보상은 우리가 생각하는 것보다 우리의 행동을 많이 결정한다. 사람들이 바로 보상을 받는 것과 시간이 더 흐른 뒤 더 큰 보상을 받는 것의 가치를 어떻게 판단하는가에 관한 실험에서, 정신적으로 미래의 보상을 세부까지 상상할 수 있는 경우 그 보상의 가치는 선택할 사람들에게 더 크게 느껴졌기 때문에, 바로 받는 보상과 미래의 보상 사이의 차이가 더 작게 느껴졌다. 그 결과 당장의 욕구를 미루는 일이 보다 쉬워졌다.* 어떤 연구자들은 이런 사전 보상이 우리의 문명 사회를 위한 근간 중 하나라고 생각한다. 진화의 관점에서 보면, 우리가 자신의 이기적인 욕구를 자신이 한 무리의 일부라고 느끼는 사회적 보상을 위해 참을 수 있는 능력과 함께 윤리가 성장한다는 뜻이다. 사회적으로 인정 받는 행위가 실제로 수행되기 전에 보상이 먼저 찾아올 수 있다는 사실은 엄청난 장점이 되었을 수 있다.

생존과 재생산에 도움이 된다고 그 자체가 증명은 아니다. 하지만 진화심리학은 원래가 그래서, 연결되지 않은 실마리들을 서로 의미 있게 연결시킬 수 있는 상상과 가정을 제공할 뿐이다. 돌도끼와 동굴 벽화, 동물의 뼈에 새겨진 이빨 자국과 연장의 자국, 두개골 밖에서 측정한 뇌의 크기는 모두 함께 하나의 긴 끈으로 오늘날 인간의 정신까지 이어지고, 우리는 그것을 오늘날의 뇌 스캔과 실험을 통해 가능한 데까지 이해하려고 한다. 토머스 서든도프는 미래 상상이 우리가 생각할 수 있는 가장 인간적인 기능인 언어의 기초라고까지 주장한다.

미래에 대한 비전은 우리가 이를 그룹의 다른 구성원들과 공유할 수 없고 아주 홀로 실행해야 한다면 그렇게 가치 있지는 않을 것이다. 우리의 유연한 사고는 다른 인간들에게 접근하기 위해 유연한 의사소통 체계를 필요로 했다. 이 두 체계는 진화를 거치며 서로를 자극했지만, 우리가 가진 다른 특별한 특징 하나도 역시 관여했다. 사회적인 충동, 서로 공유하고자 하는 우리의 거의 본능적인 욕구이다. 우리와 가장 가까운 원숭이 류들은 서로 털에서 이를 잡아 주며 시간을 보내는 반면, 우리 인간은 그에 해당하는 기제로 언어를 가지고 있다. 우리는 잡담을 하고, 이야기들을 공유하고, 대화를 한다. 그렇게 보면 우리들 간의 대화는 우리를 그룹으로 서로 연결시킬 뿐 아니라 (인간에게는 생존에 절대 필요하다.) 지식과 경험과 기억과 이야기들의 공유를 가능하게 했다.

"우리는 까마득한 옛날부터 서로에게 이야기를 들려

주려는 강렬한 욕구가 있었지요. 우리가 아는 제일 오래된 이야기는 1만 7000년쯤 된 프랑스 라스코의 동굴 벽화예요. 거기에서는 황소 앞에 하늘을 보고 누워 있는 사람을 볼 수 있지요. 황소는 내장이 밖으로 나왔어요. 사람의 창을 맞았을 수도 있고, 바로 옆에 그려진 털이 난 코뿔소와 잔인한 상봉을 했기 때문이었을 수도 있지요. 이야기가 정확하게 어떻게 되는지는 모릅니다. 하지만 무언가 전달하는 게 중요한, 극적인 일이 일어났던 건 확실해요."

그는 이런 이야기들이 미래에 다가가는 인간의 능력에 결정적이라고 생각한다. 이런 이야기들을 통해 우리는 미래를 예측하고 비전을 창조하는 능력을 발달시킨다.

"대부분의 이야기들은 소설이건 전래 동화건 주인공들이 어떻게 어려운 문제를 해결하는가를 다루지요. 다들 어떤 형태의 교훈이 들어 있어요. 주인공처럼 하면 이런저런 일이 생긴다는 거죠. 그렇게 해서 인간은 미래의 문제들을 위한 가능한 해결책의 레퍼토리를 확장하게 돼요. 이런 식으로 서로에게 배우는 것은 우리에게는 천부적인 능력이에요. 하지만 제일 중요한 것은 우리가 미래에 대한 꿈을 교환한다는 것이지요."

심리학자이며 작가인 페데르 시에스는 이야기들이 인간이 작동하는 데 아주 중요하다고 생각한다. 하지만 또한 어떻게 우리 일생의 흐름이 다른, 대안적인 길을 갈 수 있는가를 볼 수 있게 되는 과정에도 중요하다. 우리가 자신의 삶에 갇혔다고 느끼면, 도서관에 가서 제본된 책들을 통해 다른 사람들의 생각과 감정과 행동을 다른 가능성, 자신의 세계의 평행 세계로서 발견할 수 있다. 아니면 텔레비전을 켜거나 극장에 가거나 뉴스를 볼 수도 있다. 이야기들은 우리 문화의 놀라울 정도로 강한 부분이지만, 우리는 어떻게 그렇게 쉽게 거기 빠져드는 것일까?

"우리는 삶을 사는 다른 방식을 상상할 수 있기 위해 소설을 읽어요. 우리 문화에서, 개인의 삶과 운명은 강한 관심의 대상이지요." 그가 말한다.

그는 이런 성향은 인간이 신과의 관계에서 해방되고 자신과 타인에 대한 개인의 내적인 관계가 신에 대한 관계보다 전면으로 강조된 서구 문화권에서 더욱 강해졌다고 생각한다. TV 시리즈와 영화와 블로그 기사, 뉴스, 페이스북 포스트와 소설, 이 세상의 모든 이야기들과 세계사는 가능한 인생들의 외침 소리가 되어, 우리는 이들과 관계를 맺고, 그 꿈을 꾸고, 스쳐 지나가고, 선택하거나 피한다.

한 가지는 확실하다. 만일 우리가 무슨 일이 일어나는지를 그려 볼 수 없다면, 그 일이 일어나도록 우리 몫을 하지도 않은 것이다. 무언가 새로운 것을 할 자극이 없다면, 새로운 것이 생겨나지도 않을 것이다.

　　토머스 서든도프는 문학 작품을 쓰게 만드는 창조성 또한 미래 상상 때문에 가능해졌다고 생각한다.

　　"허구를 생각해 낸다는 것은 미래를 상상하는 것과 동일한 체계를 기반으로 합니다. 생각 속에서 시뮬레이션을 해 보고, 자신이 쓰는 것이 다른 사람들에게 호소력이 있을까, 실제적일까 등등으로 그 결과를 미루어 볼 수 있지요. 미래 시나리오는 허구일 때가 많아요. 우리가 상상하는 것들이 다 사실이 되는 건 전혀 아니니까요. 같은 체계는 자신이 다른 사람이라면 어떨까를 상상할 때도 쓰입니다. 정신의 극장은 사실 감각의 극장이고, 거기에서 우리는 과거를 다루는 상연을 할 수도 있고 미래를 상연할 수도 있어요. 아니면 자기 자신이 아닌 다른 사람을 주인공으로 등장시킬 수도 있지요. 여기에서도 동일한 뇌 영역이 관여해요."

　　그리스 신화에서는 기억의 여신인 므네모시네가 아홉 무사(뮤즈) 또는 아홉 가지 예술의 어머니이다. 거기에는 다양한 형태의 문예도 포함된다. 상상을 하고 새로운 것을 만들 수 있는 능력들이 기억에 가깝게 연결되어 있다는 생각은 그렇게 보면 별로 오래된 것도 아니다.

　　"기억은 제가 쓰는 모든 것의 근본이에요. 저는 그렇게 생각해요."라고 린 울만은 말한다. "하지만 기억 자체는 무언가가 예술이라고 정당화해 주지는 않죠. 지난밤에 꾼 꿈 이야기를 다시 하는 것과 소설을 쓰는 것의 차이는 형태예요. 꿈 이야기를 하면, 이야기를 하는 당신에게만 재미가 있죠. 다른 사람들을 위해 글을 쓰려면 그것을 확장해야 해요. 제가 글을 쓸 때는 문학 말고는 무엇에 대해서도 책임이 없어요. 제가 저 자신의 기억을 바탕으로 이야기를 만들 경우에도 그렇죠."

실제에서 기억이 그런 것과 마찬가지로, 그녀의 기억은 믿을 수 없는 것으로 보인다. 그렇다고 이야기들이 가지는 감정적인 힘이 손상되는 것은 아니다. 무언가 새로운 것이 생겨난다. 낯선 사람의 삶과 운명, 감정과 생각을 들여다보게 해 주는 창.

"기억에 대한 작업을 하면서, 기억이 상상과 경계를 맞대고 있다는 걸 알게 되었어요." 그녀가 말한다.

그녀 자신은 기억의 단편들이 어떻게 쌓여서 허구를 만들어 내는지를 잘 안다. 소설을 읽을 때는 정신적인 타임머신이 우리를 책에 나오는 등장인물들의 머릿속과 그들이 있는 곳으로 데리고 간다.

이야기의 힘을 믿는 다른 사람은 미래학자 안네 리세 키에르이다. 그녀는 여러 나라에 지사를 두고 있는 성공적인 회사인 키에르 글로벌의 대표이다. 이들은 기업과 기관과 국가들에게 (그녀는 방금 아이슬란드 정부를 위해 일을 하고 돌아왔다.) 장기 전략과 마케팅을 위한 미래 시나리오를 만들 도구를 제공한다. 고객 명단에는 소니, 이케아, 디즈니 같은 잘 알려진 브랜드들과 함께 여러 대학도 들어 있다.

"저는 무엇보다도 스토리텔링에 강해요. 제가 함께 일하는 회사들에게서 미래의 비전을 깨워 미래를 스스로 그려 보게 하지요." 키에르가 말한다.

키에르는 본래 덴마크 출신의 디자이너이지만 지금은 자신의 회사 본부가 있는 런던에 산다. 미래학자인 그녀가 우리에게 자신이 일하는 방식을 설명하는 것을 들으면, 그녀가 미래 시나리오를 창조하기 위한 도구로 무엇보다도 언어를 사용하는 게 분명해진다. 그녀는 과거에 대한 지식이라는 벽돌들을 모아서 이야기를 짓는다. 사람들이 미래를 더 분명하게 볼 수 있도록 해 주기 위해 그는 '트렌드 지도'를 만드는데, 미래를 결정하는 가치들도 포함시킨다. 의미적으로는 미래가 슬슬 형태를 취한다. 말하자면 정신적인 레고 같은 것이다. 트렌드와 경향의 분석을 통해 우리가 미래에는 돈을 버는 일보다는 여가에 시간을 들이리라고 판단하고, 어떻게 기후 문제와 깨어 있는 마음이 우리의 선택을 조종하게 될지 알 수 있다.

"미래가 그 모습을 드러내려면, 집 짓기 벽돌들이 모

두 합해져야죠. 하지만 이들을 연결하는 데에는 여러 가지 방법이 있으니까, 우리는 동시에 여러 가지 비전들을 놓고 평행적으로 작업을 합니다."

키에르는 각각의 점들을 연결하고, 이미 잠재되어 있는 패턴을 발견하고자 찾는다.

"때로는 깜짝 놀라는 순간들이, '깜짝 카드'가 있어요. 기대하지 않았던 시나리오는 아니에요. 초록색 눈이 쏟아지는 것처럼 말이죠. 하지만 때로는 이런 시나리오들이 비전이 창출되게 만들죠. 미래 시나리오는 유리구슬을 들여다본다고 보이는 게 아니에요. 제가 도와줄 수 있는 것은 지도를 만드는 일이죠." 그녀가 말한다. 미래에 대한 이야기를 만드는 능력으로 그녀는 성공적인 창업자가 되었다.

토마스 서든도프와 마찬가지로 그녀도 우리가 여러 가능성을 보고 그중에서 다른 길이 아닌, 어떤 특정한 결과를 가져올 길을 선택함으로써 우리 자신의 미래를 만든다고 확신한다. 미래학자는 점쟁이가 아니며, 미래에 대한 지식은 일차적으로 창조하기 위한 도구로, 그녀의 고객들은 그들의 미래를 변화시키기 위해 스스로 이 도구들을 사용한다.

키에르 글로벌은 고객들이 긍정적인 비전을 만들도

록 돕는 사업을 하는 반면, 지구 전체를 위해 비전을 만드는 일을 하는 사람들이 있다. 그리고 이 비전은 아예 안 들으려고 하는 사람들도 많고, 그 유효성까지 의심하는 사람들도 조금은 있다.

유엔의 기후 패널(기후 변화에 관한 정부 간 패널)은 매일같이 우리 지구의 공통된 미래를 위해 일하고 있다. 캐서린 마크는 2014년에 나온 기후 패널의 다섯 번째 보고서*를 책임졌던 기후 연구자 중 한 명이었다. 이 보고서는 인류가 지구에 이미 어떤 기후 부담을 지웠으며 우리가 어떤 미래 위험을 향해 달려가고 있는가를 말한다.

"얼음이 물에 떠다니는 걸 눈앞에 그려 보긴 쉽죠. 양극에서 녹고 있는 얼음 말이에요. 아주 구체적으로 손에 잡히는 거예요." 그녀의 말이다.

또한 이것은 도전이다. 우리에게서 멀리 떨어진 북극에서 목숨을 건지기 위해 헤엄치는 북극곰의 모습은 기후 위기를 바로 와닿게 해 주지는 않는다. 미래는 우리가 지금 사는 곳에서 우리에게 닥치는 변화를 가져오겠지만, 이런 상상들은 보다 충격적인 북극 사진에 밀려 눈에 안 뜨일 뿐이다. 미래는 어떤 모습일까? 그리고 사람들은 어떻게 미래에 관련된 일들을 할까? 우리가 사는 이곳은 우리 한 사람 한 사람에게 어떤 모습으로 올까?

"기후 패널은 두 가지 대안적인 미래 시나리오를 가지

고 작업을 해요."유엔 기후 패널에서 2015년까지 제2실무 그룹의 의장이었고 유엔 기후 보고서 두 편의 저자로 참여했던 크리스 필드 교수가 말한다. 카네기 연구소의 지구생태학부를 만들었으며 스탠퍼드 대학에서 재스퍼 리지 생태 보호지의 책임자인 그는 이론의 여지 없이 세계적인 기후 연구자이다.

"한 시나리오는 담대한 기후 행동을 포함하고 있는 반면, 다른 하나는 계속해서 높은 배출을 가정하는 시나리오예요."

그는 기후 연구자들이 기후가 우리의 삶을 어떻게 변화시킬까 하는 실제성 있는 시나리오를 숨겨 왔다고 인정한다.

"미래가 어떻게 펼쳐질 수 있는지에 대해 충분히 분명하게 말하지 않았어요. 그리고 미래 시나리오가 미칠 수 있는 심리적인 측면에 대해서는 아직 제대로 신경을 쓰지도 않았고요."

지구 멸망의 날의 비전은 단순하지만, 대부분의 사람들에게서는 움직이고 싶은 마음을 앗아 간다. 만일 지구의 앞날이 너무나 어둡고 미래에는 기후 위기뿐이라면, 무슨 이유로 미래를 위한 노력을 하겠는가?

"지구 공동체가 더 빨리 행동했더라면 기후 변화를 멈추는 일이 이미 상당 부분 이루어졌으리라는 생각을 하면 기운이 빠지지요." 그가 말한다.

이 절망에 무감각하기는 쉽지 않다. 우리에게는 그와 유엔 기후 패널이 우리의 미래를 어깨에 메고 있는 것처럼 보인다. 기후 변화로 대표되는 나락을 들여다보기란 매우 절망적인 일이 아닌가? 캐서린 마크는 스탠퍼드 대학의 젊은 학자이지만, 이미 이에 익숙해졌다. 기후 도전에 대해 처음 들었을 때, 그녀는 지금보다 더 젊었었다.

"그 당시에 상당한 인상을 받았어요. 아주 겁나는 일이었지요. 전혀 모르다가 알게 되는 것이, 마치 아주 급속히 0에서 100으로 변하는 것과도 같았어요. 하지만 여러 해 연구를 하고 난 지금은 그보다는 열정과 관심이 되었어요. 연구자로서의 호기심을 가지고 접근하는 대상이 되었지요."

크리스 필드와 캐서린 마크의 미래 비전에는 할리우드식의 디스토피아, 반이상향을 위한 자리는 없다. 웅장한 음악도, 주인공 역할을 할 조지 클루니도 톰 크루즈도 없다.

"미래에는 세 가지 시간대가 있어요. 바로 직후의 미래, 이후 몇십 년의 가까운 미래, 먼 미래지요. 이 모두는 우리가 지금 여기에서 무엇을 하는가에 달려 있어요. 우리의 과제는 이 단계들을 그려 보는 것이에요." 캐서린 마크가 말한다.

우리는 지구 여러 곳의 늘어난 가뭄과 이곳 노르웨이에서도 나타나는 극단적인 기후의 형태로 이미 기후 변화의 표징들을 느낄 수 있다. 크리스 필드는 변화가 일어나는 것이 가까운 미래라고 하더라도 장기 전망을 언제나 눈에서 놓치지 않는 게 중요하다고 말한다. 미래의 어두운 그림들에 따르면 평균 기온의 상승이 추수에 영향을 미치고, 자원 다툼으로 인한 국제 갈등을 증가시키고, 난민의 수를 늘리기는 하지만, 그래도 희망을 가질 이유도 있다고 주장한다.

"이미 진행되고 있는 기후 변화는 변화를 위한 영감을 줄 겁니다. 대체 에너지를 위한 새로운 해결책들이 나타나고, 특히 지구의 가난한 사람들에게는 큰 긍정적인 변화들을 가지고 올 거예요. 위기는 지구를 더 좋은 곳으로 만들 가능성을 열고, 더 강하고 생기 있는 사회를 만들거고요. 세계의 구조를 일정 부분 변화시킬 수 있는 계기가 될 거예요." 크리스 필드가 말한다.

"건물들이 더 높아진 수위를 고려하여 지어진다면 해안의 경치가 어떻게 달라질지 상상해 보세요." 캐서린 마크가 이렇게 말하며 바다를 막기 위해 인간이 쌓은 제방이 도시의 일부로 사용될 수 있다는 예를 든다. 주거 공간이나 공공건물로 사용될 수 있다. 약물을 투입해 커다랗게 된 네덜란드를 상상해 본다. 이게 미래일까?

"구체적인 맥락에서 미래를 보고, 회사들이 작업하는 데 도움이 되는 비전을 만들어야 해요." 그녀가 말한다.

해류에 떠다니다가 녹아서 수면이 높아지는 바다가 되어 버리는 얼음덩이가 아니라, 새로운 방식으로 지어지는 도시가 필요하다.

유엔 기후 패널에게는 희망적인 메시지와 희망을 들고 나오기는 쉽지 않았다. 이들은 우리가 공유하는 불편한 양심의 이미지를 가지고 있다. 할리우드의 디스토피아가 오슬로 시청에서 노벨 평화상 메달을 손에 들고 기자 회견에 나가기 위해 차려입은 것이다. 하지만 이들은 다들 모든 가능성을 보여 주는 비전을 퍼뜨리고 변화를 위한 영감을 주기 바란다. 이들은 미래를 개개인이 받아들일 수 있고 먼 미래에도 다시 새로운 변화를 위한 영감을 줄 수 있는 작은 조각들로 나누고자 한다. 왜냐하면 미래에 대한 진실은 미래가 시간의 어두운 심연 건너편에 있지 않고, 앞으로 나가기 위해 우리가 디뎌야 하는 징검다리처럼 (또는 혹시 이게 더 상상이 잘 된다면 유빙처럼) 내내 우리의 바로 앞에 있는 것이기 때문이다. 두 주일 앞을 바라보는 것은 그저 징검다리의 돌들을 연결하기 위한 시작인지도 모른다. 하지만 그렇게 해서 계속하고 또 계속할 수 있다. 회사들은 스스로에게 이익을 가져올 해결책들을 찾을 수 있고, 소득을 기대하면서 또한 함께 새로운 것을 만든다는 자부심을 갖고, 마음에 거리낌 없이 가까운 가족에게 자신들의 일에 대해 이야기할 수 있다. 어쩌면 바람에 흔들거리며 구원 받은 땅의 상징이 될 황금 벌판을 보지는 못할 수도 있다. 때로는 개인적인 만족과 함께 돈이 사람들에게 사전 보상으로 작용한다. 하지만 이런 작은 변화는 길을 가는 데 필요한 다음 돌, 혹은 다음 유빙이다.

"사람들의 미래에 대한 심리적인 자세를 보다 고려할 수 있었으면 좋겠어요. 저희는 그 문제에 관심이 아주 많지요."라고 필드와 마크는 말한다. 이들은 '과감한 기후 재해 경감'을 주제로 하는 낙관적인 할리우드 영화가 더 필요하다고 생각하는 게 아니라, 예를 들어 미래를 더 현실적으로 시뮬레이션하는 컴퓨터 게임이 만들어지도록 노력한다.

토머스 서든도프에게 기후 변화는 인간 진화의 연장선상에 있다. 우리는 새로운 문명이라는 새롭고 유익한 도구를 만드는 능력을 이용하여 호모 에렉투스와 네안데르탈인과 다른 온갖 인간 종들을 경쟁에서 제쳤다. 미래의 비전을 바라보는 우리의 능력은 우리를 매우 빨리 먹이사슬의 맨 꼭대기 자리를 차지하게 해서, 결국 다른 종들을 모두 뛰어넘게 했다. 그리고 이제 우리는 우리 스스로를 자신의 진보로 경쟁에서 제치는 중이다.

"미래를 생각하는 우리의 능력이 지금 이 상황이 벌어지게 했지요. 하지만 바로 그 미래 상상이 우리를 구해 줄 수 있어요. 우리는 미래의 대안적인 버전을 보아야 해요. 결과를 상상할 수 있을 때에야 도덕적인 책임을 질 수 있지요."

하지만 변화가 생기려면 우리는 변화가 가능하다는 것을 이해해야 하고, 미래가 우리에게 유의미해져야 한다. 토머스 서든도프 역시 미래 시나리오는 사람들의 개인적인 선호 여부, 가치와 관련이 있어야 작동할 수 있다고 생각한다. 그 자신은 열대림 보호, 인도네시아의 오랑우탄 보호와 서아프리카의 침팬지와 고릴라 보호를 위해 열심히 활동하고 있다. 그는 연구자로서 많은 시간을 자연 상태와 동물원에 있는 원숭이들과 함께 보냈다.

"우리는 모두 우리 자신을 움직이는 서로 다른 욕구들을 갖고 있어요. 어떤 사람들은 종들의 멸종을 걱정해요. 인도네시아의 열대림을 벌목하여 플랜테이션에서 얻는 팜유를 사용하면 우리의 가장 가까운 친척인 오랑우탄의 멸종을 가져오는 직접적인 결과를 가져오지요. 이것은 매우 구체적이고 극적인 일이에요. 다른 사람들은 오랑우탄에 아무 관심이 없고, 또 다른 사람들은 기후 변화가 인간에 의한 것이 아니라고 하지요. 하지만 대부분의 사람들은 더러워진 공기나 자연에 버려진 쓰레기 등등의 오염이 좋지 않다는 데는 동의합니다. 여러분 주위가 지저분하다면, 심각하게 여기지 않기가 어려울 거예요. 인간이 가져온 환경 문제의 이 측면에 호소하는 것은 어떤 사람들에게 효과적이겠지요. 우리는 사람들에게 개인적으로 의미가 있는 시나리오들을 사용해서 미래의 모델을 만들 수 있어요. 미래 상상은 유연하니, 실제적이고 사람들에게 의미가 있는 무언가로 만드는 게 가능하겠지요."

모든 지식은 씨앗이며, 과거의 경험과 미래의 가능성을 모두 품고 있다. 고대 최대의 도서관 중 하나였고 학술적 사고와 예술의 온상이었던 알렉산드리아의 도서관은 그런 의미에서 지식의 종자 저장고였다. 그 당시, 2000년 전에 닥쳤던 위기는 오늘날의 기후 변화와는 다른 것이었다. 시간적인 스케일이 지금과 완전히 달랐고, 극적인 면이 훨씬 더 가시적이었다. 알렉산드리아의 도서관이 불에 타고 보관되었던 엄청난 양의 지식이 사라져 버렸다. 고대 세계와 서구가 공유하던 기억이 손실된 것이다. 지금은 알렉산드리아에 새 도서관이 있어서, 고대와 우리 시대를 연결하는 다리 역할을 한다. 넓고 개방적인 열람실의 기둥들은 먼 과거에 닻을 내리고 있고, 앞쪽 벽면의 일부는 윗면을 바라보고 있는 벌집 모양의 천장이 차지하고 있다. 이 건물을 설계하는 영예로운 과제를 따낸 것은 노르웨이 건축 사무소인 스뇌헤타였다.

"저는 미래를 위해 배경 그림을 그리는 사람이에요. 어디에 가건 새로운 가능성들과 새로운 공간들을 상상해 보죠."라고 셰틸 트레달 토르센은 말한다. 그는 스뇌헤타 건축 사무소를 시작한 사람들 중 하나이다. 건축가가 된 다는 건 미래의 도시를, 아니면 그 부분들을 보는 것이다. 특히 도서관, 극장, 시청이나 오페라 하우스 같은 커다란 공공건물을 지을 때면 더욱 그렇다. 이런 건물들이 풍경 에 어떻게 어울리고 어떤 가능성들이 이들을 통해 열리는 지는 이 건물들 주변에서 도시가 어떻게 변화하는지를 결 정할 것이다. 그러니 미래의 건축에서 기후 위기에 대한 답도 찾을 수 있다. 소모하는 에너지보다 만들어 내는 에 너지가 더 많은 건물, 태양광을 최적화하도록 위치를 잡 은 건물, 문명에 대해 새로운 방식으로 생각하도록 개방 해 주는 건물을 통해서이다. 셰틸 트레달 토르센은 크리 스 필드와 캐서린 마크가 이야기하고 있는 꿈, 긍정적인 비전을 현실로 만드는 데 참여하고 있다.

알렉산드리아의 도서관을 설계하는 과제 외에도 스 뇌헤타는 뉴욕의 쌍둥이빌딩 자리였던 그라운드 제로에 세운 월드 트레이드 센터 기념비에도 관여하고 있다. 이 들은 세상에서 가장 아름답고 가장 오래된 동굴 벽화 중 하나가 산속에 감추어져 있는 라스코에 자리잡은 새 박물관도 설계했다. 이들은 우리의 공통된 기억을 관리하는 일을 하는 건축가이며, 미래의 건축을 통해 이 일을 한다.

빙하를 닮은 오페라 하우스가 오슬로 협만의 바깥쪽에서 도시의 주민들에게 지붕 위로 올라와 보라고 초대한다. 이는 또한 스뇌헤타의 흔적이 보이는 세계에서 유일한 오페라 하우스이다.

"우리 건축가들은 미래가 어떻게 될지를 결정하지는 않아요. 건물을 가지고 작업을 하며 어떤 가능한 미래에 대한 소망들을 투사할 뿐이죠."라고 그는 말한다.

사람들이 보통 생각하는 것과는 달리 새로운 건물을 짓는 일은 스케치북과 연필로 시작하지 않으며, 미래의 건물과 관련된 주제들에 대한 자유로운 대화로 시작한다. 오슬로의 오페라의 경우라면 주제는 노르웨이의 민족 정신, 소유권에 대한 태도, 바다에의 접근성, 해안선, 야외에서 하는 취미, 사회민주주의, 공유지, 깨끗한 물에 대한 권리 등이다. 이들은 반권위적인 건축과 권위적인 건축에 대해, 낮은 문턱과 고급 문화에 대해, 그리고 어떻게 오페라 하우스 같은 고급 문화를 위한, 보통은 권위적인 건축을 대중적으로 만들 수 있을까에 대해 이야기했다. 오페라 하우스가 완성되었을 때, 그 건물은 이런 일련의 가치들을 품고 있었다. 시민들을 위해 협만을 개방하면서, 자유롭고 개방적이고 광고가 없으며 모두에게 무료이고 누구나 접근할 수 있는 그 건물 고유의 경치를 창조했다. 마치 도시 한가운데에 있는 새로운 종류의 산 같았다.

"미래를 상상하는 데 성공하려면, 이미 생겨나고 있는 트렌드를 집어내야 해요. 그 사회가 우리의 아이디어를 받아들일 준비가 되어 있지 않다면 아무것도 할 수 없죠. 타이밍이 제일 중요해요. 심사 위원들과 건물주가 이게 옳은 판단이라고 확신을 해야 해요. 이런 건물이 결국 지어지려면, 여러 가지 흔치 않은 일들이 더 필요하죠."

이런 흔치 않은 일들의 맨 처음에는 도면이 아니라 이야기와 아이디어들이 있다. 미래학자인 안네 리세 키에르와 마찬가지로 토르센은 성공적인 건축을 위해서도 언어를 통해 자유 연상을 하는 기술이 출발점이라고 생각한다.

"건축은 무엇보다도 이야기에 관한 거예요. 우리는 작가들이나 마찬가지죠. 처음에는 아무것도 그리지 않아요. 그렇게 하지 않으면 다른 사람들의 더 많은 창조성을 막아 버릴 테니까요. 우리는 일단 열린 그림과 아이디어를 만들어 내야 해요. 그래서 언어만 사용하는 거예요. 때로는 브레인스토밍을 하다 나온 반 토막짜리 문장이 완전히 새로운 해결책을 제시하지요."

스뇌헤타에서는 집단적 비전이 형성된다. 셰틸 트레달 토르센은 일관성 있게 그가 무엇을 했다가 아니라 '우리'가 무엇을 했다고 말한다.

"여기 우리 사무실에서는 함께 비틀스를 연주하는 게 프랑크 시내트라가 되는 것보다 중요해요. 이건 처음부터 끝까지 공동 작업이에요."

건축가들이 그들이 창조하는 미래를 위해 이렇게 사회적으로 작업하는 것을 보면 토머스 서든도프가, 그리고 우리의 언어와 미래와 사회적 통합은 인류의 진화를 위한 동력이었으며 따라서 문명의 바탕이라는 그의 아이디어가 생각난다.

지금 스뇌헤타는 오슬로, 뉴욕, 샌프란시스코, 인스브루크, 싱가포르, 스톡홀름, 애들레이드에 지사가 있다. 서로 다른 30개 나라에서 온 180명의 직원이 이 노르웨이 건축 사무소를 위해 일한다. 이들이 오페라 하우스를 위한 공모에서 선발되었던 당시, 응급 의료 센터 바로 뒤의 사무실에는 30명의 직원들이 함께 있었다.

"건물은 우리에게 모두 소중해요. 하지만 진짜 프로젝트, 제가 절대 놓치지 않는 비전은 스뇌헤타 자체예요. 이 사무실, 이 사무실로 무엇을 만들까, 이런 거지요." 트레달 토르센이 말한다.

얼마 전에 스뇌헤타는 자신들이 짓는 건물과 관련된, 상상을 초월하는 경험을 했다. 현실이 실제로 환상과 비전으로 바뀌었다. 그것은 아랍의 봄의 시작이었다. 검열과의 싸움은 카이로 거리에서 벌어지는 저항의 일부였다. 알렉산드리아 도서관은 세계 유산의 도서관이기 때문에 검열에 관한 법의 규제를 받지 않았다. 혁명이 이집트를 휩쓰는 동안 시위하는 군중들은 이 건물을 감쌌다. 이들은 서로 손을 잡고 건물을 지켰다.

"건축가로서 할 수 있는 최고의 경험이라고 하겠지요. 군대가 아니라 시민이 우리가 만든 걸 지킨다는 거 말이에요. 우리가 일하는 방식은 늘 겸손하고, 또 그럴 수밖에 없어요. 우리는 인간들이 처한 물리적 환경을 바꿔요. 그러니 우리도 인간관이 있어야지요. 우리가 사우디아라비아에서 영화관을 짓는다면, 그건 건축이 이 나라가 지금 알려진 것과 달라지고 보다 민주적이 되는 걸 돕기 위한 도구가 되리라고 우리가 믿기 때문이에요."

그렇다면 전체주의적인 사회를 변화시킬 수 있을 정도로 어떤 건물을 민주주의적 가치관이 관통할 수 있을까? 노르웨이 오페라는 전에 경제적, 문화적 상류층의 전유물이었던 한 예술 분야에 대한 시민들의 태도를 명백하게 변화시켰다.

지금 스뇌헤타의 본사는 오슬로의 비페탕엔에 위치한 오래된 항만 창고에 있다. 오래된 벽의 안쪽에는 넓고 개방된 공간이 있고, 지붕에는 물이 채워진 수백 개의 작은 비닐봉지들이 큰 원을 그리며 매달려 있다. 이들은 협만에서 빛을 모아 담고 천천히 회전한다. 잠시 들여다보면 마치 하나하나에 모두 해마가 한 마리씩 들어 있는 것 같다.

"여기서 파티를 하면서, 오페라 하우스에 있는 샹들리에의 저렴한 버전을 만든 거죠. 작은 비닐봉지들에 금붕어를 넣을까도 생각했지만, 동물 복지에 별로 도움이 안 되는 것 같아요." 건축 사무실의 홍보 담당자가 말한다.

스뇌헤타의 다른 직원들이 다 그렇듯이, 그녀는 편안하고 열정적으로 보인다. 우리는 여기 계속 있고 싶은 마음이 든다. 우리 주위의 건축가들은 열려 있고 호기심이 있는 것 같다.

오페라 하우스 건물까지는 몇백 미터밖에 되지 않고, 우리는 부두를 따라 걷는다. 길을 걷는 우리를 향해, 햇빛이 쏟아지는 여름에 대한 기대로 가득한 물이 반짝인다. 몇 달 전만 해도 얼음같이 찬 비바람이 물속에서 실험을 할 우리의 잠수사들에게 불었는데. 6월이 만물에 온갖 밝은 빛깔을 입힌 지금은 아주 오래전 일처럼 보인다. 검은 물, 라텍스 잠수복을 입고는 육지에서 떨고 있는 우리에게 마음 편히 손을 흔들던 사람들. 경험은 이렇게 빨리 희미한 기억이 되어 버린다.

오페라 하우스의 커다란 창문으로는 햇빛이 들어온다. 그 안은 따뜻하고, 기름칠한 참나무와 아이슬란드 예술가 올라부르 엘리아손의 알록달록한 조명 패널이 달려 있다. 도르테 베른트센이 자서전적 기억 연구 센터를 맡고 있는 오르후스에서 아로스의 지붕에 유리 통로를 만들었던 바로 그 예술가이다.

오페라 하우스에는 관광객들과 현지인들이 북적거린다. 청바지를 입은 사람들과 인도식 사리를 입은 사람들, 이어폰을 끼고 음악을 듣는 젊은이들, 아빠와 딸이 지붕 위에서 셀카봉으로 자신들의 흔적을 영원히 남기고, 아이들은 기뻐 외치며 뛰어다닌다. 협만은 이들 모두를 흔들거리는 빛으로 감싼다.

월바: 그래서 기억에 대해 무엇을 알게 됐어? 이 책을 쓰는 동안 말이야.

힐데: 놀라운 것들이 많았어. 기억은 정체성과는 별로 관련이 없는 줄 알았지. 성격 검사에서는 사람이 얼마나 기억을 하는지 측정하지는 않잖아. 하지만 동시에, 내가 내 기억에 갇힌 생각이 들어. 나이가 들수록 약해지는 게 아니고, 그보다는 손에 유리구슬을 들고 매번 새로운 각도에서 들여다보는 것과도 같잖아. 때로는 기억의 빛깔이 바뀌지만, 사라지지는 않아. 때로는 지금 전보다 더 깊이가 있지.

월바: 하지만 정체성은 성격보다 더 폭이 넓잖아. 그렇게 이야기를 하면, 기억이 어떻게 우리가 무엇인가와 관계가 없

을 수 있겠어?

힐데: 그래, 그 말은 맞지. 나는 내 기억들이기도 하니까. 그리고 내 생애에는 셀 수도 없이 많은 순간들이 있었을 거야. 나한테만, 세계 역사상 바로 그 시점에만 있었던 고유한 순간들이 말이지. 내 생애의 어느 순간도 다시 살려 낼 수 없어. 은하계만큼의 기억들을 내가 끌고 다니는 거나 마찬가지지!

월바: 그렇지! 우주에는 은하계가 끝도 없이 많고, 우리의 기억도 마찬가지야. 그래서 내가 심리학을 하려는 거지. 이런 내면의 우주가 어떻게 작동하는지 알고 싶으니까.

힐데: 그리고 그래서 나는 작가가 되려는 거고. 우리 모두는 마치 우리가 정상이고 정돈되었으며 이성적인 것처럼 행동하는 것으로 보이거든. 그런데 사실은 우리 자신도 이해하지 못하는 상상과 꿈과 소망의 지배를 받아. 기억이 어떻게 우리가 이야기를 하는 방식의 핵심이 되는 것일까 하는 생각을 많이 해. 글을 쓰는 기법은 다 기억에서 꺼내 오는 거지. 내가 글을 쓸 때는 두 가지 방식이 있어. "보통 이렇게 이렇게 되었었다."거나 "이런 특별한 일이 있었다."지. 할리우드 영화에서는 일단 보통 정상 상태를, 뭔가 반복된다는 느낌을 그려. 우리가 책에서 '공통의 기억'이라고 부른 게 바로 그거야. 그러다가 뭔가 놀라운 일이 생겨. 보통 20분 후에 일어나는데, 요새는 더 일찍 생기기도 하지. 이건 기억 속에서

볼 수 있는 두드러지는 고유하고 놀라운 순간에 해당돼. 그래서 우리는 예측과 회고를 해. 계속해서 하지. 미래와 과거로의 여행이야. 손에 땀을 쥐게 하는 상황, 문학적인 이야기에서의 긴장되는 순간, 인물의 목숨이 위험한 순간이 있는데, 어떻게 되었는지 알려면 한참 기다려야 하지. 사는 게 그래. 시간이 좀 지나기 전에는 수수께끼의 대답을 알 수 없지. 우리는 다 내내 손에 땀을 쥐게 하는 순간을 품고 사는 거야.

윌바: 인생 이야기, 그게 기억에 관해서는 본질적인 거지. 우리는 늘 우리 자신과 세계에 관한 이야기 속에서 살고 있고, 그게 바로 우리의 기억이지. 순수 문학에서는 비유와 상징인데, 우리는 현실에서도 그걸 찾아. 연관 관계가 어디 있는지 찾아보지. 시간이 흐르면서 우리는 어떤 상황이나 이야기의 상징이 되어 버린 이미지에 의존할 수 있어.

힐데: 그런데 넌 새로 알게 된 게 뭐야? 원래 기억 전문가니까 새로 알게 된 게 없겠지?

윌바: 100일간 실험을 했을 때, 그제야 내 환자들이 어떨지를 느낄 수 있었어. 100일을 기억하려면 정말 애를 써야 했거든. 아주 일상적인 일들을 가지고도 언제나 그런 사람들이 꽤 있다고.

힐데: 잊어버리고 싶은 게 많아. 살면서 겪은 부정적인 일들 말이지. 영원히 사라져 버렸으면 좋겠어. 어떤 것들은 그냥 보내고, 놓아 버리는 게 더 좋지. 망각은 좋은 거야.

월바: 슬픈 기억들도 진주 목걸이의 구슬들이 될 수 있어. 잊어버린다고 다 나아지는 건 아니잖아. 하지만 나도 일상적인 망각의 편을 들어 싸우겠어. 살면서 그냥 모든 것을 기억하기는 포기하는 게 더 좋아. 그날 하루는 기억하지. 한 주일이 지나고 나서 그게 정확하게 몇 월 며칠이었는지 기억할지는 모르지. 하지만 괜찮아.

사람들은 기억에 관한 염려를 많이 하지. 기억을 더 잘하고 더 유능해지려고. 거기 관심을 갖는 건 이해해. 나도 기억에 대해 생각을 하고 기억을 최적화하는 데 관심이 많지. 하지만 거기에는 다른 면도 있어. 사회에서 일반적으로 요구되는 겉모습을 넘어서 인간의 정신으로부터 뭔가를 요구하는 거거든. 완벽해야 한다는 말도 안 되는 요구의 한 부분이야. 외모만 완벽해서 되는 게 아니라, 생각도 완벽해야 한다는 거지. 다 기억하지 못하는 건 괜찮아. 기억은 완벽할 수가 없다니까!

힐데: 영원히 산다고 생각해 봐. 아무것도 더 이상 중요하지 않을 거야. 어느 순간도 독특하고 유일하게 느껴지지 않겠지.

월바: 그래. 그렇지. 미래가, 무한을 향해서 가는 미래가 얼마나 중요한지가 더욱더 분명해져. 하지만 우리가 지금 열심히 이야기한 이런 고유한 순간들, 그 안에 마법이 담겨 있다고 한 그 순간들에 관해서라면 내가 그때의 생각에 동의

하는지 모르겠어. 아들의 첫 걸음마가 기억나지 않는데, 그 생각을 하면 좀 아쉬워. 첫 걸음마는 기억해야 하지 않을까? 동시에 그 아이가 어렸을 때 기억 중 제일 좋은 것 중 하나는 사실 공통의 기억이야. 아이와 함께 침대에 누워 머리를 쓰다듬어 주고 그 작은 몸을 두드려 재웠을 때의 기억이지. 왜 그 순간이 아이가 걷기 시작했던 순간보다 가치가 적겠어?

힐데: 그 기억도 마찬가지로 아름답지 않아?

윌바: 어쨌건 재구된 것이지. 한순간이나, 여러 순간의 합이나, 똑같이 재구성된 것이야. 우리는 고유한 순간들을 찾으려는 갈망을 가지고 있지. 무언가 아름답고 좋은 것은 영원히 지속되어야 한다고. 하지만 그렇게 되지는 않아. 그래서 글을 쓰는 거 아냐?

힐데: 글을 쓰고 아름다운 순간들을 꺼내 오는 건 정말 멋진 일이지.

윌바: 아니면, 덜 아름다운 순간들은?

힐데: 응, 그것들도. 내가 글을 쓸 때면, 기억들이 엄청나게 실제적이 돼. 너무나 눈에 생생해서, 손에 닿을 것 같아. 내 생각에 기억은 도구야. 행복하게 해 주는 약이지. 인생의 행복한 순간들을 꺼내서 의식으로 떠올릴 수 있어.

윌바: 최근에 그 생각을 많이 했어. 깨어 있음이라는 개념이 유행하면서 미래 상상을 좀 깎아내렸지. 앞날에 대한 생각을 무언가 건강하지 않은 것으로, 통제해야 하는 것으로

만들었으니까! 하지만 생각이 자유롭게 돌아다니는 건 아주 자연스러운 일이야. 우리는 억지로 끌어내지 않고도 과거를 생각하고 앞날을 볼 시간이 필요해. 정신이 쉬고 있다면 시간 앞뒤로 오락가락하겠지.

우리가 서서 이렇게 이야기하는 동안 큰 요트가 오페라 하우스 쪽으로 온다. 마치 아무것도 없는 데서 나타난 듯, 갑자기 눈앞에 보인다. 배는 화려하게 차려입은 사람들로 가득하고, 협만에서 춤추고 마시며 저녁을 보내는 것 같다. 스피커에서 소리가 들린다. "다들 천국에 가려고 하는데 아무도 죽으려고 하지는 않네."라는 스웨덴 음악가 팀북투의 노래이다. 배는 포물선을 그리고 오페라 하우스를 지나간다. 마치 누가 안무를 한다고 보아야 할 것만 같다. 우리가 이 책에서 언급한 사람들로 그 배가 가득한 모습을 상상하기는 어렵지 않다. 에드바르 모세르와 테르예 뢰모, 한 해에 127일을 여행할 계획을 짜는 엘리너 매과이어, 런던의 택시 기사, 뇌전증 환자인 테레세 투에 올센과 순순히 발치에 앉아 있는 그녀의 작은 스웨덴산 개, 테러 연구자로서의 미래를 꿈꾸는 우퇴위아 생존자 아드리안 프라콘, 꿈 연구자인 이네스 블릭스, 심리학자 페데르 시에스, 다음 소설을 계획하는 작가 린 울만, 지구 기온이 2도 올라가는 일을 막기 위해 지금 이 순간에도 일하고 있는 기후 연구자인 크리스 필드. 낙하산 타기를 그만둔 우리 토네와 오스트리아로 이주한 윈드, 헨리 몰레이슨과 오네긴을 연습하는 오페라 가수 요하네스 바이세르, 배의 난간에 서 있는 범죄 수사관 아스비에른 라클레프와 그의 딸. 이 모든 사람들은 우리가 기억을 더 잘 이해하는 일을 도와주고, 연구와 의견과 인생사를 공유해 주었다.

"'다들 천국에 가려고 하는데 아무도 죽으려고 하지는 않네. 추수를 하려고 하는데 씨는 뿌리지 않네. 자기 몫의 파이를 차지하고 같이 먹으려 하네.' 사람들은 되찾으려고 하고, 내어 줄 엄두는 못 내지요." 이 책에는 아무도 아무것도 보려 하지 않는다고 팀북투가 외치는 것 말고 다른 엔딩 곡이 있었으면 좋겠다. 어쩌면 우리의 기억이 틀렸는지도 모른다. 그 6월의 저녁에 오슬로 협만에 퍼진 것은 비틀스의 노래인 「인 마이 라이프」*였는지도 모른다.

> 내 삶에는 내가 기억하는 곳들이 있죠.
> 어떤 곳들은 바뀌었지만요.
> 어떤 곳들은 영원히 바뀌었고, 나아지진 않았어요.
> 어떤 곳들은 사라졌고 어떤 곳들은 남았죠.
> 이 모든 곳들은 그들의 순간이 있지요.

아직도 기억이 나는 연인들과 친구들의 순간이.

어떤 이들은 세상을 떠났고 어떤 이들은 살아 있어요.

내 삶에서 나는 이들을 모두 사랑했어요.

배는 우리에게서 멀어져 지는 해를 향해 협만 밖으로 나아간다. 그리고 여러분, 독자들은 엔딩 곡을 스스로 결정하고, 기억 속에서 가장 듣기 좋은 곡을 꺼내 올 수 있다. 무엇이 바다를 기억나게 하는가? 마음에 와닿는 음악은 어떤 음악인가? 기억에서 꺼내 보자!

음악이 약해지고 배가 수평선으로 사라지니 여름 저녁은 희미해진다. 이 책의 페이지들 사이에 잡혀 있었던 사람들을 세상으로, 미래로 떠나가도록 우리도 이제 놓아 보낸다. 이들은 할 수 있고 아는 모든 것, 갖고 있는 모든 기억과 경험들을 세상을 만드는 데 사용하고 세상을 더 좋은 곳, 다른 곳, 새로운 곳으로 만들 것이다. 이제 여러분의 차례이다.

참고 문헌

본문의 *표시는 원서의 참고 문헌 및 추가 설명이 있는 부분으로 다음을 참조하시기 바랍니다.

1장

p7 Irwing, J., *A Prayer for Owen Meany*(1989).

p9 해마의 발견에 대해. Shyamal C. Bir, Sudheer Ambekar, Sunil Kukreja & Anil Nanda, "Julius Caesar Arantius (Giulio Cesare Aranzi, 1530-1589) and the Hippocampus of the Human Brain. History behind the Discovery," *Journal of Neurosurgery* 122, no. 4 (2015), pp. 971~975, DOI. 10.3171/2014.11.JNS132402.

p12 헨리 몰레이슨의 수술에 대해. William Beecher Scoville & Brenda Milner, "Loss of Recent Memory after Bilateral Hippocampal Lesions," *Journal of Neurology, Neurosurgery, and Psychiatry* 20, no. 1 (1957), pp. 11~21.

p13 헨리의 일생과 학문적 발견에 대해. Suzanne Corkin, *Permanent Present Tense. The Man with No Memory, and What He Taught the World* (London. Allen Lane/Penguin Books, 2013). 한국어판. 『어제가 없는 남자, HM의 기억』(알마, 2014).

p17 "어려울 줄 알았어요.". 헨리 몰레이슨의 인용. 브렌다 밀너는

이 말을 여러 번 인용했다. 예를 들어 Maria Schamis Turner 와의 인터뷰, "Memory as a Life's Work. An Interview with Brenda Milner," The Dana Foundation, March 18, 2010. http.//www.dana.org/News/Details.aspx?id=43060.

p19 "재미있어요…… 살아 있는 건 나고 배우는 건 당신들이죠." 헨리 몰레이슨의 인용. Corkin, *Permanent Present Tense*, p. 113.

p21 솔로몬 셰레셰프스키. Alexander R. Luria, *The Mind of a Mnemonist: A Little Book about a Vast Memory*, trans. Lynn Solotaroff (Cambridge. Harvard University Press, 1968).

p22 "We believe that the enormous attention". Jacobo Annese, "Welcome to Project H.M.," Brain Observatory (2014년 5월 20일 접속), http.//brainandsociety.org. H.M. 프로젝트와 H.M.의 뇌 지도에 대해서는 https://www.thebrainobservatory.org/project-hm/ 참조.

p28 해마가 기억을 붙잡고 있는 것은 일시적일 뿐이라고 말하는 사람들이 있다. Larry R. Squire, "Memory Systems of the Brain. A Brief History and Current Perspective," *Neurobiology of Learning and Memory* 82, no. 3 (2004), pp. 171~177, DOI. 10.1016/j.nlm.2004.06.005.

p29 무언가를 기억해 낼 때마다 해마가 관여한다고 보는 주장들도 있다. Morris Moscovitch et al., "Functional Neuroanatomy of Remote Episodic, Semantic and Spatial Memory. A Unified Account Based on Multiple Trace Theory," *Journal of Anatomy* 207, no. 1 (2005). pp. 35~66, DOI. 10.1111/j.1469-7580.2005.00421.x.

p29 "기억은 …… 함께 제공하며". William James, *The Principles of Psychology* (New York. Henry Holt and Company, 1890), p. 651, https.//archive.org/details/theprinciplesofp-

01jameuoft.

p30 극지를 탐험하기 훨씬 전에 그가 했던 뇌의 탐사 연구. Fridtjof Nansen, *The Structure and Combination of the Histological Elements of the Central Nervous System* (Bergen. J. Grieg, 1887).

2장

p33 James Graham Ballard, Looking back at Empire. *The Guardian*, 2006.03.04.

p35 잠수 실험. Duncan R. Godden and Alan D. Baddeley, "Context-Dependent Memory in Two Natural Environments. On Land and Underwater," *British Journal of Psychology* 66, no. 3 (1975). pp. 325~331, DOI. 10.1111/j.2044-8295.1975. tb01468.x.

p36 시간을 두고 재연된 심리학 연구들. Open Science Collaboration, "Estimating the Reproducibility of Psychological Science," *Science* 349, no. 6251 (2015). aac4716, DOI. 10.1126/science.aac4716.

p40 16~17세기에 기억은 마술로 여겨졌다. Frances A. Yates, *The Art of Memory* (Harmondsworth. Peregrine Books, 1969).

p45 팀 블리스와 테르예 뢰모가 처음으로 기록한 기억 흔적. T.V.P. Bliss and T. Lømo, "Long-Lasting Potentiation of Synaptic Transmission in the Dentate Area of the Anaesthetized Rabbit following Stimulation of the Perforant Path," *Journal of Physiology* 232, no. 2 (1973), pp. 331~356, DOI.10.1113/jphysiol.1973.sp010273.

p47 오키프의 공간 세포 발견. J. O'Keefe and J. Dostrovsky, "The Hippocampus as a Spatial Map. Preliminary Evidence from Unit Activity in the Freely-Moving Rat," *Brain Re-*

search 34, no. 1 (1971), pp. 171~175, DOI. 10.1016/0006-8993(71)90358-1.

p48 내후각 피질, 해마 바로 바깥편의 격자 세포의 발견에 대한 기술은 여기에서도 찾을 수 있다. (모세르 부부는 공동 저자로 참여) Torkel Hafting et al., "Microstructure of a Spatial Map in the Entorhinal Cortex," *Nature* 436, no. 7052 (2005). pp. 801~806, DOI. 10.1038/nature03721.

p50 생쥐의 해마 안 기억 망에 연결된 기억에 관해서. Denise J. Cai et al., "A Shared Neural Ensemble Links Distinct Contextual Memories Encoded Close in Time," *Nature* 534, no. 7605 (2016), pp. 115~118, DOI. 10.1038/nature17955.

p52 엘리너 매과이어의 "독심 기계". Chadwick et al., "Decoding Individual Episodic Memory Traces."

p54 기억은 시간이 흐르면서 뇌 속에서 변한다. Heidi M. Bonnici, Martin J. Chadwick, and Eleanor A. Maguire, "Representations of Recent and Remote Autobiographical Memories in Hippocampal Subfields," *Hippocampus* 23, no. 10 (2013), pp. 849~854, DOI. 10.1002/hipo.22155.

p59 20년도 더 지나서 다시 만난 코끼리 셜리와 제니의 이야기는 매체에 널리 실렸다. 그중 하나는 Sophie Jane Evans, "Elephants REALLY Never Forget," *Mail Online*, March 12, 2014, http.//www.dailymail.co.uk/news/article-2579045/Elephants-REALLYnever-forget-How-freed-circus-animals-Shirley-Jenny-locked trunks-hugged-playedmet-time-20-years.html.

p63 기억을 하는 점균류. Tetsu Saigusa et al., "Amoebae Anticipate Periodic Events," *Physical Review Letters* 100, no. 1 (2008). 018101, DOI. 10.1103/PhysRevLett.100.018101.

p63 Slime mold solves U-shaped trap problem. Chris R. Reid et al., "Slime Mold Uses an Externalized Spatial 'Memory' to Navigate in Complex Environments," *Proceedings of the National Academy of Sciences of the USA* 109, no. 43 (2012), pp. 17490~17494, DOI. 10.1073/pnas.1215037109.

p65   헨리 몰레이슨은 자신의 과거에 대해 의미 기억만 갖고 있었다. Sarah Steinvorth, Brian Levine, and Suzanne Corkin, "Medial Temporal Lobe Structures Are Needed to Re-Experience Remote Autobiographical Memories. Evidence from H.M. and W.R.," *Neuropsychologia* 43, no. 4 (2005), pp. 479~496, DOI. 10.1016/j.neuropsychologia.2005.01.001.

p69   의대생들은 학습 환경과 떨어진 곳에서도 기억을 잘할 수 있었다. Andrew P. Coveney et al., "Context Dependent Memory in Two Learning Environments. The Tutorial Room and the Operating Theatre," *BMC Medical Education*, 13 (2013), p. 118, DOI. 10.1186/1472-6920-13-118.

3장

p75   마르셀 프루스트, 『잃어버린 시간을 찾아서』는 한국에서 여러 차례에 걸쳐 간행되었다. 김희영 역, 『잃어버린 시간을 찾아서 1권 스완네 집 쪽으로』 (민음사, 2012).

p78   원더풀 라이프(원제 ワンダフルライフ), 영문 제목은 After Life, 고레에다 히로카즈 감독 (일본, 1998). 영문판에서 추가된 주석.

p79   도르테 베른트센은 개인적 기억에 관한 자신의 연구를 Dorthe Berntsen, *Erindring* [기억] (Aarhus, Denmark. Aarhus Universitetsforlag, 2014)이라는 책에 모았다. 영어판은 Dorthe Berntsen and David C. Rubin, eds., *Understanding Autobiographical Memory: Theories and Approaches* (Cambridge. Cambridge University Press, 2012).

366

p83   Karl Ove Knausgård, *Min kamp* (Oslo. Forlaget Oktober,
       2009-2011). *My Struggle*이라는 제목으로 6권 중 5권이 영어
       로 출간되었다. Don Bartlett 역.

p85   올드린의 달 착륙 회상. Buzz Aldrin and Ken Abraham, *Mag-
       nificent Desolation: The Long Journey Home from the Moon*
       (New York. Harmony Books, 2009), pp. 33~38 여러 곳.

p88   사람들이 일상생활 속에서 갑자기 기억해 내는 것들을 파악
       하는 방법에 대해. Anne S. Rasmussen, Kim B. Johannessen,
       and Dorthe Berntsen, "Ways of Sampling Voluntary and
       Involuntary Autobiographical Memories in Daily Life,"
       Consciousness and Cognition 30 (2014), pp. 156~168, DOI.
       10.1016/j.concog.2014.09.008.

p89   무라카미는 음악이 기억을 불러일으키는 것을 묘사한다. 무라
       카미 하루키, 양억관 역, 『노르웨이의 숲』(민음사, 2013).

p91   "그럼 어떻게 되는지 보고자 했다". Linn Ullmann, *Unquiet*
       (New York. W.W. Norton, 근간).

p97-98 기억에 대한 각각의 관점을 기술한 형제. William James,
       *Principles of Psychology. And Henry James, A Small Boy and
       Others* (1913, Project Gutenberg, EBook #26115, 2008), 2,
       http://www.gutenberg.org/files/26115/26115-h/26115-h.
       htm.

p99   해마는 연극 감독과도 같이 기억의 요소들을 조합한다. Mos-
       covitch et al., "Functional Neuroanatomy."

p100   두뇌의 개인적 기억에 관한 fMRI 연구의 개요. Philippe Fossa-
       ti, "Imaging Autobiographical Memory," *Dialogues in Clinic-
       al Neuroscience* 15, no. 4 (2013), pp. 487~490.

p102   뇌의 "디폴트 모드". Randy L. Buckner and Daniel C. Carroll,
       "Self-Projection and the Brain," *Trends in Cognitive Sciences*
       11, no. 2 (2007), pp. 49~57, DOI. 0.1016/j.tics.2006.11.004.

p103 fMRI 연구의 함정을 만찬을 위한 언어와 함께 서빙한 연구. Craig M. Bennett et al., "Neural Correlates of Interspecies Perspective Taking in the Post-Mortem Atlantic Salmon. An Argument for Multiple Comparisons Correction" (poster presented at the 15th annual Organization for Human Brain Mapping conference, San Francisco, CA, June 2009), http://prefrontal.org/files/posters/Bennett-Salmon-2009.pdf. 이 연구는 *Scientific American*의 훌륭한 블로그 기사에 잘 요약되어 있다. "Ig Nobel Prize in Neuroscience. The Dead Salmon Study," September 25, 2012, http.//blogs.scientificamerican.com/scicurious-brain/ignobel-prize-in-neurosciencethe-dead-salmon-study/.

p104 우울증을 겪는 사람들은 개인적 경험이 덜 뚜렷하다. J. Mark G. Williams et al., "The Specificity of Autobiographical Memory and Imageability of the Future," *Memory and Cognition* 24, no. 1 (1996), pp. 116~125, DOI. 10.3758/BF03197278.

p105 긍정적 사고의 효용에 대해, 더 정확하게는 생쥐들의 우울증을 치료하기 위해 긍정적인 기억을 사용하는 법. (도네가와는 공저자로 참여) Steve Ramirez et al., "Activating Positive Memory Engrams Suppresses Depression-Like Behaviour," *Nature* 522, no. 7556 (2015), pp. 335~339, DOI. 10.1038/nature14514.

p106 슬픈 (아니면 다른 감정적인) 기억을 학생들의 과제나 실험에 사용하기 위한 감정적인 이미지들. Elise S. Dan-Glauser and Klaus R. Scherer, "The Geneva Effective Picture Database (GAPED). A New 730-Picture Database Focusing on Valence and Normative Significance," *Behavior Research Methods* 43, no. 2 (2011), pp. 468~477, DOI. 10.3758/s13428-

011-0064-1. 우울해질 수도 있는 이 자료는 아래 주소에서 내려받을 수 있다. http://www.affectivesciences.org/home/research/materials-and-online-research/research-material/.

p107   수지 매키넌은 자신의 기억이 다름을 어떻게 발견했는지 들려준다. Helen Branswell, "Susie McKinnon Can't Form Memories about Events in Her Life," Huffington Post, April 28, 2015, http://www.huffingtonpost.ca/2015/04/28/living-with-sdam-woman-has-no-episodicmemory-can-t-relive-events-of-past_n_7161776.html.

p108   의미 기억과 사건 기억에 대한 털빙의 설명. Endel Tulving, "Episodic and Semantic Memory," in *Organization of Memory*, eds. Endel Tulving and Wayne Donaldson (New York. Academic Press, 1972), pp. 381~402.

p109   수지의 상태가 학술적으로 기술된 글. (러빈은 공저자이다.) Daniela J. Palombo et al., "Severely Deficient Autobiographical Memory (SDAM) in Healthy Adults. A New Mnemonic Syndrome," *Neuropsychologia* 72 (2015), pp. 105~118, DOI. 0.1016/j.neuropsychologia.2015.04.012.

p109   Arne Schrøder Kvalvik, *Min fetter Ola og meg. Livet og døden og alt det i mellom* [사촌 올라와 나. 삶, 죽음과 그 사이의 모든 것들] (Oslo. Kagge Forlag, 2015).

p112   고도의 자서전적 기억의 기록. Aurora K. R. LePort et al., "Behavioral and Neuroanatomical Investigation of Highly Superior Autobiographical Memory (HSAM)," *Neurobiology of Learning and Memory* 98, no. 1 (2012), pp. 78~92, DOI. 10.1016/j.nlm.2012.05.002.

p119   아드리안 프라콘의 인용들은 모두 우리가 그와 했던 인터뷰에서 나온 것이다. 그는 자신의 이야기를 그의 책에도 썼다. *Hjertet mot steinen. En overlevendes beretning fra Utøya* (Oslo.

Cappelen Damm, 2012).

p123 섬광 기억. Roger Brown and James Kulik, "Flashbulb Memories," *Cognition* 5, no. 1 (1977), pp. 73~99, DOI. 10.1016/0010-0277(77)90018-X. 모순된 섬광 기억에 대한 업데이트는 이 주제에 관한 가장 상세한 연구 중 하나에서 찾을 수 있다. William Hirst et al., "A Ten-Year Follow-up of a Study of Memory for the Attack of September 11, 2001. Flashbulb Memories and Memories for Flashbulb Events," *Journal of Experimental Psychology: General* 144, no. 3 (2015), pp. 604~623, DOI. 10.1037/xge0000055.

p125 트라우마의 기억도 일반적인 기억과 비슷하지만, 그저 성량이 최고일 뿐이다. David C. Rubin, Dorthe Berntsen, and Malene Klindt Bohni, "A Memory-Based Model of Posttraumatic Stress Disorder. Evaluating Basic Assumptions underlying the PTSD Diagnosis," *Psychological Review* 115, no. 4 (2008), pp. 985~1011, DOI. 10.1037/a0013397.

p127 정부 건물에 폭탄이 투척된 후에 그 일을 겪은 사람들을 대상으로 한 연구의 결과. Øivind Solberg, Ines Blix, and Trond Heir, "The Aftermath of Terrorism. Posttraumatic Stress and Functional Impairment after the 2011 Oslo Bombing," *Frontiers in Psychology* 6 (2015). article 1156, DOI. 10.3389/fpsyg.2015.01156.

p129 블릭스는 이를 중심성이라고 부른다. Ines Blix et al., "Posttraumatic Growth and Centrality of Event. A Longitudinal Study in the Aftermath of the 2011 Oslo Bombing," *Psychological Trauma. Theory, Research, Practice, and Policy* 7, no. 1 (2015), pp. 18~23, DOI. 10.1037/tra0000006.

p131 해마의 크기는 트라우마적 경험 이후에 트라우마 증상을 얼마나 겪게 되는지에 영향을 미친다. Mark W. Gilbertson et al.,

"Smaller Hippocampal Volume Predicts Pathologic Vulnerability to Psychological Trauma," *Nature Neuroscience* 5, no. 11 (2002), pp. 1242~1247, DOI. 10.1038/nn958.

p132   PTSD 이후의 기억력 감퇴에 대해. Claire L. Isaac, Delia Cushway, and Gregory V. Jones, "Is Posttraumatic Stress Disorder Associated with Specific Deficits in Episodic Memory?" *Clinical Psychology Review* 26, no. 8 (2006), pp. 939~955, DOI. 10.1016/j.cpr.2005.12.004.

p132   PTSD의 치료 방법들. Jonathan I. Bisson et al., "Psychological Therapies for Chronic Post-Traumatic Stress Disorder (PTSD) in Adults," *Cochrane Database of Systematic Reviews*, no. 12 (2013). article CD003388, DOI. 10.1002/14651858.CD003388.pub4.

p133   트라우마적 기억에 대한 '백신'으로 사용되는 테트리스. Emily A. Holmes et al., "Key Steps in Developing a Cognitive Vaccine against Traumatic Flashbacks. Visuospatial Tetris versus Verbal Pub Quiz," PLOS ONE 5, no. 11 (2010). article e13706. DOI. 10.1371/journal.pone.0013706.

p136   우퇴위아 테러 생존자들의 PTSD 증상. Petra Filkuková et al., "The Relationship between Posttraumatic Stress Symptoms and Narrative Structure among Adolescent Terrorist-Attack Survivors," *European Journal of Psychotraumatology* 7, no. 1 (2016). article 9551, DOI. 10.3402/ejpt.v7.29551.

4장

p143   루이스 캐럴. 『거울 나라의 앨리스』라는 제목으로 여러 출판사에서 한국어로 번역되었다.

p144   The False Memory Archive. Selected Submissions, A.R. Hopwood's False Memory Archive Website, https://www.

falsememoryarchive.com.

p147   기억은 오류를 저지를 수 있고 재구성을 한다. Daniel L.
        Schacter, "The Seven Sins of Memory. Insights from Psy-
        chology and Cognitive Neuroscience," *American Psycholo-*
        gist 54, no. 3 (1999), pp. 182~203, DOI. 10.1037/0003-
        066X.54.3.182.

p149   오클라호마 폭파범을 보았던 증인에 대해서는 다음 글에서
        도 읽을 수 있다. Daniel L. Schacter and Donna Rose Addis,
        "Constructive Memory. The Ghosts of Past and Future," *Na-*
        ture 445, no. 27 (2007), DOI. 10.1038/445027a.

p150   자서전적 기억이 뛰어난 사람들도 세부를 혼동할 때가 있
        다. (엘리자베스 로프터스는 공동 저자). Lawrence Patihis et
        al., "False Memories in Highly Superior Autobiographical
        Memory Individuals," *Proceedings of the National Academy*
        of Sciences of the USA 110, no. 52 (2013), pp. 20947~20952,
        DOI. 10.1073/pnas.1314373110.

p151   솔로몬 셰레셰프스키의 생생한 어린 시절 기억. Luria, *Mind of*
        a Mnemonist.

p152   쥐에게 이식된 기억. Gaetan de Lavilléon et al., "Explicit
        Memory Creation during Sleep Demonstrates a Causal Role
        of Place Cells in Navigation," *Nature Neuroscience* 18, no. 4
        (2015), pp. 493~495, DOI. 10.1038/nn.3970.

p153   광유전학을 이용한 덜 즐거운 실험. Steve Ramirez et al.,
        "Creating a False Memory in the Hippocampus," *Science*
        341, no. 6144 (2013), pp. 387~391, DOI. 10.1126/sci-
        ence.1239073.

p155   텔레비전에 방영된, 사전 모의된 은행 강도. Robert Buckhout,
        "Nearly 2,000 Witnesses Can Be Wrong," *Bulletin of the*
        Psychonomic Society 16, no. 4 (1980), pp. 307~310, DOI.

10.3758/BF03329551. 텔레비전 방영은 1974년 12월 19일이었다.

p156   유명한 아스파라거스와 그 아스파라거스가 경계심 없는 피험자들의 기억 속으로 잠입한 과정에 대해서. (로프터스는 공동 저자) Cara Laney et al., "Asparagus, a Love Story. Healthier Eating Could Be Just a False Memory Away," *Experimental Psychology* 55, no. 5 (2008), pp. 291~300, DOI. 10.1027/1618-3169.55.5.291.

p156   계란 샐러드로 인한 식중독의 허위 기억은 계란에 관한 식습관에 변화를 가져왔다. (로프터스는 공동 저자). Elke Geraerts et al., "Lasting False Beliefs and Their Behavioral Consequences," *Psychological Science* 19, no. 8 (2008), pp. 749~753, DOI. 10.1111/j.1467-9280.2008.02151.x.

p157   로프터스의 잘 알려진 교통사고 실험. Elizabeth F. Loftus and John C. Palmer, "Reconstruction of Automobile Destruction. An Example of the Interaction between Language and Memory," *Journal of Verbal Learning and Verbal Behavior* 13, no. 5 (1974). pp. 585~589, DOI. 10.1016/S0022-5371(74)80011-3.

p157   사람들이 쇼핑센터에서 길을 잃은 적이 있다고 믿게 만든 로프터스의 실험. Elizabeth F. Loftus and Jacqueline E. Pickrell, "The Formation of False Memories," *Psychiatric Annals* 25, no. 12 (1995), pp. 720~725, DOI. 10.3928/0048-5713-19951201-07.

p158   열기구에 대한 에드거 앨런 포의 거짓말은 1844년 4월 13일 *New York Sun*에 실렸다.

p162   포토 숍 처리를 한 열기구에 대해 (메리언 게리는 공동 저자). Kimberley A. Wade et al., "A Picture Is Worth a Thousand Lies. Using False Photographs to Create False Childhood

Memories," *Psychonomic Bulletin and Review* 9, no. 3 (2002), pp. 597~603, DOI. /10.3758/BF03196318.

p169   조작을 당하면 생기는 허위 기억에 관한 비판적인 리뷰. Chris R. Brewin and Bernice Andrews, "Creating Memories for False Autobiographical Events in Childhood. A Systematic Review," *Applied Cognitive Psychology* 31, no. 1 (2017), pp. 2~23, DOI. 10.1002/acp.3220. 비판적인 리뷰에 대한 비판적인 리뷰인 이 블로그 기사도 참조할 것을 권한다. Henry Otgaar, "Why We Disagree with Brewin and Andrews," Forensische Psychologie Blog, June 1, 2016, https://fpblog. nl/2016/06/01/why-brewin-and-andrews-are-justcompletely-wrong/.

p171   경찰의 부주의한 실수가 어떻게 허위 기억을 만들어 내는가. (로프터스는 공동 저자) Kevin J. Cochrane et al., "Memory Blindness. Altered Memory Reports Lead to Distortions in Eyewitness Memory," *Memory and Cognition* 44, no. 5 (2016), pp. 717~726, DOI. 10.3758/s13421-016-0594-y.

p172   무죄 프로젝트. http.//www.innocenceproject.org. 인용된 곳. Elizabeth F. Loftus, "25 Years of Eyewitness Science... Finally Pays Off," *Perspectives on Psychological Science* 8, no. 5 (2013), pp. 556~557, DOI. 10.1177/1745691613500995.

p173   노르웨이 사법부의 예를 들며 스베인 망누센이 쓴 증인 심리학의 중요한 개관. Svein Magnussen, *Vitnepsykologi. Pålitelighet og troverdighet i dagligliv og rettssal* [증인 심리학. 일상과 법정에서의 신뢰성과 진실성] (Oslo. Abstrakt Forlag, 2004).

p174   성폭행 피해자는 대부분 당한 일들을 기억한다. Gail S. Goodman et al., "A Prospective Study of Memory for Child Sexual Abuse. New Findings Relevant to the Repressed-Memory

374

Controversy," *Psychological Science* 14, no. 2 (2003), pp. 113~118, DOI. 10.1111/1467-9280.01428.

p176 엘리자베스 로프터스(공동 저자)는 피험자들을 잠을 못 자게 함으로써 '자백'을 받아 냈다. Steven J. Frenda et al., "Sleep Deprivation and False Confessions," *Proceedings of the National Academy of Sciences of the USA* 113, no. 8 (2016), pp. 2047~2050, DOI. 10.1073/pnas.1521518113.

p177 젊은 시절에 무장을 하고 범죄를 저질렀다는 허위 기억. Julia Shaw and Stephen Porter, "Constructing Rich False Memories of Committing Crime," *Psychological Science* 26, no. 3 (2015), pp. 291~301, DOI. 10.1177/0956797614562862.

p179 아스비에른 라클레프의 박사 논문. Asbjørn Rachlew, "Justisfeil ved politiets etterforskning. Noen eksempler og forskningsbaserte mottiltak" [경찰 수사 중의 사법 오류. 사례와 연구 기반 개입] (오슬로 대학교 법과대학 박사 논문, 2009), http.//urn.nb.no/URN.NBN.no-23961.

p180 비르기테 텡 사건에 대한 NRK의 보도는 이곳에 정리되어 있다. https://www.nrk.no/emne/drapet-pa-birgit-tetengs-1.461564.

p184 기슬리 구드욘손은 허위 자백을 아래 글에서 다루고 있다 Gisli Gudjonsson, *The Psychology of Interrogations and Confessions: A Handbook* (West Sussex, UK. Wiley, 2003).

p187 가해자의 묘사는 라클레프의 박사 논문에서 나온 것이다.

p191 Jørn Lier Horst, *Blindgang*, (Oslo. Gylendal, 2015). 영문판은 Ordeal이라는 제목으로 Anne Bruce의 번역으로 나왔다. (Dingwall, UK. Sandstone Press, 2016).

p195 엘리자베스 로프터스는 기억의 신뢰성에 대해 TED 강연을 했다. "How Reliable Is Your Memory?" TEDGlobal, 2013년 6월, https.//www.ted.com/talks/elizabeth_loftus_the_fiction_of_memory.

5장

p199 아서 코난 도일의 책들은 번역본이 많이 있다. *A Study in Scarlet*의 한국어 제목은 『주홍색 연구』.

p201 대규모의 택시 실험. (런던의 택시 기사들은 다른 사람들과 해마가 다르다.) Eleanor A. Maguire et al., "Navigation-Related Structural Change in the Hippocampi of Taxi Drivers," *Proceedings of the National Academy of Sciences of the USA* 97, no. 8 (2000), pp. 4398~4403, DOI. 10.1073/pnas.070039597.

p205 매과이어의 이그 노벨상 기록. "The 2003 Ig Nobel Prize Winners," Improbable Research (website), https://www.improbable.com/ig/winners/#ig2003.

p206 대규모의 택시 실험, 2부 (지식 시험을 준비하면 뇌에 생기는 변화). Katherine Woollett and Eleanor A. Maguire, "Acquiring 'The Knowledge' of London's Layout Drives Structural Brain Changes," *Current Biology* 21, no. 24 (2011), pp. 2109~2114, DOI. 10.1016/j.cub.2011.11.018.

p209 뉴런은 생쥐의 경우나 인간의 경우나 뇌의 부분들에서 '탄생'한다. Peter S. Eriksson et al., "Neurogenesis in the Adult Human Hippocampus," *Nature Medicine* 4, no. 11 (1998), pp. 1313~1317, DOI. 10.1038/3305.

p210 새 뇌세포는 해마에서 생겨나 기존의 네트워크에 결합된다. Leonardo Restivo et al., "Development of Adult-Generated Cell Connectivity with Excitatory and Inhibitory Cell Populations in the Hippocampus," *Journal of Neuroscience* 35, no. 29 (2015), pp. 10600~10612, DOI. 10.1523/JNEUROSCI.3238-14.2015.

p210   연구자들은 생쥐들이 미로에서 길을 찾을 때 새 뉴런에서 활동을 측정했다. 같은 곳.

p210   은퇴한 택시 기사들은 다시 뇌가 '정상'이 된다. Katherine Woollett, Hugo J. Spiers, and Eleanor A. Maguire, "Talent in the Taxi. A Model System for Exploring Expertise," *Philosophical Transactions of the Royal Society B: Biological Sciences* 364, no. 1522 (2009), pp. 1407~1416, DOI. 10.1098/rstb.2008.0288.

p213   체스 실험은 1940년대에 처음 있었지만, 영어로 발표된 것은 이 책이 처음이다. Adriaan D. de Groot, *Thought and Choice in Chess* (The Hague. Mouton, 1965).

p214   이 실험은 후에 비슷한 조건하에서 더 많은 체스 챔피언들을 대상으로 반복되었다. William G. Chase and Herbert A. Simon, "Perception in Chess," *Cognitive Psychology* 4, no. 1 (1973), pp. 55~81, DOI. 10.1016/0010-0285(73)90004-2.

p225   오드비에른 뷔는 기억술을 배우는 방법을 설명한다. Oddbjørn By, *Bedre hukommelse. best of Memo.* (Olden forlag, 2013), Håkon By가 번역한 영문판의 제목은 *Memo: The Easiest Way to Improve Your Memory* (Australia. Lunchroom Publishing, 2007).

p228   글로브 극장을 커다란 기억 기계로 본 책. Yates, *Art of Memory.*

p230   줄리오 카밀로와 기억의 극장이라는 개념. 위의 책.

p230   로버트 플러드는 극장과 우리의 기억 사이에 마법적인 연관성이 있다고 생각했다. Yates, *Art of Memory.*

p230   "로미오를 돌려다오". William Shakespeare, *Romeo and Juliet, in The Globe Illustrated Shakespeare*, ed. Howard Staunton (New York. Gramercy Books, 1998), p. 188.

p234   솔로몬 셰레셰프스키는 점차로 장소법을 이용했다. Luria,

Mind of a Mnemonist.

p237   기억 훈련은 나이가 많은 사람들에게 효과가 있다. (피엘과 발
호브드는 공동 저자). Ann-Marie Glasø de Lange et al., "The
Effects of Memory Training on Behavioral and Microstruc-
tural Plasticity in Young and Older Adults," *Human Brain
Mapping* 38, no. 11 (2017), pp. 5666~5680, DOI. 10.1002/
hbm.23756.

p238   노년에 기억술을 익혔을 때의 영향은 뇌에서도 관찰할 수 있
다. (피엘과 발호브드는 공동 저자). Andreas Engvig et al.,
"Effects of Memory Training on Cortical Thickness in the
Elderly," *NeuroImage* 52, no. 4 (2010), pp. 1667~1676, DOI.
10.1016/j.neuroimage.2010.05.041.

6장

p245   에드거 앨런 포, 『꿈속의 꿈』(1849).

p247   망각의 나라로의 에빙하우스의 여행. Hermann Ebbinghaus,
Über das Gedächtnis [기억에 관하여] (Leipzig. Verlag von
Duncker und Humblot, 1885). 영문판. Henry A. Ruger and
Clara E. Bussenius as *Memory: A Contribution to Experi-
mental Psychology* (New York. Teachers College, Columbia
University, 1913), https://archive.org/details/memorycon-
tributi00ebbiuoft.

p249   "기억의 존재는 당연히 직접 측정할 수 없다". Ebbinghaus,
Über das Gedächtnis [기억에 관하여].

p252   "모든 것을 세세히 정확하게 기억한다면". James, *Principles of
Psychology*, p. 680.

p255   심지어 고릴라도 눈에 안 뜨일 수 있고, 그럼 기억에 남지 않는
다. Daniel J. Simons and Christopher F. Chabris, "Gorillas in
Our Midst. Sustained Inattentional Blindness for Dynamic

Events," *Perception* 28, no. 9 (1999), pp. 1059~1074, DOI. 10.1068/p281059. 농구 선수들과 고릴라가 나오는 원래의 영상은 이곳에서 볼 수 있다. http://viscog.beckman.illinois.edu/media/ig.html.

p256 작업 모델에 관한 배들리와 히치의 원래 모델. Alan D. Baddeley and Graham Hitch, "Working Memory," *Psychology of Learning and Motivation* 8 (1974), pp. 47~89, DOI. 10.1016/S0079-7421(08)60452-1. 업데이트. Alan Baddeley, "Working Memory. Theories, Models, and Controversies," *Annual Review of Psychology* 63 (2012), pp. 1~29, DOI. 10.1146/annurev-psych-120710-100422.

p261 ADHD와 작업 기억. Michelle A. Pievsky and Robert E. McGrath, "The Neurocognitive Profile of Attention-Deficit/Hyperactivity Disorder. A Review of Meta-Analyses," *Archives of Clinical Neuropsychology*, 인쇄되기 전에 발표된 것은 2017년 7월 5일, DOI. 10.1093/arclin/acx055.

p261 걱정은 작업 기억의 능률을 떨어뜨린다. Nicholas A. Hubbard et al., "The Enduring Effects of Depressive Thoughts on Working Memory," *Journal of Affective Disorders* 190 (2016), pp. 208~213. DOI. 10.1016/j.jad.2015.06.056.

p264 잊어버리기 위한 솔로몬 셰레셰프스키의 노력. Luria, *Mind of a Mnemonist*.

p265 유아 기억상실증의 이론적 측면들의 개관. Heather B. Madsen and Jee H. Kim, "Ontogeny of Memory. An Update on 40 Years of Work on Infantile Amnesia," *Behavioural Brain Research* 298, part A (2016), pp. 4~14, DOI. 10.1016/j.bbr.2015.07.030.

p267 어린 시절의 기억이 어떻게 점차로 사라지는가에 관한 바위의 이론. Patricia J. Bauer, "A Complementary Processes

Account of the Development of Childhood Amnesia and a Personal Past," *Psychological Review* 122, no. 2 (2015), pp. 204~231, DOI. 10.1037/a0038939.

p268   아이가 혼자 걸을 수 있기 이전에 격자 세포가 덜 발달된 것이 유아기의 망각을 설명할 수 있을지 묻는 논문. Arthur M. Glenberg and Justin Hayes, "Contribution of Embodiment to Solving the Riddle of Infantile Amnesia," *Frontiers in Psychology* 7 (2016). article 10, DOI. 10.3389/fpsyg.2016.00010.

p271   신경 외막이 기억의 발달에서 하는 역할. Renato Frischknecht and Eckart D. Gundelfinger, "The Brain's Extracellular Matrix and Its Role in Synaptic Plasticity," in Synaptic Plasticity, eds. Michael R. Kreutz and Carlo Sala, *Advances in Experimental Medicine and Biology* 970 (2012), pp. 153~171, DOI. 10.1007/978-3-7091-0932-8_7. 사키다 팔리다는 신경 외막이 유아 기억상실증을 설명할 수도 있다고 말한다. Laura Sanders, "Nets Full of Holes Catch Long-Term Memories," *ScienceNews*, October 20, 2015, https://www.sciencenews.org/article/nets-full-holes-catch-long-term-memories.

p282   우울증과 기억에 관한 오사 함마르의 연구. Åsa Hammar and Guro Årdal, "Cognitive Functioning in Major Depression—A Summary," *Frontiers in Human Neuroscience* 3 (2009). article 26, DOI. 10.3389/neuro.09.026.2009. Åsa Hammar and Guro Årdal, "Verbal Memory Functioning in Recurrent Depression during Partial Remission and Remission—Brief Report," *Frontiers in Psychology* 4 (2013). article 652, DOI. 10.3389/fpsyg.2013.00652.

p283   오사 함마르와 예일 대학의 연구자들은 우울증의 다른 영향을 발견했다. 근간.

380

p284   뇌전증은 가장 흔한 신경 질환의 하나이다. Susanne Fauser and Hayrettin Tumani, "Chapter 15—Epilepsy," in *Cerebrospinal Fluid in Neurologic Disorders*, eds. Florian Deisenhammer, Charlotte E. Teunissen, and Hayrettin Tumani, *Handbook of Clinical Neurology* 146, 3rd series (2017), pp. 259~266, DOI. 10.1016/B978-0-12-804279-3.00015-0.

p290   트라우마적 뇌 상해 이후의 기억 장애는 흔하다. P. Azouvi et al., "Neuropsychology of Traumatic Brain Injury. An Expert Overview," *Revue Neurologique* 173, no. 7-8 (2017), pp. 461~472, DOI. 10.1016/j.neurol.2017.07.006.

p292   알츠하이머와 가능한 이유에 대한 개관. Kaj Blennow, Mony J. de Leon, and Henrik Zetterberg, "Alzheimer's Disease," *The Lancet* 368, no. 9533 (2006), pp. 387~403, DOI. 10.1016/S0140-6736(06)69113-7.

p292   「스틸 앨리스」, 리처드 글랫저, 워시 웨스트모어랜드 감독 (New York. Killer Films, 2014).

p294   알츠하이머의 원인에 대한 지배적 이론인 아밀로이드 가설에 대한 비판. Anders M. Fjell and Kristine B. Walhovd, "Neuroimaging Results Impose New Views on Alzheimer's Disease—The Role of Amyloid Revised," *Molecular Neurobiology* 45, no. 1 (2012), pp. 153~172, DOI. 10.1007/s12035-011-8228-7.

p296   성장 기억상실증 — 해마의 기능 장애로 인해 기억을 만들 능력이 없이 출생하는 경우. Faraneh Vargha-Khadem,David G. Gadian, and Mortimer Mishkin, "Dissociations in Cognitive Memory. The Syndrome of Developmental Amnesia," *Philosophical Transactions of the Royal Society B: Biological Sciences* 356, no. 1413 (2001), pp. 1435~1440, DOI. 10.1098/rstb.2001.0951.

p296   역행성 건망증이라는 심각한 기억 소실은 때로 심리적 기제로 설명된다. Angelica Staniloiu and Hans J. Markowitsch, "Dissociative Amnesia," *The Lancet Psychiatry* 1, no. 3 (2014), pp. 226~241, DOI. 10.1016/S2215-0366(14)70279-2. … 하지만 심장마비의 경우와 같은 뇌의 상해가 원인일 수도 있다. Michael D. Kopelman and John Morton, "Amnesia in an Actor. Learning and Re-learning of Play Passages Despite Severe Autobiographical Amnesia," Cortex 67 (2015), pp. 1~14, DOI. 10.1016/j.cortex.2015.03.001.

p298   윈드 오모트는 그의 기억상실증에 관한 다큐멘터리 *Jakten på hukommelsen*[기억의 사냥]에 기여했다. 대본과 감독은 Thomas Lien (Oslo. Merkur Filmproduction AS, 2009).

7장

p305   셰익스피어, 『템페스트』(1623).

p306   국제 종자 저장고는 지구 온난화의 영향을 받았다. Amy B. Wang, "Don't Panic, Humanity's 'Doomsday' Seed Vault Is Probably Still Safe," *Washington Post*, May 20, 2017, https://www.washingtonpost.com/news/energyenvironment/wp/2017/05/20/dont-panic-humanitys-doomsday-seed-vault-isprobably-still-safe/?utm_term=.763d10f71a68.

p309   미래 상상의 연구를 위한 기반이 되었던 연구. Thomas Suddendorf and Michael C. Corballis, "Mental Time Travel and the Evolution of the Human Mind," *Genetic, Social, and General Psychology Monographs* 123, no. 2 (1997), pp. 133~167.

p310   미래 사고라는 명칭은 그해의 획기적인 학술적 성과에서 따 온 것이다. The [Science] News Staff, "The Runners-Up," *Sci-*

ence 318, no. 5858 (2007), pp. 1844~1849, DOI. 10.1126/
science.318.5858.1844a.

p310 "나쁜 기억이지!". 루이스 캐럴, 『거울 나라의 앨리스』, 5장
(1871; Project Gutenberg, 1991, 2016), http://www.guten-
berg.org/files/12/12-h/12-h.htm.

p313 Thomas Suddendorf, *The Gap: The Science of What Separates
Us from Other Animals* (New York. Basic Books, 2013).

p317 솔로몬 셰레셰프스키는 그가 정말로 학교에 갔다고 상상했다.
Luria, *Mind of a Mnemonist*.

p318 기억과 미래 사고에 관한 짧고 읽기 쉬운 논문. (앞에서 4장에
서도 인용됨.) Schacter and Addis, "Constructive Memory."

p319 이 연구자들은 시간의 반 정도는 우리의 정신이 현재를 떠나
있다고 하는데, 행복과 관련된 결론은 약간 의심쩍다. Matthew
A. Killingsworth and Daniel T. Gilbert, "A Wandering Mind
Is an Unhappy Mind," *Science* 330, no. 6006 (2010), p. 932,
DOI. 10.1126/science.1192439.

p323 아이들은 사건 기억과 미래 상상을 동시에 발달시킨다. Thom-
as Suddendorf and Jonathan Redshaw, "The Development
of Mental Scenario Building and Episodic Foresight," *An-
nals of the New York Academy of Sciences* 1296 (2013), pp.
135~153, DOI. 10.1111/nyas.12189.

p324 털빙의 기억상실증 환자는 미래를 생각하지 못했다. Endel
Tulving, "Memory and Consciousness," *Canadian Psycholo-
gy* 26, no. 1 (1985), pp. 1~12, DOI. 10.1037/h0080017. The
quotes are from p. 4.

p325 발달 기억상실증이 있는 사람들도 미래를 생각할 수 있다.
Niamh C. Hurley, Eleanor A. Maguire, and Faraneh Var-
gha-Khadem, "Patient HC with Developmental Amnesia
Can Construct Future Scenarios," *Neuropsychologia* 49, no.

13 (2011), pp. 3620~3628, DOI. 10.1016/j.neuropsycholo-gia.2011.09.015.

p326　우울증이 있는 사람들은 미래를 생각하기가 어렵다. Williams et al., "The Specificity of Autographical Memory."

p327　미래 상상인 자살 생각. (윌리엄스는 공동 저자) Emily A. Holmes et al., "Imagery about Suicide in Depression— 'Flash-forwards,'" *Journal of Behavior Therapy and Experimental Psychiatry* 38, no. 4 (2007), pp. 423~434, DOI. 10.1016/j.jbtep.2007.10.004.

p330　정신적인 타임머신은 창조적인 사고가 시작하게 한다. Kevin P. Madore, Donna Rose Addis, and Daniel L. Schacter, "Creativity and Memory. Effects of an Episodic-Specificity Induction on Divergent Thinking," *Psychological Science* 26, no. 9 (2015), pp. 1461~1468, DOI. 10.1177/0956797615591863.

p331　미래에 대한 자세한 생각은 지연된 보상의 선택을 쉽게 한다. Jan Peters and Christian Büchel, "Episodic Future Thinking Reduces Reward Delay Discounting through an Enhancement of Prefrontal-Mediotemporal Interactions," *Neuron* 66, no. 1 (2010), pp. 138~148, DOI. 10.1016/j.neuron.2010.03.026.

p339　UN 기후 패널의 다섯 번째 보고서. Chris Field et al., eds., *Climate Change 2014. Impacts, Adaptation, and Vulnerability. Part A. Global and Sectoral Aspects. Contribution of Working Group II to the Fifth Assessment Report of the Intergovernmental Panel on Climate Change* (Cambridge and New York. Cambridge University Press, 2014).

p359　「In My Life」, 비틀스 연주, Lennon-McCartney의 곡, *Rubber Soul*, LP, Parlophone, 1965의 11번 트랙.

좋은 기억을 만드는 방법
_감사의 글

이 책을 쓰면서 우리는 새로운 기억을 함께 만들었다. 어떤 의미에서는 아주 새롭고 유일한 기억 더미를 만든 것이다. 이런 기억은 진공 상태에서 생겨나는 게 아니므로, 우리는 이에 대해 여러 사람들에게 감사하고 싶다.

기억 속으로 잠수할 때 훌륭한 잠수사들의 도움을 받을 수 있다면 정말 다행스러운 일이다. 잘 알려진 실험을 재현하려고 도움을 청했을 때 카테리나 카타네오는 "잠수사가 몇 명이면 되는데?" 하고 물었다. 카테리나는 또한 뛰어난 작가이며 우리의 친구이며 지지자로, 잠수만이 아니라 다른 많은 면에서 도움을 주었지만, 지금 잠수 이야기를 하고 있으니 윌테 잠수 센터의 티네 신 크밤메, 루네 파울센과 비 오는 2월에 나와 준 열 명의 대단한 잠수사들에게도 감사한다.

체스 그랜드 마스터인 시멘 아그데스테인, 올가 돌치

코바, 아리안 타리, 욘 루드비그 함메르 네 사람은 여기서 보여 준 이들의 업적이 체스 경기에서의 성과보다 훨씬 덜 중요하기는 하겠지만, 그들의 기억 은행에서는 영광과 영예와 감사를 받을 만한 사람들이다. 열기구 실험을 위해서 우리는 편집자의 아내인 아니타 레인톤 우트고르의 도움을 받았다. 아니타는 기꺼이 함께 모의를 하고 우리 훌륭한 편집자인 에리크 묄레르 솔헤임의 어린 시절 사진을 넘겨주었다. 물론 우리는 에리크에게도 감사를 한다. 에리크는 우리가 무엇을 원하는지 처음부터 이해했고, 최고로 좋은 책이 만들어지도록 우리를 도와주었다.

이 기간의 가장 좋은 기억은 아드리안 프라콘의 도움으로 얻었다. 그는 우리를 우퇴위아로 데리고 가서 그에게 중요한 장소들, 즐거운 기억이 있는 곳들과 그가 직접 테러를 겪었던 곳들을 보여 주었다.

인터뷰를 통해 이 책에 기여한 모든 이들에게 감사한다. 인터뷰에 응했던 한 사람 한 사람에게 감사하지만, 특히 이 책을 위해 작업하며 우리 자신의 삶이 약간이라도 바뀌고 우리가 더 지혜로워지게 해 준 린 울만과 페데르 시에스, 테레세 투에 룬드와 아르네 스뢰데르 크발비크에게 감사한다.

책 바깥에서도 수많은 다양한 응원군이 있었는데, 시몬 그랄, 미아 투프트, 신경심리학계의 동료들과 친구들,

힐데의 북 클럽과 작가 친구들인 에이보르 빈데네스, 토네 홀멘, 헤다 클레메첸, 베라 미카엘센, 그리고 여행 친구인 마리트 아우슬란 같은 사람들이다. 가장 강력한 응원군은 우리 가족 마트와 니클라스, 리브, 헤이다르와 에이보르였다. 끝으로 우리 자매인 토네에게 감사하고 싶다. 죽을 뻔했던 경험을 우리와 공유해 준 것만이 아니라 우리가 함께 가지고 있는 모든 기억들 때문에도 감사한다. 우리가 어릴 때 보되의 별장 가까이의 습지에 빠졌을 때의 일처럼……. 먼저 월바가 빠졌고, 그러자 토네가 구하러 왔지만 또 빠졌고, 힐데가 '구조'하려고 했지만 역시 운이 좋지 않았다. 그래서 우리는 서서 아빠를 불렀고, 아빠가 우리를 구해 주었다. 이렇게 사람은 직전의 일로부터도 배우지 못할 때가 있다. 그래도 경험은 남은 평생 내내 가지고 갈 수 있다.

해마를 찾아서
인간의 기억에 대한 모든 것

1판 1쇄 펴냄   2019년 6월 3일
1판 2쇄 펴냄   2019년 10월 21일

지은이   윌바 외스트뷔·힐데 외스트뷔
옮긴이   안미란
발행인   박근섭, 박상준
펴낸곳   (주)민음사
출판등록   1966. 5. 19. (제16-490호)
주소   서울시 강남구 도산대로1길 62
          강남출판문화센터 5층 (06027)
대표전화   02-515-2000 팩시밀리 02-515-2007
          www.minumsa.com

ISBN 978-89-374-4136-3 (03180)